Kulturgeschichten rund ums Weihnachtsfest

Kulturgeschichten rund ums Weihnachtsfest

Kulturgeschichten rund ums Weihnachtsfest

www.der-leiermann.com

Herausgeber: Thomas Stiegler
Autorinnen und Autoren: Diverse
Lektorat: Andrea Strobl
Umschlaggestaltung: Thomas Stiegler

Verlag: Der Leiermann, Grieskirchen / Österreich
Druck: gedruckt von Amazon Fulfillment, Polen Sp. z o.o., Breslau

ISBN 978-3-903388-53-6

Übrigens …

Was man nicht in Worten ausdrücken kann, das findet man über unsere QR-Codes.

Jedem Kapitel ist ein QR-Code vorangestellt, über den Sie ergänzendes Bild-, Ton- oder Filmmaterial einsehen können. So wird die Lektüre jedes Leiermann-Bandes zu einem multimedialen Erlebnis.

Viel Vergnügen wünscht

Der Leiermann

Zum Geleit

»Das Volk, das in der Finsternis wandelt, sah ein helles Licht; über denen, die im Schatten des Todes lebten, strahlte ein Licht auf«, schreibt der Prophet Jesaja 700 Jahre vor der Geburt Jesu in Betlehem und bringt damit die große Hoffnung der Juden zum Ausdruck, dass der große Schöpfergott den Messias senden wird, der die Welt erlöst, die Menschen befreit. In Betlehem wird schließlich der geboren, nach dessen Geburtsjahr bis heute die große Mehrheit der Menschen ihre Jahre zählt, Jesus von Nazareth.

So armselig die Umstände seiner Geburt im Stall, so wirkmächtig sein Tun, so prägend für ganze Kontinente sein Tod und die Auferstehung am Ostermorgen, bis heute zentraler Glaubensinhalt von Christen aller Konfessionen. Zweitausend Jahre Glaube an den »holden Knaben im lockigen Haar«, wie es das Lied *Stille Nacht! Heilige Nacht!* formuliert – für viele deutschsprachige Christen unabdingbarer Teil ihres Weihnachtsabends –, bedeutet auch zwanzig Jahrhunderte Traditionen in Handlungen, Riten, Texten und Liedern. Die Wochen der Weihnachtszeit beinhalten stets die sogenannte »Zeit zwischen den Jahren«, das Kalenderjahr findet sein Ende und die Zeit der Ruhe bietet, gleich dem Gipfel eines Berges, Gelegenheit, Vergangenes zu betrachten und Kommendes zu planen.

In diesem Buch finden sich vielerlei Wege und Spuren, denen Menschen in den letzten Jahrhunderten gefolgt sind, wenn sie Weihnachten gefeiert und auf ihre ganz eigene Weise dem Neugeborenen in der Krippe begegnet sind. Möge es den

Lesern zum Weihnachtsfest geschenkt sein, dabei ihren Stern zu finden, der ihnen neue Wege weist – und möge ihnen in der Vielfalt der Gebräuche mitten im Winter ein Licht aufstrahlen in mancher Finsternis ihres Alltags.

Pater Dr.h.c. Stefan Havlik OT

Das ist das Wunder der Heiligen Nacht,
dass in die Dunkelheit der Erde
die helle Sonne scheint.

(Friedrich von Bodelschwingh)

Der Adventskalender als kulturelles Objekt – Gerhard Lang und die Anfänge

von Anna Häckel-König

Alle Jahre wieder werden neue Adventskalender gekauft, für die Liebsten selbst gebastelt oder als Erinnerungsstücke an vergangene Weihnachten von den Dachböden und Kellern geholt. Adventskalender sind fester Bestandteil der vorweihnachtlichen Interaktionen, beliebt bei Kindern und Erwachsenen. Selbst Haustiere können täglich ein Türchen mit Leckereien öffnen, und auch als Werbegeschenk werden sie schon seit den 1920er-Jahren gerne gewählt, bleiben sie doch über vier Wochen im Blickfeld der Kunden. Man hat im ersten Moment vielleicht den Eindruck, der Adventskalender gehört seit jeher zum Advent. Als unverkennbares Element der Vorweihnachtszeit ist dieser jedoch noch gar nicht so alt. 1908[1], also vor 115 Jahren, brachte der Verleger und »Vater des Adventskalenders«, Gerhard Lang, in München den ersten gedruckten Adventskalender heraus. Sechs Jahre nach der ersten gedruckten, vergleichbar konzipierten Weihnachtsuhr. Den Kalendern stand eine steile Karriere bevor.

Was nun genau Adventskalender sind und wie sie verwendet werden, lässt sich bereits am Namen ablesen. »Advent« gibt den Zeitraum vor – die vier Wochen vor Weihnachten, als »Kalender« dienen sie der Zeitmessung. Zeit sichtbar zu machen, ist ein anthropologisches Grundbedürfnis; wir erfinden Uhren, führen Kalenderreformen durch, gestalten einen Jahreskreis mit verschiedenen Bräuchen und zählen an Silvester die Minuten und Sekunden bis zum neuen Jahr. Es verwundert also kaum, dass auch die Zeit vor Weihnachten gemessen, sichtbar gemacht und so begriffen werden soll. Soviel zur primären Funktion. Hinzukommen, je nach Ausführung, z. B. eine pädagogische Funktion, wenn sich Kinder durch das tägliche Interagieren mit dem Kalender in Geduld üben. Durch das Öffnen eines wie auch immer gestalteten Türchens wird Verborgenes sichtbar, man erhält neue Einblicke und ein materielles oder sinnliches Geschenk. Der Aspekt des Schenkens kann dabei zum einen als Referenz auf das kommende Geschenk (Gott schenkte seinen Sohn) gesehen werden. Zum anderen wird dadurch das Belohnungssystem des Gehirns angesprochen. Würde man Adventskalender heute neu erfinden, würde man dieses Element vermutlich als »Gamification« vermarkten. In der jeweiligen Gestaltung kann der Adventskalender wiederum der Zuordnung zu verschiedenen Kollektiven dienen. Das muss längst nicht mehr eine Zuordnung zur christlichen Glaubensgemeinschaft sein. Ein Blick in die Läden und Verkaufsflächen gibt einen ersten Eindruck von dem ausgesprochen vielfältigen Angebot: Adventskalender speziell für Frauen oder Männer, Kalender für Fußballfans einer bestimmten Mannschaft; und auch der eigene Humor kann über einen Pechkeks-Adventskalender in den heimischen vier Wänden oder im Büro zur Schau gestellt werden. Die Reihe an Beispielen könnte beliebig weitergeführt werden. Klar wird dabei vor allem eines: Adventskalender sind weitaus mehr als Zeitmesser. Wie jedes kulturelle Objekt haben sie nicht nur die bereits genannten, im Verlauf ihrer Geschichte oder vom Hersteller festgelegten Funktionen. Wer einen Adventskalender sein Eigen nennen darf, muss sich nicht an diese Gebrauchsempfehlungen halten. So kann der eine seine Kindheitsfantasie ausleben und alle Türchen auf einmal öffnen, während der andere die Gestaltung seines Kalenders bewundert und ihn als Kunstwerk oder sentimentales Erinnerungsstück das ganze Jahr an der Wand hängen hat. Verschiedene Menschen schreiben dabei vergleichbaren Objekten unterschiedliche Wertigkeiten zu. Bei den beiden Beispielen kann es sich um den gleichen Adventskalender handeln. Während der Kalender der ersten Person direkt nach der »Plünderung« in den Müll wandert, kann er von der zweiten Person über Jahre aufbewahrt werden. Sei es, weil die Illustration dem Lieblingskünstler nachempfunden wurde, weil der Kalender an ein Exemplar aus Kindertagen erinnert, weil es das Geschenk einer geliebten Person war, oder weil er hofft, dass die limitierte Auflage zum Sammlerstück werden könnte. Die Möglichkeiten sind endlos, und der Stellenwert des Kalenders ist so verschieden wie es die Besitzer sind. Diese subjektiven Wertigkeiten sieht man dem Objekt nicht immer an, wenngleich die Art der Aufbewahrung erste Indizien liefern kann. Welche Bedeutung der Adventskalender für die Person tatsächlich hat, lässt sich nur über ein Gespräch oder persönliche Dokumente wie Briefe oder Tagebücher erfassen.

Dabei sagt ein Adventskalender nicht nur etwas über seinen Hersteller und Besitzer aus. Betrachtet man mehrere Objekte in einem bestimmten Zeitraum, so lassen sich die jeweiligen Trends und gesamtgesellschaftlichen Entwicklungen ablesen. Wie durch ein Brennglas schaut man über die Adventskalender auf den kulturellen Wandel. Der unscheinbare FC Bayern-Kalender im Süßwarenregal wird so zum Indikator für eine christlich geprägte, profane Lebensstilgesellschaft. Man spricht hier von der Indikatorfunktion des Objekts »Adventskalender«. Sie kommt besonders dann zu tragen, wenn einzelne Stücke als Museumsexponate stellvertretend Auskunft geben über eine bestimmte Entwicklung oder Zeit. Aufgabe der Kuratoren ist es, diese Objekte zum Sprechen zu bringen, sämtliche Informationen über sie und ihre Besitzer in Erfahrung zu bringen und diese anschaulich an die Besucher weiterzugeben, um so Geschichte erfahrbar zu machen. Im Adventskalender steckt also deutlich mehr als eine kleine Überraschung hinter einem Türchen. Er hat eine Gebrauchsfunktion, die sich am Design ablesen lässt, eine Zeichenfunktion, mit der er Auskunft über die Bedeutungszuweisungen seiner Besitzer gibt, und eine Indikatorfunktion, mit der er die Trends seiner Zeit darstellt. Dabei ist er nicht im luftleeren Raum entstanden, sondern hatte Vorläufer.

Der Advent dient der geistigen und seelischen Vorbereitung auf das christliche Weihnachtsfest, an welchem Christi Geburt gedacht wird. Diese Vorbereitungen fanden bei den Katholiken Mitte des 19. Jahrhunderts in den Kirchen statt, während bei den Protestanten in den privaten Haushalten gebetet, gesungen und Bibeltexte gelesen wurden. Aus dem protestantischen Milieu stammen auch die ersten Vorformen des Adventskalenders, wie wir ihn kennen. Bei diesen orientierte man sich an bekannten Methoden der Zeitmessung. So gab es Strichkalender, Adventsuhren, deren Zeiger täglich vorgerückt wurden, und Kerzen, welche täglich angezündet wurden und auf deren Wachs sich die Zahlen von 1 bis 24 befanden. Aus Österreich ist ein weiterer Vorläufer des Adventskalenders bekannt: die Himmelsleiter. Bei dieser hölzernen Miniaturleiter klettert ein kleines Christkind jeden Tag eine Sprosse hinab. Die Ankunft wird also bildlich dargestellt. Gemeinsam ist diesen Kalendern, dass sie täglich benutzt werden und so gestaltet sind, dass man mit ihnen interagieren muss. Da sie in erster Linie für Kinder gedacht waren, wurden auch diese aktiv, wenn der erste der 24 Kreidestriche vom Türstock gewischt, der Uhrzeiger bewegt oder die Kerze gelöscht werden musste. Diese Formen, wie sie um 1850 genutzt wurden, werden allerdings erst retrospektiv den

Adventskalendern zugeordnet. Erst im 20. Jahrhundert etablierte sich der Begriff. So wurde auch der von Gerhard Lang auf den Markt gebrachte Adventskalender anfangs »Weihnachts-Kalender« genannt. Die Vorläufervarianten sind dabei in einer Zeit entstanden, in der Weihnachten immer mehr zum bürgerlichen Fest wurde und sich weiter in die Privatsphäre des Heims verlagerte. Dabei gerieten die Kinder und die Bescherung in den Vordergrund – Elemente, die auch heute noch überwiegen, wenn Weihnachten als Familienfest inszeniert wird. In den Interaktionen mit den Vorläufern zeigte sich allerdings klar der religiöse Bezug. Das Licht der brennenden Kerze wurde zum Symbol für Christus, das Licht der Welt. Das Entflammen und das Löschen wurden mit dem Lesen oder Aufsagen von Bibelversen rituell gerahmt. Handlungen, die auch bei den weltlich gestalteten Kalendern von Gerhard Lang vollzogen werden konnten.
Gerhard Lang stammte aus einer kinderreichen Maulbronner Familie, sein Vater war ein evangelischer Geistlicher. Nach seiner Buchhändlerausbildung in Stuttgart kam er 1902 nach München, um bei einem Fachverlag für medizinische Bücher zu arbeiten. 1908 wurde Lang Teilhaber der lithographischen Kunstanstalt, welche fortan Reichhold & Lang hieß, auf die Illustration von medizinischen Büchern spezialisiert und auf ihrem Gebiet führend war. Nach Friedrich Reichholds Tod übernahm Gerhard Lang die Firma, welche zwar zunächst weiter aufblühte, sich 1930 aber drastisch verkleinern musste, nachdem der auf Reichhold folgende Teilhaber kurz nach der Anschaffung neuer Maschinen seine Anteile aus der Firma zog. Zu den wenigen Artikeln, die bis zur Schließung 1940 im Sortiment blieben, zählten Adventskalender. Seine Vorliebe für diese Objekte könnte dabei an seinen Kindheitserfahrungen liegen. Als Knabe hatte er von seiner Mutter eine Art Adventskalender bekommen. Dieser bestand aus 24

schwäbischen Wibele (Gebäckstücken), die an einem Karton festgenäht wurden, der ihn für seine eigenen Kreationen inspirierte. Nach einem eher zögerlichen Anfang stiegen die Verkaufszahlen der von ihm angebotenen Kalender kontinuierlich, wenngleich der Erste Weltkrieg zu einer kurzzeitigen Stagnation führte. Mitte der 1920er-Jahre boomte der Verkauf. Vierzig gedruckte Exemplare haben sich neben Entwürfen und Andrucken im Nachlass Gerhard Langs erhalten. Darunter auch der erste gedruckte Adventskalender mit dem Titel *Im Lande des Christkinds*. Auf den ersten Blick wirkt dieser wie eines der auch heute noch in den Läden verfügbaren nostalgischen Modelle, die das Bild einer bürgerlichen Weihnacht bedienen. Doch bereits bei der im Design festgelegten Verwendungsweise werden erste Unterschiede deutlich, die sich in den einzelnen Bildern fortsetzen und in ihrer Indikatorfunktion Auskunft geben über die Gesellschaft der Entstehungszeit, ihre Werte, Rollenbilder und erzieherischen Ideale. Der Kalender selbst war zweiteilig aufgebaut, bestand aus einem Untergrundkarton mit 24 nummerierten Textfeldern und einem passgenauen, dünnen Blatt Papier mit 24 Bildern. Das Kind konnte nun jeden Tag eines der bunten Bilder ausschneiden und auf das Textfeld kleben, nachdem es den dort abgedruckten Text gelesen hatte. Während der Text auf der Vorderseite so Stück für Stück von den Bildern verdeckt wird, kann dieser weiterhin auf der Rückseite des Kartons nachgelesen werden, sodass man sich die einzelnen Verse nicht merken muss. Diese nehmen Bezug auf die für sie vorgesehenen Bildchen und betreffen das vorweihnachtliche Geschehen. Es wird erzählt, wie Knecht Ruprecht einen Baum aus dem Wald holt, um diesen im Himmel schmücken zu lassen, und wie die Engel eben jenen Weihnachtsbaum mit Äpfeln, Gold- und Silberschmuck dekorieren. Es ist zu lesen, wie Engelchen von Haus zu Haus gehen, um die Weihnachtspost mit den

Wunschzetteln abzuholen, wie die Puppen im Himmel fein herausgeputzt werden, bevor sie als Weihnachtsgeschenke zur Erde dürfen, und wie sich die Engel am 23. Dezember mit vollbepackten Schlitten auf den Weg machen, um die Geschenke zu verteilen. Am vierundzwanzigsten bittet das Christkind noch einmal um Geduld, bis sich am Abend unter dem von Kerzen erleuchteten Weihnachtsbaum die Weihnachtswünsche erfüllen. Die Kinder erfahren aber nicht nur den Status der Weihnachtsvorbereitungen, sie werden auch zu Gehorsam ermahnt. Am vierten Tag wird ihnen nämlich mitgeteilt, dass die Engel nun auf Geheiß des Christkindes durch die Dörfer und Städte fliegen, um zu sehen, ob die Kinder artig sind, da nur brave Kinder Geschenke von Christkind bekommen. 24 Tage lang erhalten die Kinder Einblicke in die sonst verborgenen himmlischen Geschehnisse. Das hier gezeigte Bild der fleißigen, kindlichen Engel wird bis heute aufgegriffen, wenn es um die Gestaltung von Adventskalendern geht. Wenngleich hier himmlische Helfer und sogar das Christkind selbst in Erscheinung treten, so bleiben die Verse und Darstellungen recht weltlich. Direkte Bezüge zu Kirchentexten fehlen gänzlich, sind aber bei anderen Herstellern durchaus zu finden. In den 1920er-Jahren begann beispielsweise die St.-Johannis-Druckerei mit der Herstellung eines dreidimensionalen Häuschens aus Papier, auf dessen täglich zu öffnenden, transparenten, von einer Kerze im Inneren des Häuschens beleuchteten Fenstern Bibelverse aufgedruckt waren. Dies zeigt, dass man sich bei Reichhold & Lang stärker an den bürgerlichen als an den kirchlichen Vorstellungen des Weihnachtsfestes orientierte.

Gestaltet wurde der »Weihnachts-Kalender«, dessen Bezeichnung auf beiden Teilen oben mittig zu lesen ist, von dem Illustrator Richard Ernst Kepler. Links und rechts neben dem Schriftzug platzierte dieser je einen Lebkuchen. Links in viereckiger Form zu sehen. Die weiße Dekoration des Gebäcks erweckt dabei den Eindruck eines lachenden Gesichts. Auf der rechten Seite wurde der Lebkuchen in Gestalt eines Menschen mit langem Mantel oder Kleid abgebildet. Neben drei mittigen Punkten trägt die Figur ein weißes Herz auf der Brust. Zwischen beiden Gebäckstücken ist ein Band mit weiteren süßen Backwaren angebracht, in dessen Mitte sich eine Breze befindet. Hier werden die Wünsche aller Kinder, unabhängig vom Geschlecht, bedient. Am linken und rechten Rand befinden sich zwei schmale, aber üppig beladene Weihnachtsbäume. Der linke Baum trägt einen goldenen Engel als Spitze, er ist mit Kerzen, Kugeln, Fröbelsternen und Spielzeug geschmückt. Unter den Spielsachen befinden sich ein weißes Steckenpferd, eine Trommel, ein Säbel, ein Gewehr, eine Pickelhaube und ein Harlekin-Hampelmann. Am unteren Ende des Baumes steht ein Pferd auf Rädern samt Kutsche, welches über eine Schnur gezogen werden kann. Den historischen Zeitraum berücksichtigend, soll dieser Baum die Wünsche eines Knaben zeigen. Das abgebildete Militärspielzeug entspricht den pädagogischen Bestrebungen und dem positiv gezeichneten Bild des Militärs jener Zeit. Die rechte Seite widmet sich den Weihnachtswünschen eines Mädchens, als Christbaumspitze ist hier ein sechszackiger Stern zu sehen. Neben Kerzen und Kugeln befindet sich hier auch ein Apfel unter dem Christbaumschmuck, welcher auf den Ursprung des Weihnachtsbaumes als Paradiesbaum hinweist. Bevor die heute gängigen bunten Kugeln ihren Weg auf die Bäume fanden, wurden diese am Adam-und-Eva-Tag, dem 24. Dezember, dem Paradiesbaum gleich mit Äpfeln geschmückt. Am darauffolgenden Tag, an welchem die Welt durch Christus von jener Sünde befreit wurde, wurde das symbolische Obst von den Bäumen gepflückt und gegessen. Gleich unter der Frucht sind zwei Puppen und ein Ballnetz mit einem roten und einem blauen Ball abgebildet. Am Stamm des Baumes ist ein Springteufel in rotem Gewand zu sehen, der aus einer grün-weißen Kiste gesprungen ist. Auch der untere Rand ist in eine männliche und weibliche Seite unterteilt. Während links Spielzeugsoldaten samt Kanone und Wachhaus zu sehen sind, befinden sich rechts fünf Tierpaare unter der Obhut einer Hirtin aufgereiht. In der Mitte ist ein kleines Spielzeughaus aufgebaut. Die Elemente des Rahmens finden sich auch in den Aufklebebildern wieder. Auch hier sind Bleisoldaten, Säbel, Trommel, Kutschpferde, ein Nussknacker in Uniform oder ein Kasperle zu sehen. Neben weiteren Spielsachen sind auch Puppen, Puppenhäuser, Hirtenfiguren und Spielzeugtiere abgebildet. Daneben befinden sich eine Eisenbahn und eine Ausgabe des Buchs *Der Struwwelpeter*, das als Weihnachtsgeschenk aus der Himmelsbuchhandlung geholt wird, unter den Abbildungen. Hierbei wird auch die Herkunft der Spielzeuge geklärt, wenn zu sehen ist, wie kindliche Engel mit kleinen Flügeln das Schaukelpferd satteln und zäumen oder ein Spielzeuggewehr in eine Kiste mit weiteren Spielsachen packen. Die kleinen Engel werden aber noch mit weiteren Aufgaben betraut. Sie helfen beim Backen der Plätzchen und kümmern sich um die Weihnachtspost. Beides Aufgaben, die auch in Kinderbüchern jener Zeit genauer beschrieben und den Kindern daher vermutlich bereits bekannt waren. Auf drei Abbildungen, dem ersten, zweiten und 24. Dezember zugeordnet, wird das Christkind selbst als androgynes Wesen mit schulterlangem goldblonden Haar in einer langen weißen, mit Sternen bestickten Robe dargestellt. Der für das sechste Feld vorgesehene ältere Herr mit Bäumchen erinnert wiederum an Moritz von Schwinds Darstellungen des Herrn Winter, wird im zugehörigen Vers jedoch als Knecht Ruprecht identifiziert.

Kepler orientierte sich also an den vielzähligen Postkartenmotiven und illustrierten Kinderbüchern der Jahrhundertwende. Elemente wie das Kinderbuch *Der Struwwelpeter* nehmen sogar direkt Bezug zur Kinderliteratur und der darin enthaltenen Pädagogik. Die Gestaltung macht klar: Hier handelt es sich um ein Objekt für kleine Mädchen und Buben, welche beliebtes Gebäck und für die Jahrhundertwende übliches Spielzeug zu sehen bekommen. Die Gebrauchsweise selbst, das Ausschneiden und Aufkleben der Bilder, ist ebenfalls bereits durch die Handhabung der Bilderbögen bekannt. Erstaunlicherweise findet sich im Adventskalender auch noch eine weitere Form des Kalenders, wenn das Christkind auf dem ersten Bild ein Blatt vom Abreißkalender entfernt und im dazugehörigen Vers auf den ersten Dezember und das nahende Weihnachtsfest verweist. Wie man an den Vorformen gesehen hat und aus Langs Kindheitserinnerungen weiß, sind auch Kalender zur Adventszeit bereits üblich. Was ist also neu?

Es ist die Kombination aus verschiedenen vertrauten Elementen. Der »Weihnachts-Kalender« knüpft an Sehgewohnheiten an und erfordert kein Erlernen völlig neuer Handlungen. Er verbindet Gewohntes und kommt gerade deshalb gut an. Das pädagogische Ziel, Geduld zu üben und artig zu sein, wird angesprochen, ohne für die jungen Leserinnen und Leser zu dominant zu sein. Der Kalender bietet dabei eine umfassende Beschäftigungsmöglichkeit, vom Lesen der Verse über das Betrachten der filigranen Bilder bis zum Ausschneiden und Aufkleben dieser. Bis 1938 wurde der erste »Weihnachts-Kalender«, der auch als »Münchner Weihnachtskalender« bezeichnet wurde, in acht verschiedenen Ausgaben in unterschiedlichen Größen zu verschiedenen Preisen auf den Markt gebracht. Dabei wurde beispielsweise die Gebrauchsweise geringfügig verändert, indem die Bilder nicht mehr ausgeschnitten werden mussten, sondern als Abreißkalender zur Verfügung standen. Bei dieser Version blieb das jeweils nächste Bild eine Überraschung. Aus dem großflächigen Karton wurde bei dieser Ausgabe ein Sammelalbum, bei dem die Verse unter den Flächen für die Klebebilder platziert wurden. Dadurch glich der Kalender weniger jenen Exemplaren, wie wir sie heute kennen. Der Adventskalender musste aber nicht mehr gewendet werden, wenn ein früherer Vers erneut gelesen werden wollte. Zugleich waren Bilder und Texte im Büchlein besser geschützt. Die Illustrationen wurden ebenfalls angepasst. 1935, etwas mehr als 25 Jahre nach der Erstauflage, entstand eine Jubiläumsausgabe in Gold. Bei dieser waren keine Spielzeugsoldaten mehr abgebildet. Das Bildchen des 10. Dezembers zierte der Bär »Petz«, ein weiteres beliebtes Spielzeug jener Zeit. Pickelhaube, Trommel, Steckenpferd und Säbel des linken Baumes wurden, wie bei den weiteren Nachdrucken nach dem Ersten Weltkrieg, ebenfalls ersetzt. An ihrer Stelle befanden sich nun die beiden Puppen des rechten Baumes gespiegelt wieder. Auf gleiche Weise wurden die fünf Tierpaare mit ihrer Hirtin dupliziert. Die Aufteilung der Geschlechter wurde zugunsten der Entmilitarisierung aufgebrochen und bei diesem Kalender nicht wiederaufgenommen, während 1933 mit *Deutsche Weihnacht* durchaus auch Kalender mit militärischen Motiven wie salutierenden Soldaten von Lang gedruckt wurden. Eine ganz besondere Variante stellte die ebenfalls in den 1930er-Jahren erschienene Version für blinde Kinder dar. Bei dieser handelte es sich um einen Abreißkalender, dessen weißes Titelblatt die Umrisse einer Tanne zierte. Auf den einzelnen Blättern waren die Verse des Adventskalenders in Blindenschrift gedruckt. Diese Veränderungen zeigen unter anderem, dass man darum bemüht war, einen möglichst großen Käuferkreis anzusprechen. Der Kalender wurde dabei nicht als Wegwerfprodukt konzipiert, sondern sollte beispielsweise als Sammelalbum durchaus langlebig sein. Man kann davon ausgehen, dass in den 1930er-Jahren die Adventskalender bereits weithin bekannt waren, entsprechende Bastelanleitungen fanden Eingang in verschiedene Zeitschriften und Bücher, und Lang verkaufte seine vorgefertigten Kalender nun im gesamten deutschsprachigen Raum. Wer die aufwendig gestalteten Adventskalender erwarb, ist weithin unbekannt.

Beispiele, die Aufschluss über die konkrete Zeichenfunktion geben, sind rar. Die 1932 in Neuried geborene Baronin Irmgard von Koskull erwähnte im Erwachsenenalter in einem Brief eine Ausgabe, die sie von ihrem älteren Bruder erhalten hatte. Das bereits beklebte Sammelalbum wurde über mehrere Jahre verwendet und hatte entsprechende Gebrauchsspuren. Die Verse wurden jeden Abend gelesen. Es waren aber vor allem die Bilder, die der Baronin im Gedächtnis blieben. Sie erinnerte sich mit Freude an die Puppenküche, Puppen und Bäckereiszenen. Zugleich wusste sie noch, dass ihr Bruder vor allem die Engel bestaunte. Schenkte sie also genau jenen Elementen Aufmerksamkeit, welche die Hersteller für die weiblichen Kinder hinzufügten, so war der individuelle Blick ihres Bruders ein anderer. Darüber hinaus gibt der Beleg Auskunft darüber, dass der Kalender nicht nur einmal verwendet wurde, sondern mehrfach zum Einsatz kam und repariert wurde, also durchaus seine Wertigkeit für die Familie besaß. Soviel zum Adventskalender *Im Lande des Christkinds.*

Das Sortiment an Adventskalendern der lithographischen Kunstanstalt bestand natürlich nicht nur aus Variationen des ersten Kalenders. Verschiedene namhafte Künstler wurden für die Gestaltung der Adventskalender engagiert. Entsprechend unterschiedlich fielen auch die Stile und Inhalte aus. Josef Mauders ca. 1913 gefertigter Adventskalender mit dem Titel *Wie Peter und Liesel das Christkind suchten* ist beispielsweise überaus humorvoll und durch und durch von Ironisierungen geprägt. Eine Leichtigkeit, die den Kalender auch 1938 noch zum Bestseller machte. Christlich-religiöse Adventskalender sind deutlich in der Unterzahl. Lediglich ein Exemplar kann inhaltlich als solcher identifiziert werden. Dies entsprach durchaus der Profanierung des Advents und der Weihnachtszeit jener Zeit. Ebenso unterschiedlich wie die Illustrationen und Texte waren auch die Gebrauchsweisen der Kalender. Neben den bereits genannten Varianten gab es u. a. Kalender mit Ziehfiguren, die täglich zwischen Vorder- und Hintergrund hervorgezogen werden durften. Aber auch die Vorform der Weihnachtsuhren wurde bei der Handhabung der Adventskalender erneut aufgegriffen. Die Art der Verwendung bestimmte dabei auch die Zielgruppe. Kleinkinder drehten folglich an der Weihnachtsuhr, während Schulkinder die kleinen Bilder eigenständig ausschneiden durften. Eine weitere Form stellten Adventskalender mit Türchen dar, die aus dünnem Papier bestanden und vorsichtig aufgerollt werden konnten. Eine Innovation, die nach nur zwei Kalendern wieder eingestellt wurde. Türchen zum Aufklappen, wie wir sie heute kennen, fanden mit Kalendern wie dem dreidimensionalen »Adventshäuschen« ebenfalls Eingang in das Sortiment. Sie konnten aber auch kombiniert werden. So hat *Die Himmelsuhr* von 1925 einen Zeiger, der von einem Türchen zum nächsten bewegt wird. Die Verbindung aus Kalender und Schokolade fand sich um 1926 ebenfalls im Angebot von Reichhold & Lang. Allerdings verbargen sich die Schokoladenstücke nicht einzeln hinter den Türchen, sondern wurden als Gesamtpaket im Innenteil des Adventskalenders verborgen, während auf der Vorderseite des Kartons ein Abreißkalender angebracht wurde. *Die Christrose* war so gesehen eine kartonierte Schokolade, wie sie noch heute im Handel zu finden ist, mit einem Adventskalender auf dem Deckel. Gerhard

Lang ruhte sich also nicht auf seiner »Erfindung« und dem Erfolg des ersten Exemplars aus, sondern ging immer neue Wege und erreichte so eine inhaltliche und gestalterische Vielfalt, die unübertroffen blieb. Auch nach dem Niedergang der lithographischen Kunstanstalt blieb Lang den Adventskalendern, nun als Angestellter in anderen Kunstverlagen, treu. Gerhard Lang hatte erheblichen Einfluss auf die Geschichte der Adventskalender, und auch heute noch orientiert man sich oft und gerne an seinen Vorlagen. Es gab aber noch weitere Persönlichkeiten, die die Gestaltung der Adventskalender in Gegenwart und Vergangenheit prägten. Die Illustratorin Gudrun Keussen gestaltete beispielsweise mit Vorliebe Adventskalender, auf welchen kleine, historisch anmutende Städtchen abgebildet sind – ein Motiv, das über Jahrzehnte immer wieder aufgelegt wurde und auch das gegenwärtige Bild der beschaulichen Weihnacht prägt.
Adventskalender, so kann man resümierend sagen, prägen uns und unsere Vorstellung von einer idealen (Vor-)Weihnachtszeit und geben zugleich Auskunft über uns als Individuen und über die Gesellschaft. Auch gegenwärtig sind auf den Kalendern jene Dinge abgebildet, die wir uns wünschen und die wir als positiv erachten. Daher kann man auch selbst in die Analyse übergehen, nach Gebrauchs-, Zeichen- und Indikatorfunktionen suchen und sich fragen, was sich der Hersteller bei dem einen oder anderen Modell gedacht haben mag, warum man sich ausgerechnet für jenes Exemplar entschieden hat oder genau diesen Adventskalender geschenkt bekommen hat und was die Existenz bestimmter Ausfertigungen über die Gesellschaft unserer Zeit aussagen könnte. Dabei ist man heute nicht mehr auf die Zeit des Advents beschränkt. Die Rede ist nicht von Adventskalendern wie jene der Gummibären-Hersteller Bears & Friends, die 26 kleine Überraschungen bereithalten und somit Advent und

Weihnachtsfest verbinden. Auch zu Ostern gibt es Kalender, die die Wartezeit versüßen, wie der mit Schokolade gefüllte *Osterkalender* von Kaufland aus dem Jahr 2023 oder Gerhard Langs *Das Hasenschloß* von 1935 zeigen. Auch andere Religionen werden bedient, wenn Hersteller wie »Gama Zuckersüß« oder »Chocolissimo« Ramadan-Kalender anbieten. Deutlich profaner sind die für Halloween gestalteten Kalender. Die hier genannten Festtagskalender weisen ganz klar die Formen und Funktionen des Adventskalenders auf, haben aber bei weitem nicht dessen gesamtgesellschaftliche Bedeutung und globalen Bekanntheitsgrad. Sie konnten sich (bisher noch) nicht durchsetzen und Traditionen bilden. Allerdings handelt es sich hier teils um recht junge kulturelle Phänomene, deren weitere Entwicklung sicherlich spannend zu beobachten sein wird.

Die Geschichte von Henriette Alexandrine von Nassau-Weilburg oder wie der Christbaum nach Wien kam

von Julia Meister

Die einzige Protestantin, die in der Kapuzinergruft – jene von Touristen gern besuchte Wiener Attraktion, die wie kaum eine andere Sehenswürdigkeit die bisweilen morbide Faszination für das Geschlecht der Habsburger repräsentiert – begraben liegt, ist gleichzeitig jene Dame, der wir den Brauch des Christbaums zu verdanken haben. Das kurze Leben der Gemahlin Erzherzog Karls von Österreichs, des berühmten Helden von Aspern, dem ein majestätisches Denkmal auf dem Wiener Heldenplatz gewidmet wurde, dauerte nur 32 Jahre. Die Tradition, die sie uns hinterlassen hat, währt bis heute. Grund genug, gerade jetzt in der Vorweihnachtszeit einer weiteren vergessenen Habsburgerin zu gedenken, deren Leben und Wirken zu Unrecht in Vergessenheit geraten ist.

»Ich fand, daß man mich nicht getäuscht hatte. Die Prinzessin ist gesund, gut gewachsen, ziemlich hübsch, artig, wohlerzogen, häuslich, ohne Kenntnis von Intrige, von Politik und von überspannten Ideen, natürlich, kurz sie gefiel mir und schien mir ganz geeignet, als Hausfrau einen Mann glücklich zu machen.« Diese Zeilen Erzherzog Karls an seinen Bruder Josef klingen nicht gerade nach dem romantischen Beginn einer großen Liebe! Aber der Reihe nach:

Die 17 Jahre zählende junge Frau, die er 1815 kennenlernte, wurde am 30.10.1797 als Tochter des Herzogs Friedrich

Wilhelm von Nassau-Weilburg und der Burggräfin Luise von Kirchberg in Weilburg geboren. Andere Quellen geben wiederum an, sie habe, als sich die Familie auf der Flucht vor Napoleon befand, im Schloss Eremitage in Bayreuth das Licht der Welt erblickt. Da Henriettes Vater 1795 die Weilburg verlassen hatte und erst im Jahre 1800 dorthin zurückkehren durfte, ergibt die letztere Variante durchaus Sinn.

Die Sommermonate verbrachte die kleine Henriette ab 1804 auf Schloss Engers. Dabei waren ihre Geschwister stets an ihrer Seite. Die Schwester Auguste starb tragischerweise mit gerade einmal zwei Jahren; die beiden Brüder Wilhelm und Friedrich wurden respektive zum Thronfolger und späteren Herzog von Nassau sowie zum österreichischen Generalmajor. Wie es sich für das 18. und 19. Jahrhundert in Adelskreisen als selbstverständlich verstand, war Henriette 1815 mit ihren 17 Jahren im besten Heiratsalter – bloß nicht zu lange warten und ein ewiges Dasein als plumpes Anhängsel der Familie riskieren, so die Devise! Dass die Prinzessin Protestantin war, spielte in diesem Fall keine Rolle: Ihr zukünftiger Ehemann, 1771 als dritter Sohn Leopolds II. geboren, erhielt im März 1815 von seinem Bruder, Kaiser Franz II./I., die Vollmacht, die Wahl seiner Gattin ohne jegliche Einschränkungen hinsichtlich ihres Glaubensbekenntnisses treffen zu dürfen. Zudem sollte es eine Prinzessin aus einem deutschen Fürstenhause sein. Der Altersunterschied von 26 Jahren spielte, wie so oft in den damaligen Zeiten, keine Rolle. Eine Frau hatte möglichst jung zu sein, mit einer langen, vor ihr liegenden fruchtbaren Zeit. Ob sie sich einen jüngeren Ehemann wünschte, war zumeist dahingestellt, denn Liebesehen waren in Adelskreisen eher die Ausnahme. Die Idee einer Vermählung mit Henriette geht auf eine Anfrage des berühmten Erzherzogs Johann zurück, der mit seiner Anna Plochl als treuer, sein Leben in Bergwelten zubringender Liebender in die Geschichte einging. 1813 sprach Johann den Freiherrn von Gagern in Wien darauf an, ob er nicht eine Idee hätte, wen Karl ehelichen könnte; die Wahl fiel auf Henriette. Karl lernte Henriettes Vater 1815 beim Wiener Kongress kennen und besuchte während seiner Stationierung in Mainz des Öfteren die Weilburg. Als man am 8. Juni 1815 die Verlobung in Weilburg feierte, war Henriette bereits hin und weg von ihrem zukünftigen Gemahl: Glaubt man den Quellen und vor allem den Briefen, die sich das Paar schickte, so war ihnen tatsächlich das seltene Glück einer Liebesheirat vergönnt! Karl, der 1799 das Militär reformierte und 1809 zum Generalissimus befördert wurde, gelang 1809 in der Schlacht bei Aspern und Eßling der erste österreichische Sieg gegen Napoleon. Die darauffolgende Niederlage bei Wagram und der eigenmächtige – entgegen kaiserlicher Anordnung! – Friedensschluss mit Napoleon führten dazu, dass Karl seines Amtes enthoben wurde. Er hatte nun, als pensionierter Feldherr, viel Zeit und Muße, sich seiner eigenen Familie zu widmen.

Henriette war ihr protestantischer Glaube augenscheinlich überaus wichtig, hieß es doch im Ehevertrag, dass man ihr, sollte sich das Paar an einem Ort wiederfinden, an dem keine evangelische Kirche vorhanden ist, einen eigenen evangelisch-reformierten Hofkaplan zur Verfügung stellen würde. Am 17. September 1815 wurde dann endlich in der Weilburg Hochzeit gefeiert. Im Dezember bezog das frischvermählte Paar Karls Palais in der Wiener Annagasse. Die Zustimmung des Kaisers zur Trauung mit einer Protestantin hatte natürlich vor allem einen politischen Hintergrund: Hatte Napoleon mit Russland und Preußen eine Allianz geschlossen, so wollte

Franz II./I. nun keinesfalls die deutschen evangelischen Fürstenhäuser vergrämen.
Wie den überlieferten Portraits zu entnehmen ist, war Henriette eine besondere Schönheit. Dies bestätigt auch Generalstabchef Oberst de Lort, der ebenso Henriettes Charakter lobpries: »Wenn man die Unschuld, vereinigt mit Liebenswürdigkeit, Anmut und Schönheit darstellen wollte, könnte man kein besseres Vorbild finden als die Prinzessin. Sie ist 17 Jahre alt, mittelgroß, sehr schlank, hat ein Haar von schönstem Schwarz, die braunen Augen voll Ausdruck und Sanftmut, einen bewunderungswürdigen Teint, die Nase, der Mund, das Oval des Gesichtes tadellos. Sie hat nie eine Gouvernante gehabt, ihre würdige Mutter hat sich der Erziehung dieser einzigen Tochter angenommen und einen Engel aus ihr gemacht. Sie ist der Gegenstand unserer aufrichtigsten Bewunderung und unserer heißesten Wünsche für das Glück dieser erhabenen Verbindung.« Auch Erzherzog Johann äußerte sich in den höchsten Tönen über seine Schwägerin und bezeichnete sie als äußerst glückliche Wahl. Der Gemahl selbst »fand in seiner Ehe und in seinen sieben Kindern das Glück seines Lebens. Sein Pessimismus und seine früheren epilepsie-artigen [sic!] Anfälle schwanden völlig«. Ob die Häuslichkeit des Familienlebens derartige Wunderheilungen tatsächlich zu erwirken vermochte?
Henriettes Übersiedelung nach Wien geht mit dem Beginn der oft verklärten Biedermeierzeit einher: »Das traute Heim gewinnt als bürgerliche Wohnung eine stärkere Bedeutung, als Refugium beschaulicher Gemütlichkeit […]. Zu Hause ist man unter sich und braucht sich um Kriegsgeschrei und Politik nicht zu kümmern.« Dass Henriette und Karl sich dieser neuen Lebensweise nicht entziehen, lässt sich auch am

gemeinsamen Porträt der Familie, das 1832 von Johann Ender geschaffen wurde, ablesen: »Die zur Schau gestellte offene Emotionalität unterscheidet das biedermeierliche Familienleben von dem der vorigen Zeiten. Familienporträts, in denen sich die Familienmitglieder eng aneinanderschmiegen, drücken dieses Gefühl aus. Man richtet sich mit vollem Bewusstsein im Haus ein, pflegt die häusliche Intimität und kultiviert das Privatleben. Haus und Familie sind eng miteinander verwoben, das Familiengefühl ist an das Haus, an die Haushaltsführung, an das häusliche Leben gebunden. All diese Elemente bedingen einander. Nicht entwickeln kann sich der Familiensinn, wenn das Haus allzu sehr nach außen geöffnet ist, vielmehr ist ein Minimum an Abgeschiedenheit erforderlich.« Nun ist Henriette den Wienern in zweierlei Hinsicht im Gedächtnis geblieben: Zum einen dafür, dass sie es verweigerte, durch einen Hintereingang in die Reformierte Kirche in Wien einzutreten – ein eigenes Tor musste her! Das Henriettentor ward geboren. So gut, so unbiedermeierlich. Viel bekannter und in die Biedermeierzeit passend ist die Tatsache, dass die protestantische Henriette den Wienern den Weihnachtsbaum näherbrachte: Hatte man in der katholischen Habsburgerstadt bis dato das Weihnachtsfest lediglich mit einer Christmette zelebriert, setzte Henriette es sich nach der Geburt des ersten Kindes, der kleinen Maria Theresia Isabella, zum Ziel, »erstmals für ihre Tochter […] beim Weihnachtsfest 1816 die 12 – für jeden Monat eine – Kerzen ihres geschmückten Weihnachtsbaum [sic!] im damaligen erzherzoglichen Palais an der Seilerstätte/Ecke Annagasse […] [zu] entzünde[n]«. Wie akribisch sie in Sachen Vorbereitung agierte, schildert Monika Posch: »Ein eigener Bote wurde nach Weilburg entsandt, um von dort den weihnachtlichen Schmuck zu holen. In aller

Heimlichkeit ließ die Prinzessin im Festsaal des Palais eine mächtige Tanne aufstellen und schmückte sie selbst. Sicherlich hatte es auch schon vorher vereinzelt kleine Nadelbäumchen gegeben, die, mit Backwerk und Obst geschmückt, am Nikolotag an Kinder und Hauspersonal verschenkt wurden. Aber Kerzen trugen diese Bäumchen nicht, und zu Weihnachten fehlten sie ebenso wie jede andere Bescherung. Der Kaiser, der zur Weihnachtsfeier geladen worden war, soll von dem brennenden Lichterbaum so beeindruckt gewesen sein, daß er Auftrag gab, auch in der Hofburg einen mit Kerzen geschmückten Christbaum aufzustellen.«

Das gegenseitige Beschenken war, wie bereits erwähnt, eigentlich nur am Nikolotag Sitte. Henriette ist es zu verdanken, so Christoph Hatschek, dass der prachtvoll geschmückte Weihnachtsbaum, gemeinsam mit liebevoll verpackten Geschenken, sich zu Lebzeiten Henriettes durchsetzte: Aus dem einstigen religiös geprägten Fest wurde ein Fest des Schenkens und der Familie.

Selbstverständlich ließen es sich die Adelsfamilien des frühen 19. Jahrhunderts nicht nehmen, den Brauch des prächtigen Bäumchens auch in den eigenen vier Wänden nachzuahmen! Der leuchtende Christbaum erregte jedoch im Falle der Familie Arnstein das Ärgernis der Metternichschen Polizei, die darin eine mögliche politische Verschwörung sah und sich nur mit großem Aufwand von der Harmlosigkeit der neuen Festtradition überzeugen ließ. Bereits Mitte des 19. Jahrhunderts war der neue Brauch jedoch fester Bestandteil des Wiener Weihnachtsfestes und der Weihnachtsbaumkauf bei der in Hülle und Fülle feil gebotenen Christbäume ein leichtes Unterfangen.

Im Jahre 1823 übernahm die Familie um Henriette und Karl die Albertina, das Palais des im Jahr zuvor verstorbenen Herzogs Albrecht von Sachsen-Teschen. Dort wurde das Weihnachtsfest selbstverständlich ebenso mit viel Glanz und Gloria begangen; eine Tatsache, die Erzherzog Johann missfiel: Er empfand die Festivitäten als überzogen und überladen, die Gaben für die Kinder stießen ihm sauer auf, da er stets die Kinder in den Bergen vor Augen hatte, die oftmals nicht einmal richtige Kleidung besaßen.
Im wunderschönen Schloss Weilburg, das einst die Stadt Baden bei Wien zierte und welches Karl nach dem Vorbild von Henriettes Stammschloss errichten ließ, verbrachte die stetig wachsende Familie lediglich die Sommermonate. Im Jahre 1829 erfolgte die Übersiedelung von Baden nach Wien erst spät: Zu schön war die Vorweihnachtszeit im Badener Helenental! Auch einen Weihnachtsbaum hatte man dort ausgesucht, welcher das Wiener Stadtpalais zierte. Henriette hatte jedoch noch einige Einkäufe zu erledigen und ging mit der ältesten Tochter, Maria Theresia, auf einen Stadtbummel. Während die Erzählungen variieren, wie genau sich Henriette dort mit dem Scharlachfieber infizierte, so wissen wir jedoch, dass sie den geliebten Weihnachtsabend noch erlebte – ob bereits schwer erkrankt oder noch einmal, all ihre Kräfte zusammennehmend, im Kreise ihrer Familie, sei dahingestellt. Henriettes Tod hinterließ in Karls Leben eine klaffende Wunde, wie Erzherzog Johann resümierte; diese zu füllen sei nahezu unmöglich.
Henriettes Leben hallt übrigens bis zum heutigen Tage in der Wiener Reformierten Stadtkirche nach: So werden dort »beim [im Advent stattfindenden] traditionellen Henriettenmarkt im Hof […] Holzspielzeug, Bäckereien, Punsch,

Handarbeiten, Christbaumschmuck und Bücher verkauft. Der Erlös ist jeweils Projekten, die mit Kindern und Jugendlichen zu tun haben, gewidmet.«

Da wir nicht en détail wissen, wie das Weihnachtsfest im Kreise von Henriettes und Karls Familie ausgesehen haben mag, seien die Leserinnen und Leser hiermit auf Franz Xaver Paumgartens Zeichnung aus dem *Illustrierten Erinnerungsbüchlein für die Wiener Kaufmannsfamilie Carl Baumann, 1820* hingewiesen. Dies stellt die älteste Darstellung eines Christbaumes in Wien dar. Wenn auch die Illustration mit dem zur Tür hereinkommenden Krampus auf uns ein wenig befremdlich wirkt, so überwiegen doch der weihnachtliche Glanz des Christbaumes und das harmonisch-familiäre Beisammensein der dargestellten Familie, inklusive des sich im Zimmer befindlichen Sankt Nikolo. Diese gemütliche Festlichkeit ist es, die der Christbaum in unseren Köpfen evoziert – eine Tradition, die wir der vergessenen Habsburgerin Henriette von Nassau-Weilburg zu verdanken haben.

Rauhe Nächte

von Kerstin Dautel

Kälte dringt durch den Fensterspalt, während der Schnee in der tiefen Dunkelheit jedwedes Geräusch verstummen lässt. Das Flackern der Kerzen wetteifert mit der verheißungsvollen Stille. Ein Raum voller Wärme und Liebe, angefüllt mit Weihnachtsdüften, die Familie ganz nahe zusammengerückt. Im Draußen bewegen sich die Schatten zwischen den Häusern, huschen über die Flure und verschwinden in den Wäldern. Rauhnächte.

Die dunkelsten und längsten Nächte des Jahres waren seit jeher Teil der weihnachtlichen Stimmung. Die Freude über das Wohlbehalten im warmen Zuhause, während draußen die unbekannte Kälte tobt, hat sich über viele Jahrhunderte in unser kulturelles Gedächtnis gebrannt. Bewusstsein und Brauchtum der Rauhnächte sind jedoch mittlerweile nur noch vereinzelt regional anzutreffen. Aber noch vor 150 Jahren waren sie durchaus ein bedeutendes Thema im deutschsprachigen Raum, und das bereits seit den Germanen.

Die Rauhnächte, auch die Zwölften oder Lostage genannt, sind die zwölf Tage vom 25. Dezember bis zum 6. Januar. Endlose Mythen ranken sich um diese Nächte. Von einer Wetterbestimmung für das kommende Jahr, der Wahrwerdung von Träumen in jenen Nächten, über Götter und Geister, die auf Erden wandeln, bis hin zur Möglichkeit, in dieser Zeit Magie auszuüben.

Es wirkt fast paradox, dass ausgerechnet die ruhige besinnliche Weihnacht in diesen Tagen liegt. Doch der Ursprung der Rauhnächte geht weit zurück und fußt vermutlich auf der spirituellen Bedeutung der Wintersonnenwende, weshalb in manchen Regionen die Rauhnächte auch am 21. Dezember, also am Thomasabend, beginnen. Ein anderer möglicher Ursprung könnte auch die Zeitrechnung sein, da frühere Völker, so auch die Germanen, oft in Mondmonaten rechneten, womit ein Jahr lediglich 354 Tage anstatt 365 hatte und diese zwölf Nächte folglich besonderer Natur sind, da sie gar nicht existieren dürfen.

Der Aberglaube zu den zwölf Nächten war weit verbreitet und hielt sich zum Entsetzen der Kirche vehement. Diese deklarierte in Büchern und Flugblättern die Ausübung der Bräuche an diesen Tagen als Hexenwerk und mahnte zum Gebet. Aber man riet auch, zu Hause zu bleiben und die Türen zu verschließen, so verankert war trotz des christlichen Glaubens die Ehrfurcht vor den Rauhnächten.

Selbst um den Namen ranken sich Spekulationen. Ob sie nun wegen des Brauchs des Ausräucherns von Räumen oder wegen des Pelzes der durch die Nächte streifenden Dämonen so genannt wurden, ist nicht bekannt. Im bayerisch-österreichischen Raum jedenfalls hat sich das »Perchten« gehalten – eine Tradition, die Menschen veranlasst, als zottelig maskierte Dämonen auf die wilde Jagd zu gehen und lärmend durch die Gegend zu streifen. Ob der Ursprung dieses Brauchs in einer Darbietung des Gottes Wotan und seiner Gefährten auf Erden liegt oder im Vertreiben von bösen Geistern ist ebenfalls nicht eindeutig.

Jedoch lässt sich mit Sicherheit sagen, dass sich Bedeutung und Auslegung der Rauhnächte durch den Einfluss des christlichen Glaubens gewandelt haben. Bereits 1853 war diese Erkenntnis keine Neuigkeit. In einem österreichischen Zeitungsblatt wird ausgeführt, dass der Ursprung der

Rauhnächte in einem heidnischen Brauch liege, der vor allem Wotan und seiner Gemahlin gewidmet war und von der Kirche umgetauft wurde. Sogar der Brauch der Weihnachtsgeschenke soll auf Opfergaben für jene Götter zurückgehen und der grüne Baum, heute der Weihnachtsbaum, ursprünglich ein Symbol zur Ehrung der Götter sein. In einem Buch über Karl den Großen von 1850 wird über die Heidenbekehrungen Karls aufgeklärt. Hier wird beschrieben, dass zwischen Weihnachten und Epiphania, dem Tag der Heiligen Drei Könige, die heidnischen Gottheiten auf Erden Umzug hielten. Das Spinnen von Garn war eine wichtige Aufgabe im Haushalt und eine Ehrerbietung der weiblichen Bevölkerung für die Göttin Hulda in diesen Tagen. Auch der Sagengestalt Perchta zu Ehren wurde vorab gesponnen, jedoch nicht während der zwölf Rauhnächte, und am Ende des Tages wurden Fisch und Klöße aufgetischt.
Dass an diesen Tagen und nicht nur an den Weihnachtstagen seit jeher festlich gespeist wurde, lässt sich auch aus einer Konversation in einer bayerischen Bauernzeitung von 1822 erkennen. Hier führen ein Bauer und ein Pfarrer ein Gespräch über die Ausgaben der Kost für die Angestellten während der Rauhnächte. Wortwörtlich wird hier »vom Fressen und Saufen den ganzen Tag« gesprochen. Selbst die Dienstboten bekamen Würste, Suppe, Fleisch, Bier sowie Brot bereits zum Frühstück. Mittags folgten oft Kudlsuppe, Semmelknödel, Rindfleischbraten, Gemüse, Brot, Bier und Branntwein. Nachts Selbiges nochmal, weshalb beschrieben wurde: »Häufig ging dabei ein halbes Kalb drauf«. Eine andere Quelle bezeichnet die letzte Rauhnacht als »fette Rauhnacht«, da in dieser abends traditionell Küchel, süßes Schmalzgebäck, gebacken würden.

Neben Umzügen, der Reinigung des Haushalts und reichlichem Essen gab es aber noch eine Unmenge weiterer Bräuche, die sich regional ausbildeten: Im hessischen Walburg soll man als Mädchen um Mitternacht in einer Rauhnacht zu einem Birnbaum gehen und zwölf Mal die eigenen Schuhe darauf werfen. Bleibt einer dieser Schuhe im Geäst hängen, soll auch ein Mann in den nächsten Jahren hängen bleiben. So oft der Schuh herabfällt, so viele Jahre muss das Mädchen noch als Jungfrau ausharren. Ein Erfolg beim ersten Wurf prophezeit jedoch den nahenden Tod. In der Oberpfalz soll ein Mädchen im Dunkeln einen Holzstoß rückwärts in die Küche tragen und anschließend die Scheite zählen. Wenn die Anzahl der Scheite paarweise aufgeht, kann sich das Mädchen im entsprechenden Jahr auf einen Bräutigam freuen. Kann sich eine junge Frau nicht zwischen zwei Verehrern entscheiden, soll sie um Mitternacht drei Scheithäufchen aufschichten und ein Bündel Haare je von sich und den zwei Bewerbern darauflegen. Das mittlere Häufchen mit dem eigenen Haarbüschel soll angezündet werden und jenes Häufchen, welches das Feuer dann daneben als erstes erfasst, soll das des zukünftigen Ehemanns sein. Ein anderer Volksglaube besagt, dass Tiere während der Zwölf unter Umständen sprechen können; so solle man um Mitternacht den Stall aufsuchen.

Der Eindruck von eher heiteren Rauhnächten täuscht jedoch und ist eher erst im Laufe des 19. Jahrhunderts entstanden. So sehr man diese Nächte auch für festliche Gelage und Wahrsagung zu schätzen wusste, so sehr fürchtete man sich auch. Im Jahre 1534 finden die zwölf Nächte ebenfalls bereits Erwähnung in einem Weltbuch, das davon berichtet, dass kein Haushalt auf das Räuchern mit Weihrauch zur Vertreibung von Teufel, Gespenstern und Zauberei verzichte. Im Rahmen der Pestepidemien der Frühen Neuzeit wurde dann Weihrauch häufig durch Wacholder ersetzt, da dieser eben zudem die Pestilenz austreiben sollte. Ebenso gefürchtet hat man sich vor der Erscheinung der »Weißen Frau«, welche sich nachts in Häuser schliche, die schlafenden Kinder wiege und mit ihrer Erscheinung den Tod ankündige. Häufig wurde sie Bertha bzw. Berchta, die Ahnmutter, genannt. Vor dem Teufel und seinen Dämonen hatte man ohnehin immer Angst, in den Rauhnächten aber wohl ganz besonders. In Sagen aus der Oberpfalz finden sich zahlreiche Schilderungen über gescheiterte Teufelsbeschwörungen in diesen Nächten, die mit Austreibung durch Geistliche oder gar dem Tod endeten. Zeitungen der vergangenen zwei Jahrhunderte setzten im Dezember regelmäßig auf Gruselgeschichten mit Rauhnachtsbezug. Auch raten Großmütter heute noch vielerorts in dieser Zeit, keine Wäsche aufzuhängen, damit sich kein Geist darin verfange.

Was sind nun die Rauhnächte und ihr Brauchtum? Überbleibsel längst vergessenen Glaubens, ein psychologischer Widerspruch aus Angst und Hoffnung zum Jahreswechsel oder gar überladener Aberglaube? Geht es nach Esoterik und Volksglauben, sind es besondere Nächte, in denen wir der Anderswelt ganz nahe sind und die Möglichkeit haben, mit Ritualen innere Einkehr zu gewinnen. In einer Zeit, in der wir unseren Glauben frei bestimmen können, muss die Bedeutung der Rauhnächte wohl jeder für sich selbst definieren. Es lohnt sich auf jeden Fall, den Rauhnächten und ihrer Magie ein paar Gedankenspiele zu widmen, in einer dieser Nächte, wenn es ganz kalt und still ist da draußen, während der Weihnachtszeit.

Die Heilige Nacht – Weihnachten bei Correggio

von Susanne Reichelt

»Weihnachten« – das ist immer mein erster Gedanke, wenn ich vor diesem Gemälde in der Dresdner Gemäldegalerie stehe. Das Bild (siehe QR-Code) ist für mich der Inbegriff dieses großartigen Ereignisses der Menschwerdung Gottes, die Quintessenz der biblischen Weihnachtsgeschichte. Sie ist uns Christen wohl am vertrautesten in den Worten des Evangelisten Lukas, wie sie alljährlich tausendfach am Heiligen Abend verlesen und zitiert werden in den Christvespern und Krippenspielen oder auch in heimischen Wohnzimmern.

Wie kein anderes Gemälde ist Correggios Bild geeignet, das wunderbare Geschehen der Weihnachtsnacht zu illustrieren. Und das tatsächlich im wortwörtlichen Sinn, denn das lateinische »illustrare« bedeutet »erhellen, erleuchten«. Und wie es leuchtet im Bild, dieses unglaubliche Licht, das bedeutungsvoll vom Jesuskind in der Krippe ausstrahlt und das liebliche Antlitz der Maria zum Strahlen bringt. Sie umschlingt, hinter der Krippe kniend, mit beiden Armen das Kind in der Krippe und umfasst mit der rechten Hand sein kleines Füßchen. Allein sie ist in der Lage, dieses helle Licht zu ertragen. Ruhig und gefasst, mit einem nur gerade angedeuteten Lächeln in ihrem anmutigen Gesicht, schaut sie innig auf ihr Kind und bildet mit ihm und der Krippe eine geschlossene Gruppe im Zentrum der Helligkeit, jedoch nicht im Zentrum des Bildes. Das Gegengewicht auf der linken Bildseite wird von der viel unruhigeren Hirtengruppe gebildet. Ganz im Vordergrund scheint ein großer, kräftiger älterer Hirte, auf seinen Stab gestützt, gerade im Begriff zu sein, auf die Knie zu fallen, überwältigt vom Anblick des lichtumstrahlten Kindes in der Krippe. Sein jüngerer Gefährte neben ihm schaut mit gerührter Miene zu ihm auf, während die Hirtin hinter ihm vor der bildprägenden hellen Säule ihr Gesicht mit der Hand verschatten muss, um das starke Licht ertragen zu können. Ihr beinahe schmerzvoller Blick zur Krippe stellt die Verbindung zwischen den beiden Hauptgruppen im Bild her, während die Säule den Blick des Betrachters zum Gewimmel der Engel am linken oberen Bildrand leitet. Vor einem wolkenartigen Gebilde, dessen Umriss von keiner der Figuren überschnitten wird, wirbeln sie umeinander, in verschiedene Richtungen strebend, zum Teil in kurios verdrehten Haltungen und starken perspektivischen Verkürzungen. Correggio scheint hier ein Paradebeispiel seiner Meisterschaft bei der Darstellung von Perspektive und Illusion geben zu wollen.

Obwohl die linke Bildseite viel dichter und vielfiguriger aufgebaut ist als die rechte, liegt das Hauptaugenmerk dennoch rechts auf der ganz ruhigen geschlossen Krippengruppe dank des spektakulären Lichts. Das kontrastreiche Hell und Dunkel lädt die Spannung im Bild ebenso auf wie der Gegensatz von äußerster Bewegtheit links und verklärter Ruhe rechts. Diese Spannung erfasst den Betrachter unmittelbar, denn er wird ja beinahe selbst zum Teil des Geschehens! Zum Greifen nah sind die Figuren an die vordere Bildkante und damit an den Betrachterraum herangezogen. Eine starke Diagonale, beginnend am Fuß des älteren Hirten in der äußersten unteren linken Bildecke, lenkt den Blick unmittelbar zum verheißungsvollen Geschehen im Zentrum der Helligkeit. Und scheinen

wir nicht gar selbst eingeladen zu sein, die Stufen am unteren Bildrand zu ersteigen und auch an die Krippe heranzutreten? Erst auf den zweiten Blick gibt sich noch ein weiterer Zeuge der Geburt Christi zu erkennen: ein Hund, der ganz ruhig direkt vor der Krippe sitzt und regungslos, aber mit gespannter Aufmerksamkeit das Geschehen in sich aufzunehmen scheint. Das Licht, das von der Krippe ausgeht, berührt auch seinen Kopf und lässt ihn gewissermaßen teilhaben am Wunder der Weihnachtsnacht. Folgen wir der bildbestimmenden Diagonale über die Krippe hinaus weiter nach rechts oben, erkennen wir den Esel, der – von Josef mühsam daran gehindert – ebenfalls zur Krippe hinstrebt und einen Blick auf das neugeborene Kind zu erhaschen versucht; eine kleine Geschichte, die jedem Betrachter ob ihres subtilen Humors ein kleines Lächeln ins Gesicht zu zaubern vermag. Im Hintergrund schließlich sind mit etwas Mühe noch zwei Engel auszumachen, die den Ochsen versorgen, hinterfangen von einer gebirgigen Landschaft, deren Umrisse sich vor dem hellen Streifen am Horizont deutlich abheben. Das Licht aus der Krippe scheint so seinen Abglanz am morgendlichen Himmel zu finden und damit die ganze Welt zu erhellen – eine schöne Metapher für die frohe Botschaft der Weihnachtsgeschichte.
Correggio, der Schöpfer dieses so eindrücklichen Bildes, hieß eigentlich Antonio Allegri und wurde 1489 in der Stadt Correggio in der Emilia-Romagna geboren, wo er auch zeit seines Lebens mit wenigen Unterbrechungen tätig war und 1534 starb. Das vielleicht großartigste Zeugnis seiner künstlerischen Meisterschaft hat er mit der illusionistischen Ausmalung der Kuppel im Dom von Parma in seiner Heimat hinterlassen.

1522 war er von der Familie Pratonieri mit einer Darstellung der Geburt Christi als Altarbild für die Ausstattung ihrer privaten Kapelle in der damals neu errichteten Kirche San Prospero in Reggio nell'Emilia beauftragt worden. Wann genau Correggio das Gemälde vollendet hat, lässt sich nicht genau bestimmen, jedoch wurde es 1530 an der vorgesehenen Stelle in der Kapelle der Pratonieri in einem eigens wohl ebenfalls von Correggio geschaffenen Rahmen aufgestellt. Seine ausgesprochen sinnliche Wirkung verfehlte das Werk schon damals nicht, es erregte große Aufmerksamkeit und wurde sowohl von den Gläubigen als auch zunehmend von Kunstkennern hoch geschätzt und lobend kommentiert. So wurde auch das Interesse der kunstsinnigen Herzöge von Modena geweckt, und sie bemühten sich mehrfach um den Ankauf des Gemäldes für ihre Sammlung. Jedoch erteilte die Geistlichkeit von San Prospero diesen Ankaufsabsichten stets eine strikte Abfuhr, war doch das Bild auch fester Bestandteil der in dieser Kirche üblichen Liturgie. Um dennoch in den Besitz des Gemäldes zu gelangen, griff schließlich Francesco I. d'Este zum äußersten Mittel und ließ das Gemälde 1640 kurzerhand aus der Kirche rauben und in die herzogliche Galerie in Modena bringen. Ein Eintrag im Pfarrbuch im Stil einer Sterbefallnotiz vom 1.5.1640 bezeugt den unglaublichen Vorgang. Erst 1686 erhielt die Gemeinde als Ausgleich eine Kopie des Gemäldes vom Modenenser Hofmaler Jan Boulanger, das sich noch heute in der Kirche befindet.

In der Sammlung des Herzogs von Modena nahm das Gemälde dann einen besonderen Platz ein, wurde geradezu sakral inszeniert und einer noch größeren Öffentlichkeit bekannt. Auch August III., der kunstaffine Sohn des berühmten Sachsen-Herrschers August des Starken, machte auf seiner

Bildungsreise Station in Modena, besuchte die Galerie und sah dort das inzwischen schlicht als »Notte« berühmt gewordene Gemälde erstmals mit eigenen Augen. Doch konnte er wohl damals nicht ahnen, dass sich rund 25 Jahre später für ihn die Gelegenheit ergeben würde, einen Großteil der ganzen Sammlung selbst zu erwerben. Im Zuge des Österreichischen Erbfolgekrieges hatten die Este ihr Land verloren und mussten vom Exil in Venedig aus dringend Geld beschaffen, sodass ein Verkauf der Gemäldesammlung erwogen wurde. Unter strenger Geheimhaltung und inkognito verhandelte der Kunstagent Augusts III., Bonaventura Rossi, mit dem Vertreter des Herzogs und kaufte schließlich 1745 die 100 besten Bilder der Sammlung einschließlich der »Notte« für 100.000 Zechinen. Dieses Konvolut bildete nach seiner Ankunft in Dresden den Grundstock der Gemäldesammlung Augusts III. und war der Anlass, das ehemalige Stallgebäude am Jüdenhof zum Galeriegebäude umzubauen. Teil des Vertrags war allerdings eine gute Kopie der *Heiligen Nacht*, die unverzüglich vom venezianischen Maler Guiseppe Nogari angefertigt wurde und sich noch heutzutage in Modena befindet.

Correggios Original der *Heiligen Nacht* wurde nun in Dresden der Mittelpunkt der Gemäldegalerie und zu einem Besuchermagneten. Allein um die »famosissima notte« zu sehen, lohnte eine Reise in die Kunstmetropole an der Elbe. Von begeisterten Reisenden hymnisch beschrieben, blieb das Gemälde das unbestrittene Highlight der Galerie, bis ihm ab etwa 1800 die *Sixtinische Madonna* von Raffael (siehe QR-Code) nach und nach den Ruhm streitig machte.

Anders als die *Heilige Nacht* hat sich dieses Gemälde – heute zweifellos das bekannteste Bild der Sammlung – nur zögerlich seinen großen Ruhm erworben, nachdem es August III.

gelungen war, mit dem Ankauf dieser Altartafel aus der Klosterkirche San Sisto in Piacenza nun auch endlich einen Raffael sein Eigen nennen zu können. Es erhielt damals – seiner zunächst geringen Bekanntheit entsprechend – einen weit weniger beachteten Platz in der Galerie am Jüdenhof. Rund 100 Jahre später, als die Gemälde ins neu erbaute Gebäude am Zwinger umzogen, hatte sich das entscheidend geändert. Mit dem Aufleben des Klassizismus und der Romantik hatte gegen Ende des 18. Jahrhunderts eine wahre Raffael-Verehrung eingesetzt, die schließlich auch der »Sixtina« zu deutlich mehr Ruhm und Bewunderung verholfen hatte, sodass sie allmählich der »Notte« in dieser Hinsicht den Rang ablief. Ausdruck dessen war neben zahllosen euphorischen Beschreibungen und Reproduktionen der verschiedensten Art auch die Hängung der *Sixtinischen Madonna* im neuen Galeriegebäude am Zwinger: Ihr wurde ein eigener Raum gewidmet, ein geradezu sakral eingerichtetes Separee, wo sie getrennt von allen anderen Werken der Galerie quasi als einzigartiges Heiligtum wie auf einem Altar zur kontemplativen Betrachtung, ja Anbetung, präsentiert wurde.
Betritt man heute die noch im gleichen Gebäude am Zwinger untergebrachte Galerie durch das große Treppenhaus, gelangt man über den Entreesaal in die zentrale Rotunde, von der aus man die Hauptabteilungen der Sammlung überblickt und bereits als Blickpunkt der östlichen Raumflucht die *Sixtinische Madonna* erkennt. Sie hat also auch jetzt noch einen besonders hervorgehobenen Platz, jedoch nicht mehr einen ganzen Saal für sich allein. Vielmehr muss sie ihn teilen mit zeitgenössischen Werken anderer italienischer Meister, insbesondere mit weiteren Altartafeln von Correggio, die wie die *Heilige Nacht* durch den großen Ankaufscoup 1745 aus der

Sammlung des Herzogs von Modena nach Dresden gekommen waren.
Diese Hängung der Gemälde von Raffael und Correggio im selben Raum lädt geradezu ein, die Werke dieser beiden Meister im Vergleich zu betrachten: Auch die *Sixtinische Madonna,* obwohl formal dem Bildtyp der Heiligen Unterhaltung zuzuordnen, stellt mittelbar das Weihnachtsgeschehen dar, nämlich die Ankunft Christi auf Erden. Was jedoch bei Raffael auf denkbar größte Harmonie, Ausgewogenheit und Ruhe konzipiert ist und trotz der sehr nahbaren berühmten Engelchen am unteren Bildrand äußerst distanz- und ehrfurchtgebietend wirkt, wird bei Correggio zum fulminant-sensationellen Ereignis voller Spannung und turbulenter Bewegung, emotionaler Ergriffenheit und freudetrunkener Beseeltheit. Bemerkenswert, dass die beiden so unterschiedlichen Werke in gar nicht so großem zeitlichem Abstand zueinander entstanden sind, deutlich weniger als 20 Jahre liegen dazwischen. Während Raffaels erhabene Madonna als Inbegriff der Hochrenaissance gilt, nimmt Correggios Werk mit seinen ausgreifenden Gesten und den gefühlsbetont agierenden Protagonisten im dramatisch inszenierten Bildaufbau schon erstaunlich früh die Ausdrucksmittel der Barockmalerei vorweg und inspiriert damit nachfolgende Malergenerationen. Das Werk ist als erste monumentale Nachtszene der europäischen Malerei in die Kunstgeschichte eingegangen. Mein stets erster Gedanke, wann immer ich die »Notte« sehe, ist und bleibt: Weihnachten! Nicht mehr, nicht weniger.

Die Geschichte der Frankfurter Bethmännchen

von Peter Nething

Das Bankhaus Bethmann ist in Frankfurt jedem Einheimischen ein Begriff. Das Gebäck »Bethmännchen« tut sich da mit dem Bekanntheitsgrad schon etwas schwerer. Wie kommt es nun, dass ein Marzipangebäck den verniedlichten Namen eines Bankhauses trägt?

Der Bankier Staatsrat Simon Moritz Bethmann führte ein großes Haus, in dem ständig einflussreiche und anspruchsvolle Persönlichkeiten zu Gast waren. So gab sich zum Fürstentag 1863 sogar Kaiser Franz Josef von Österreich mit 24 Fürsten und Bürgermeistern der Freien Städte die Ehre in der Villa Ariadne, der Sommerresidenz der Bethmanns am Friedberger Tor.

Zu dieser Geschichte gesellte sich nun der aus Paris zugewanderte Koch Jean Paul Gautenier, der sich Ende des 18. Jahrhunderts im Ort Friedrichsdorf im Taunus, vor den Toren der Stadt, angesiedelt hatte. Er stieg langsam die Karriereleiter empor und wurde eines Tages als Küchenchef der Bankiersfamilie Bethmann angestellt.

Bei einer Soirée sollte nun den Herrschaften ein ganz besonderes Dessert gereicht werden, sodass Monsieur Gautenier seiner Kreativität freien Lauf lassen konnte, um etwas noch nie Dagewesenes zu kredenzen. Zu Beginn des 19. Jahrhunderts noch waren vor allem die schweren »Brenten« in Frankfurt ein populäres Gebäck, das in gutbürgerlichen Kreisen gerne zum Nachmittagstee gereicht wurde. Auch der große

Sohn der Stadt, Johann Wolfgang von Goethe, war natürlich ein Liebhaber dieser Schleckerei. Gautenier hatte nun die Idee, die bisher in Modeln verarbeitete Brentenmasse in mundgerechte kleine Kugeln zu formen, verfeinerte den Teig mit Rosenwasser, bestrich die Kugeln mit Eigelb und verzierte sie mit vier Mandeln. Jede Mandel stand symbolisch für einen der aufstrebenden Söhne des Hauses: Moritz, Karl, Alexander und Heinrich. Und schon war eine Delikatesse geboren, die bald in buchstäblich aller Munde war.

Dem aufmerksamen Beobachter dürfte nicht entgangen sein, dass sich heutzutage nur mehr drei Mandeln an einer Kugel befinden. Leider verstarb der Sohn Heinrich Bethmann 1845 mit nur 24 Jahren, sodass man in tiefer Trauer über diesen Verlust seitdem eine Mandel weniger an der Süßigkeit anbringt. Diese Tradition ist seit 1845 ungebrochen.

Frankfurter Bethmännchen

200 g Marzipanmasse • 60 g Puderzucker • 4 EL Mehl • 100 g gemahlene Mandeln • 1 Ei • 4 EL Milch

Die bei Zimmertemperatur gelagerte Marzipanmasse in kleine Stücke schneiden und mit Puderzucker, gemahlenen Mandeln, Mehl und dem Eiweiß sorgfältig durchkneten. Aus der Masse mit dem Teelöffel kleine Kugeln von Hand formen und auf ein mit Backpapier ausgelegtes Backblech setzen. Auf drei Seiten in gleichmäßigem Abstand eine halbe geschälte Mandel mit der Spitze nach oben in die Masse drücken. Die Mandeln schält man, indem man sie in Wasser 10 Minuten aufkocht, mit kaltem Wasser abschreckt und dann den Mandelkern aus der Schale drückt. Die fertig geformten Kugeln mit der Eigelb-Milch-Mischung einpinseln, damit die Bethmännchen eine schöne goldgelbe Farbe bekommen. Im vorgeheizten Ofen bei 175 Grad (Ober/Unterhitze) oder 155 Grad (Heißluft) etwa 15 Minuten backen.

Die Botschaft von Weihnachten:
Es gibt keine größere Kraft als die Liebe.
Sie überwindet den Hass
wie das Licht die Finsternis.

(Martin Luther King)

Johann Sebastian Bachs Weihnachtsoratorium

von Anja Weinberger

Ich weiß nicht, wie es Ihnen geht. Aber in meinem Leben nimmt das Werk der Familie Bach und speziell das von Johann Sebastian Bach, dem wohl berühmtesten Vertreter dieser Familie, einen großen Raum ein. Kaum ein wichtiger Aspekt meines Lebens kam ohne seine herrliche Musik aus. Erstaunlicherweise ist das Allererste, an das ich mich in diesem Zusammenhang erinnern kann, der Augenblick, in dem ich mich mit vielleicht vier oder fünf Jahren zu Jaques Loussiers *Play Bach* in der Mitte unseres Wohnzimmers gedreht habe, bis mir schwindlig wurde. Diese fremdartige Musik mit ihren neuartigen Klängen hat mich nicht losgelassen. Aber schon einige Jahre später war es dann der »echte« Bach, der mich in seinen Bann zog. Aus seiner *C-Dur-Sonate BWV 1033* stammte das erste längere Stück Flötenmusik, das ich auswendig konnte. Ich spielte Bachs Sonaten bei »Jugend musiziert«, zum Abitur, bei der Aufnahmeprüfung an der Musikhochschule, bei meinen Diplom- und Meisterklassenabschlüssen; bei unserer Hochzeit erklang Bach, bei der Taufe unserer Tochter, und auch heute spiele ich kaum einen Komponisten so regelmäßig, gerne und häufig wie Johann Sebastian Bach. Und da der Kantor unserer Kirche ebenfalls bekennender Bach-Liebhaber ist, dürfen wir ein jedes unserer Jahre mit der *Toccata und Fuge d-moll BWV 565* beschließen, Bachs wohl bekanntestem Werk überhaupt, das alljährlich im Silvestergottesdienst erklingt. Wobei man sich da streiten könnte. Ist es nicht vielleicht doch eher der

Eingangssatz aus dem Weihnachtsoratorium, dem die Ehre des bekanntesten Werkes zusteht?
Für mich wäre Weihnachten nicht Weihnachten, ohne Bachs Oratorium singen oder zumindest einmal »live« hören zu können. Auch an den Feiertagen schallt es bei uns oft durchs Haus – dann natürlich als Konserve.

Wie entstand das Weihnachtsoratorium eigentlich und wieso besteht es aus sechs Teilen? Dieser und manch anderer Frage wollen wir nun etwas nachgehen.

Das Gesamtwerk »Weihnachtsoratorium« wurde ursprünglich von Bach gar nicht als konzertante Form gedacht. Vielmehr handelt es sich um mehrere Kantaten für Gottesdienste zwischen Weihnachten und dem 6. Januar, dem Dreikönigstag. Jede dieser Kantaten erzählt dabei eine kleine Geschichte. Um die Geburt Jesu geht es in der ersten, um die Nachricht an die Hirten in der zweiten, die Anbetung des Neugeborenen in der dritten, die Beschneidung in der vierten und schließlich in der fünften und sechsten Kantate um den Besuch der Weisen aus dem Morgenland – alles musikalisch ausgeschmückt und großartig für unsere Ohren aufbereitet.

Sehr viele Kantaten entstanden in der Zeit des Barock, in der Bach lebte und wirkte; sie waren damals etwas Neues und Ungewöhnliches. Die kirchliche Kantate ist dabei hauptsächlich im lutherischen Teil Deutschlands entstanden, wo sie die Predigt während der Gottesdienste umrahmte. Johann Sebastian Bach hat besonders viele Kantaten komponiert; erhalten sind weit über 200, die von ihm für unterschiedliche, immer fest benannte Sonntage im Kirchenjahr geschrieben wurden.

Unfassbar, in welch kurzer Zeit Bach immer wieder solch großartige Musik zu Papier gebracht hat!

Am 25.12. des Jahres 1734 wurde also die erste der sechs Kantaten von Johann Sebastian Bachs Weihnachtsoratorium innerhalb des Morgengottesdienstes in St. Nicolai zu Leipzig uraufgeführt. Bis in unsere Tage hinein erfreut sich dieses Werk allergrößter Beliebtheit und ist häufig mit einigen oder allen seiner fünf Geschwisterkantaten im Rahmen eines Konzertabends zu hören. So haben die sechs Kantaten zwar die Verbindung zum Gottesdienst verloren, für den sie ursprünglich komponiert wurden, sind auf diesem Wege jedoch auch vielen Menschen bekannt, die eher selten eine Kirche besuchen. Anders als bei lateinischen Messe-Vertonungen kann der Konzertgänger dem Geschehen gut folgen, denn innerhalb der festlichen Chöre, der Arien und der vielen Rezitative wird die neutestamentarische Weihnachtsgeschichte in deutscher Sprache erzählt. Dabei hat Johann Sebastian Bach nicht alle Teile seiner Weihnachtsmusik neu komponiert. Vielmehr konnte der vielbeschäftigte Thomaskantor einige seiner eigenen Werke, nun mit neuem Text, im Parodieverfahren wiederverwenden – eine in der damaligen Zeit übliche Praxis. So wurde wertvolle Arbeitszeit gespart, aber auch besonders Gelungenes häufiger zu Gehör gebracht.
Textlich bedient sich Bach bei den Evangelisten Lukas und Matthäus. Den schönen Chorälen liegen u. a. Texte von Paul Gerhardt und Martin Luther zugrunde.
Vermutlich ist die erste Kantate für den 25.12. die bekannteste der sechs. Der groß angelegte, jubelnde Eingangschor ist für viele Hörer und Sänger *die* Weihnachtsmusik schlechthin. Der Text »Jauchzet, frohlocket, auf preiset die Tage« und der

Einsatz von Pauken und Trompeten spricht den Zuhörer direkt an und zieht ihn hinein ins weihnachtliche Geschehen. Die beiden Evangelisten-Rezitative erzählen mithilfe der auch aus vielen Heilig-Abend-Gottesdiensten bekannten Texte von der bevorstehenden Volkszählung, der Ankunft in Bethlehem, der Unterkunft im Stall und von Jesu Geburt. In der berühmten Alt-Arie »Bereite dich, Zion« blickt Bach noch einmal auf die Adventszeit zurück und lässt von der Sehnsucht, dem Warten und der Vorbereitung auf das Kommende singen. Im ersten Choral »Wie soll ich Dich empfangen« hat Bach die so zu Herzen gehende Melodie des Chorals aus der Matthäuspassion »O Haupt voll Blut und Wunden« verwendet. Diese Melodie stammt übrigens gar nicht von Bach selbst, sondern aus dem damaligen Gesangbuch und wurde ursprünglich von Hans Leo Haßler schon 130 Jahre zuvor komponiert.
In der nun folgenden Da-capo-Arie »Großer Herr, o starker König« wird in jubelndem D-Dur über Gottes Herrlichkeit, seine Majestät und seine Stärke sinniert. Sehr eindrucksvoll sind die Takte direkt vor dem Da-capo, während derer die obligate Trompete schweigt und der Text »… muss in harten Krippen schlafen« vom synkopischen Rhythmus und der abwärts gerichteten Melodik hervorgehoben wird. Der Schlusschoral »Ach mein herzliebes Jesulein« auf einen Text Luthers beschließt die erste Kantate des Weihnachtsoratoriums.

Befänden wir uns im Gottesdienst, so würden wir nun noch gemeinsam das Schlussgebet sprechen und den Pfarrer beim Segnen der Gemeinde beobachten. Dann stünden wir auf und tauchten beim Gang durchs Kirchenportal wieder ein in die Welt außerhalb des Bach'schen Universums.

Befinden wir uns aber in einem vorweihnachtlichen Konzert, dann haben wir Glück und es folgt die zweite Kantate, die für den zweiten Weihnachtstag komponiert wurde. Auch ihr rein instrumentaler Eingangssatz ist sehr bekannt und das klassische Beispiel einer Hirtenmusik. Im Orchester ist in diesem zweiten Teil kein Blech besetzt, dafür aber im Ganzen vier Oboen. Keine üblichen Oboen sind das, sondern zwei Oboen d'amore und zwei Oboen da caccia[1]. So entsteht in der Hirtengeschichte, die uns erzählt wird, ein sehr warmer, anheimelnder Klang.

In der dritten Kantate – für den damals noch üblichen dritten Weihnachtstag am 27.12. – jubilieren wieder die Trompeten. Die Hirten verlassen ihre vertraute Weide und machen sich auf den Weg nach Bethlehem. »Lasset uns nun gehen …«, rufen sie sich zu, und jeder, der das Weihnachtsoratorium schon einmal gesungen oder gehört hat, hat sofort die passenden Töne im Ohr. Sehr meditativ und nachdenklich ist der Rest dieser dritten Kantate, die dann aber doch mit einem rauschenden Schlusschor schließt, wie sie begonnen hat.

Oftmals ist nach diesen drei Kantaten das Konzert beendet, manchmal erklingt aber auch noch die vierte, fünfte oder gar sechste Kantate.[2]
Im vierten Teil, komponiert für den 1. Januar, also Neujahr, sind neben den Oboen Hörner besetzt. Obwohl Hörner ebenso wie Trompeten zu den Blechblasinstrumenten gehören, ist ihr Klang doch ein ganz anderer, wesentlich weicher und runder. Und noch etwas macht diese Kantate zu etwas Besonderem: Sie beinhaltet eine Echo-Sopranarie, genau in der Mitte der Kantate, die um dieses musikalische Juwel

herum komponiert ist. In der Arie wird die Sopranistin von einem Echo bestärkt, ihre zweifelnden Fragen werden beantwortet.
Mit der fünften Kantate, der schlichtesten der sechs, befinden wir uns dann schon mitten im neuen Jahr, denn sie ist für den ersten Sonntag in diesem gedacht. Und möglicherweise hat Bach diese Kantate auch deshalb eher schlicht gesetzt – sie erklang nicht an einem besonderen Feiertag, sondern an einem »normalen« Sonntag.
Nun fehlt noch die sechste Kantate. Sie hat der Komponist für Epiphanias komponiert, also den 6. Januar. Möchte man heute das Weihnachtsoratorium in den entsprechenden Gottesdiensten erklingen lassen, dann kann es sein, dass man in planerische Schwierigkeiten gerät, kann doch durchaus der 1. oder der 6. Januar ein Sonntag sein.

Der Konzertabend entlässt die Zuhörer schließlich mit brillantem Trompetenklang, Pauken, eifrigen Streichern und energischen Chorklängen am Ende der sechsten Kantate. Danach fällt es gar nicht so leicht, aufzustehen und auf die Straße zu treten. In vielen Konzerten bleibt das Publikum noch einige Zeit stumm, ehe dann der begeisterte Applaus für den Komponisten, die Musikerinnen und Musiker einsetzt. Nun kann die Weihnachtszeit kommen …

Kölner Krippen im Wandel der Zeit

von Berno Maria Hübinger

Der Kölner Chronist Hermann von Weinsberg hinterlässt uns die glaubhafteste Schilderung, wie im 16. Jahrhundert Weihnachten gefeiert wird. Ein Priester trägt eine Wiege mit dem Jesuskind durch die Kirche, sie wird auf dem Altar abgesetzt, und zu den Liedern der Gemeinde wird das Kind geschaukelt. »In dulci jubilo, nun singet und seid froh«; beim Nachsingen dieses Textes lässt sich der Rhythmus erspüren, in dem das Kind geschaukelt wird. Im Museum Schnütgen ist eine solche Christkindwiege erhalten, um 1350 aus Eichenholz gearbeitet, mit vergoldeten Ornamenten ausgestattet und, wie es sich in Köln gebietet, mit der Anbetung der Drei Könige auf der Stirnseite bestückt.

Zeitgleich wird, wie bislang noch nie geschehen, der Katholizismus herausgefordert. Martin Luther hat sich zu einer Reinigung des christlichen Glaubens bekannt. Er will die Bibel wortgetreu auslegen, findet nur Bezug zu wenigen Sakramenten, geißelt den Ablasshandel und verurteilt den Reliquienkult. Als Kölner hätte er über Heilige gesagt: »Kenne mer nit, bruche mer nit, fott domet«.

Diese fundamentale Gefährdung der päpstlichen Autorität bewegt Ignatius von Loyola, den Jesuitenorden zu gründen. Das oberste Gebot des Ordens ist die absolute Treue zum Papst. Seinen persönlichen Gehorsam dokumentiert Loyola sinngemäß mit den Worten: »Was meinen Augen weiß erscheint, halte ich für schwarz, wenn der Papst es so sagt«. 1540 erkennt Papst Paul III. den Orden an.

Bereits 1552 sind die Jesuiten in Köln mit einem ersten Gymnasium vertreten, Tricoronatum oder Dreikönigsgymnasium genannt. Es liegt in der Marzellenstraße in Sichtweite des Doms. Mit missionarischem Eifer kämpfen die Jesuiten um eine Gegenreformation, eine Erneuerung des katholischen Glaubens. Sie wissen um die Macht der Bilder und möchten diese mit Inbrunst der Bilderfeindlichkeit der Reformatoren entgegensetzen. Bislang dienten Bilder dazu, um in den Freskomalereien der Romanischen Kirchen oder den Glasmalereien im gotischen Dom den Analphabeten die Bibel nahezubringen. Das war die biblia pauperum, die Bibel der Armen. Auch die im aufkommenden Barock illusionistischen Bilder eines Raffael, Michelangelo, Tintoretto oder Caravaggio helfen dem Anspruch der Jesuiten nicht weiter.
Die Jesuiten setzen auf eine neue Kunstform. Sie inszenieren Geschichten mit christlichen Botschaften wie in einem Theater und wecken damit die Emotionen der Menschen. Am Emotionalsten dringen sie mit der Weihnachtsgeschichte in die Herzen der Menschen ein, wenn Engel und Hirten zu Maria, Josef und dem Jesuskind an die Krippe kommen. Dieses Spiel um die Geburt Jesu fesselt die Menschen, und dieses Krippenspiel soll nicht nach dem letzten Vorhang zu Ende gehen. So entstehen Krippenfiguren aus Wachs, die rund um einen Stall gruppiert werden und über Wochen den Menschen zur Betrachtung erhalten bleiben. Einen ersten Beleg für eine Krippendarstellung in Köln gibt es aus dem Jahr 1568. »Die Jesuiten bauten eine quadratische Bühne inmitten der Kirche, auf der Wachsfiguren agieren, wie wenn es ein geistliches Schauspiel wäre.«
Im Jahr 1629 weiht Erzbischof Ferdinand aus Bayern die barocke Jesuitenkirche Maria Himmelfahrt ein, unmittelbar

gegenüber dem Dreikönigsgymnasium, seinerzeit nach dem Dom die zweitgrößte Kirche Kölns. Das Mittelschiff dominiert in seiner gewaltigen Breite, die den Blick auf den barocken Hochaltar in das Zentrum der Betrachtung rückt. Ebenso dominant ist die Bühne, die fortan vor dem Hochaltar aufwendig aufgebaut wird und allen Gläubigen einen freien Blick auf die Jesuitendramen gibt, die hier bereits seit 1627 aufgeführt werden. Hier ist auch der Platz der Krippe, »vor welcher die Theologiestudenten [...] nach der Vesper deutsch und lateinisch sangen.«

Während die Jesuiten durch ihre universale Missionstätigkeit das Krippenspiel in die Welt hinaustragen – Goethe berichtet auf seiner Italienreise von prunkvollen Krippen in Rom und Neapel –, blüht in Köln die Pracht des Weihnachtsgeschehens eher im Verborgenen. Dazu tragen Verordnungen der Erzbischöfe bei, die zur Wahrung der Religiosität sowohl eine Ausschmückung mit nicht-biblischen Szenen als auch Schaubuden von fliegenden Händlern, die mit ihren Krippen Geld verdienen wollen, verbieten. So geben die Krippen in den Kirchen und den vermögenden Haushalten vorrangig die Szene wieder, wie sie uns Lukas in seinem Evangelium überliefert hat. Dort entbindet Maria in Bethlehem ihr Kind im Stall in einer Futterkrippe, und ein Engel bringt die Nachricht zu den Hirten auf dem Feld, die daraufhin zur Krippe eilen. Der Evangelist Matthäus weiß um eine weitere Szene: Sterndeuter aus dem Osten folgen einem Stern, um den kommenden König der Juden anzubeten. Sie überreichen Gold, Weihrauch und Myrrhe, bevor sie in ihr Land zurückreisen.

Zwei Ereignisse behindern vorübergehend das öffentliche Aufstellen von Krippen. 1773 wird der Jesuitenorden durch Papst Clemens XIV. auf Druck der Großmächte Frankreich,

Portugal und Spanien aufgehoben, und in Frankreich bricht wenig später die Revolution aus. Die französischen Truppen erreichen 1794 Köln. Kirchen werden geplündert und abgerissen, die drei Kronen im Stadtwappen als Symbol der Heiligen Drei Könige werden durch drei Bienen ersetzt. Bienen sind Napoleons persönliches heraldisches Symbol, mit dem er die verhasste bourbonische Lilie ersetzt hatte. Den Kölnern bleibt in diesen Zeiten allein ihre Hauskrippe. Oder sie besuchen das Puppenspiel des Johann Christoph Winters. Der kommt 1802 mit seinen Puppen nach Köln, begründet das Hänneschen-Theater und beglückt die Kölner an Weihnachten mit einem Krippenspiel. Hier tritt Kaspar noch als einer der Heiligen Drei Könige auf, bevor er später als Kasperle die Menschen zum Lachen bringt.
Nach dem Abzug der Franzosen erlebt Köln eine politische Wende. Friedrich Wilhelm III., der Preußische König, übernimmt die Herrschaft im Rheinland. Mit dem Aufeinandertreffen von protestantischen Preußen und katholischen Kölnern droht an Weihnachten Ungemach. Luther hatte den Nikolaus als Heiligen abgelehnt und stattdessen das Christkind dazu auserkoren, die Kinder zu beschenken. Das Ganze geschieht stimmungsvoll unter einem Tannenbaum. Die Katholiken beschenken stattdessen die Kinder weiterhin an Nikolaus und stellen zu Weihnachten ihre Krippe auf. Von einem Weihnachtsbaum wollen sie nichts wissen. Der als »Kulturkampf« in die Geschichte eingegangene Streit zwischen dem protestantischen preußischen König und dem Kölner Erzbischof führt an Weihnachten zu einem Kampf um den wahren Glauben. Die Katholiken setzen auf die Heilsbotschaft der Krippe, die die Kinder dem Religiösen zuführt, während der Tannenbaum der Protestanten, geschmückt mit Äpfeln und

Nüssen, nach ihrem Dafürhalten lediglich weltliche Genüsse befriedigt. Ebenso verdächtig erscheinen ihnen die lustigen Späße in dem Weihnachtsspiel »Die Drei Weisen aus dem Morgenland«, aufgeführt im Hänneschen-Theater, das Franz Andreas Millowitsch mittlerweile übernommen hat.

Neben den Kirchen und Haushalten sind es unter den Preußen vor allem katholische Vereinigungen wie beispielhaft Adolph Kolpings Gesellenverein, die sich der intensiven Pflege des katholischen Brauchtums verschreiben und die Krippe mit dem moralischen Anspruch des wahren Glaubens präsentieren. Die Figuren sind aus Gips, und eine serielle Produktion ermöglicht es jedem Haushalt, eine Krippe zu erwerben. Wegen der verwendeten Gipsformen bleiben die Figuren der Heiligen Familie, der Engel und Hirten und auch der Heiligen Drei Könige über lange Zeit ähnlich, lediglich die Bemalung und Bekleidung lassen Raum für individuelle Gestaltung. Ganz aus dem Rahmen fällt da die Krippe der Schokoladenfabrik des Franz Stollwerck, der 1868 eine Krippe zu Bethlehem ganz in Zucker herstellt.

Mit Ende des Ersten Weltkriegs ist der Kulturkampf überwunden, einer Angleichung des Brauchtums zwischen Katholiken und Protestanten steht nichts mehr im Wege. Der Tannenbaum hält Einzug in die katholischen Wohnstuben. Mit der Gründung des ersten rheinischen Krippenvereins und der ersten Krippenwanderschau im Jahr 1925 in Köln erlebt der Krippenbau eine Blütezeit. Lita Mertens wird mit ihrem unermüdlichen Schaffen über Jahrzehnte zur populärsten Krippenbauerin in Köln. Ihre Figuren werden Gliederpuppen genannt, sie sind aus Holz in Handarbeit geschnitzt, und wegen der beweglichen Glieder können sie in unterschiedlichen Körperhaltungen aufgestellt werden. Bunte, weit fallende

Gewänder bedecken den Körper, sodass nur der Kopf, Hände und Füße geschnitzt werden müssen. Die Handarbeit von Künstlerinnen und Künstlern bekommt den Vorzug vor billigem Kitsch und Geschmacklosigkeit. Typisch in den Krippen ist die Andächtigkeit der Figuren. Eine Darstellung der Nöte in der Welt will man nach den Kriegserfahrungen nicht sehen. Dennoch überraschen die Krippen mit individuellen Darstellungen. In der Krippe von St. Kolumba, schnitzt Lita Mertens neben den Szenen der Verkündigung, Herbergssuche, Geburt Jesu und Anbetung der Könige auch eine Szene, in der das Jesuskind mit Hilfe Josefs, der Wasser in einen Zuber schüttet, gebadet wird. In der Dominikanerkirche St. Andreas schafft Adolf Guttenbacher eine Krippe, in der Josef im schwarz-weißen Habit der Dominikaner gekleidet ist. Guttenbachers langjährige Tätigkeit in der China Mission beeinflusst auch das Aussehen der Heiligen Drei Könige. Die Könige repräsentieren in ihrer Hautfarbe und Physiognomie die drei damals bekannten Kontinente Afrika, Europa und Asien, und – um nur ein Detail zu erwähnen – der Repräsentant Asiens hält kein Gefäß mit Weihrauch in seinen Händen sondern Räucherstäbchen.

Die Krippe in St. Andreas wird 1952 aufgestellt. Es ist Nachkriegszeit, und wieder überwiegt bei den Menschen das Bedürfnis, sich an Weihnachten zu einem hoffnungs- und trostspendenden Fest zu versammeln, das die Schrecken der Vergangenheit für eine kurze Zeitspanne zurücktreten lässt. Alle Kirchen kommen diesem Bedürfnis der Menschen nach, mit Bildern die Herzen der Betrachter zu erwärmen. Vor allem die Kinder sind fasziniert von diesen Märchenwelten aus bunten Figuren und Landschaften. Der »Krippchensgang«, der Umzug von Kirche zu Kirche, wird in Familien zum Ritual. In

jeder Krippe lässt sich Neues entdecken, und glänzende Kinderaugen danken es den Eltern. Die Krippen sind bibeltreu, die Schilderung bei Lukas und Matthäus wird abgebildet. Nur Ochs und Esel sind irgendwann hinzugekommen mit dem Auftrag, die Jesajaworte zu bezeugen: »Der Ochse kennt seinen Besitzer und der Esel die Krippe seines Herrn; Israel aber hat keine Erkenntnis, mein Volk hat keine Einsicht.«
Dann ändert sich in den 60er-Jahren der Zeitgeist. Ähnlich einem Regietheater werden neue Wege beschritten, das überlieferte Weihnachtsgeschehen auszudrücken. Pfarrer Kirsch lässt in seiner Pfarre in Wahn eine Krippe mit den Figuren aus dem Hänneschen-Theater bauen. Das Brauchtum dient als Vorlage, um Menschen des Alltags zur Krippe kommen zu lassen. Noch sind es Stockpuppen wie der Schutzmann, der Wirt, Tünnes und Schäl und Hänneschen und Bärbelchen. Als Pfarrer Kirsch dann in der Pfarre St. Maria Lyskirchen tätig wird, eilen die Menschen des ehemaligen Hafenviertels zu Jesus: der Matrose, die Marktfrau, der Leiharbeiter, das Mädchen aus dem Rotlichtviertel – die »Milieukrippe« ist geboren. In St. Andreas wird die Brauerzunft, die hier jedes Jahr ihr Patronatsfest feiert, initiativ. Sie gibt bei der Bildhauerin Hildegard Neunkirchen eine Brauerkrippe in Auftrag. Nun ruft ein Brauerlehrling auf einem Fass sitzend »Kommt herbei«, und sie kommen alle: der Mälzer, die Hopfenpflückerin, der Fassbinder, der Köbes. Sie kommen alle zu Josef, Maria und dem Jesuskind, das in einem mit Stroh gepolsterten halben Bierfass liegt. Die Figuren sind aus Ton gebrannt und detailgetreu modelliert.
Eher traditionell knüpft in der ehemaligen Jesuitenkirche Maria Himmelfahrt die dort beheimatete italienische Gemeinde mit einer mechanischen Krippe an eine italienische Tradition

an. In nebeneinander aufgereihten Guckkästen wird die Geschichte der Geburt Jesu erzählt. In jedem Kasten belebt eine kleine Mechanik die dargestellte Szene. Da ist ein Engel, der zur Verkündigung erscheint und wieder entschwindet, ein Zimmermann, der sägt, ein Herbergsvater, der seine Tür vor Maria und Josef auf- und wieder zuschlägt oder ein Stern, der die Weisen führt.

Die Betrachtung der archaisch anmutenden Krippe von Rosemarie Peter in St. Martin verleitet zu persönlicher Stille und Andacht. Tonfiguren von ähnlicher Größe, die durch eine spezielle Oberflächenbehandlung einen einheitlichen metallischen Glanz ausstrahlen, sind in weit ausgreifendem Halbkreis auf den Stufen des steinsichtigen Kleeblattchors aufgestellt. Schmückende Requisiten um die Figuren herum gibt es nicht, das Gotteshaus selbst dient als Stall.

Die ausladende Krippenlandschaft der Hohen Domkirche, 1992 vom Künstlerehepaar Barbara und Theo Heiermann erschaffen, vereint vom Tempelbau der Römer bis hin zum neuzeitlichen Häuserbau auf drei Ebenen die Epochen des 2000-jährigen Köln. Die vielen Menschen in dem bunten Treiben sind jung und alt, sind Steinmetz, Marktfrau, Straßenfeger und Krankenschwester, sind vereint in ihren Religionen, Hautfarben und Nationalitäten. Die Botschaft der Domkrippe ist universell, lädt die Welt, die in Köln zu Gast ist, zur Betrachtung ein.

Ebenso universell ist ein Kölner Krippenweg angelegt, der seit 1996 eine Fülle von Krippen aus aller Welt präsentiert. Die unterschiedlichsten Darstellungen werden auf Weihnachtsmärkten, in Schaufenstern, in Museen, in Firmen, in Kunsträumen, in Hotels ausgestellt. Es ist eine Renaissance des

»Krippchengangs«, verbunden mit einem Wandel vom andächtigen Betrachten zum freudvollen Besichtigen.

Wie viel Weihnachten darf es sein?

von Christiane Wilms

Eine berechtigte Frage in meinen Augen, denn genauso unterschiedlich wie das Bedürfnis an weihnachtlich-literarischer Intensität bei Autoren und deren Rezipienten ausfällt, gestaltet sich die Durchführung der Weihnachtsfeierlichkeiten im alltäglichen Leben.

Es gibt diejenigen unter uns, die Weihnachten über alles lieben – wie weiland der britische Schriftsteller Charles Dickens (1812–1870). Von ihm stammt der gern in weihnachtlichen Grußkarten zitierte Ebenezer-Scrooge-Ausspruch: »Ich werde Weihnachten in meinem Herzen ehren und versuchen, es mir das ganze Jahr hindurch zu bewahren.«[1]

Und dann haben wir diejenigen, die Weihnachten und dem damit verbundenen Geschenke-Kaufrausch, Dekorationsüberschwang und Festmahl im Familienkreise entfliehen und stattdessen verreisen. Sie empfinden vielleicht wie der englische Schriftsteller, Dichter, Journalist und Zeitungsverleger James Henry Leigh Hunt (1784–1859): »Weihnachten ist die große Zeit des Zuviel.«[2] Leigh Hunt war mit Charles Dickens übrigens bestens bekannt – Dickens verewigte den Freund in seinem Roman *Bleak House* (erschienen 1852/53) nicht eben schmeichelhaft in der Figur des selbstverliebten, lebensuntauglichen, andere ausnutzenden und dennoch überheblichen Harold Skimpole[3]. Dies nur am Rande, ich liebe solche Anekdoten.

Und dann sind da jene Menschen, die sich auf den religiösen Inhalt der Weihnachtsbotschaft konzentrieren und die christlichen Werte des Weihnachtsfestes in den Mittelpunkt stellen.

Das war anscheinend bei Anthony Trollope (1815–1882) der Fall – ich schreibe *anscheinend,* weil die Biographen des englischen Schriftstellers und Postangestellten sich in diesem Punkte nicht einig sind. Biograph Richard Mullen vertritt laut einem Online-Artikel der *Trollope Society* den Standpunkt, dass Weihnachten für Trollope »nicht nur ein Anlass zum Feiern, sondern auch zu einer tiefgreifenden religiösen Erfahrung«[4] gewesen sei. Des ungeachtet gab es jede Menge Trubel und Vergnügungen bei den Trollopes in den zwölf Tagen der Weihnachtszeit, und das Familienoberhaupt ließ es sich nicht nehmen, die Bratenstücke für das Festessen höchstselbst zu besorgen. Mit Freunden und Verwandten wurde getanzt, Karten gespielt, man ritt Jagden, man verkleidete sich und beging eben typische englische Weihnachten mit viel »Comfort and Joy«[5] bis zum 6. Januar. Der Artikel geht auch auf die Biografin Victoria Glendinning und ihre Behauptung ein, Trollope habe zu Weihnachten vorgegeben, krank zu sein und standhaft sein Bett gehütet, um den Feierlichkeiten zu entgehen[6] – was die Verfasserin des zitierten Online-Beitrags allerdings bezweifelt, sie bevorzugt Richard Mullens Ansicht. Nur eines missfiel Anthony Trollope an Weihnachten: Er hat – im Gegensatz zu seinem Schriftstellerkollegen Charles Dickens – nicht gern Erzählungen darüber oder dafür verfasst. Und daher gibt es von ihm nur einige wenige Kurzgeschichten über das Fest der Feste, die *Trollope Society* listet gerade einmal acht solcher Erzählungen[7] auf. Das Sentimentale, Rührselige lag Anthony Trollope nicht im Blute – seinen in allen gefühlsmäßigen Schilderungen überbordenden Schriftsteller-Kollegen Dickens bezeichnete er mit respektvollem Spott als »Mr. Popular Sentiment«[8]. Dennoch hat gerade der Realist Trollope in jenen Zeiten, als die Viktorianer sich im Sentimentalen

ergingen, Bleibendes für das englische Weihnachtsfest geschaffen: In seinem Roman *Dr. Thorne* (aus der berühmten *Barsetshire-Chronik*[9]) kreierte Trollope den Ausdruck »Christmas Pudding« für den Plumpudding – der Begriff setzte sich in den Köpfen der Menschen bis heute dauerhaft fest. Und viele Briten werden Weihnachten mit einem gewissen verhängnisvollen Senfwickel in Verbindung bringen – aufgrund Trollopes wohl bekanntester Weihnachtserzählung *Weihnachten auf Thompson Hall*, die 1876 im Wochenmagazin »The Graphic« veröffentlicht wurde und sich eher durch Humor denn durch Gefühlsduselei auszeichnet. Blättern wir ein wenig in der Kurzgeschichte und lassen uns von Anthony Trollope in das winterlich-kalte Paris mit Straßen voller Schnee und Matsch während eines Dezembers in den 1870er-Jahren versetzen:
Hier, in der französischen Hauptstadt werden wir gleich Charles und Mary Brown kennenlernen, ein wohlhabendes, kinderloses und reiselustiges britisches Ehepaar. Den Winter verbringen sie auf Mr. Browns Wunsch hin stets in Südfrankreich, denn er kränkelt in dieser Jahreszeit stets ein wenig – Der Hals! Die Brust! O weh! Vielleicht ist es aber auch die Familien-Weihnachtsfeier mitsamt dem dazugehörigen Trubel? Wie dem auch sei, in den übrigen Monaten des Jahres gibt die energische Mrs. Brown ihrem ein wenig trägen und hypochondrisch veranlagten Ehemann die Reiserouten vor. Doch diesmal ist alles anders. Anfang Dezember hatte Mrs. Brown im südfranzösischen Pau die dringliche Einladung ihrer Familie erreicht, das Fest diesmal *unbedingt* im Kreise der Ihren auf dem Stammsitz Thompson Hall in Stratford-le-Bow zu verbringen, denn es werde bei der Gelegenheit der künftige Ehemann ihrer Schwester vorgestellt und der erneute Einzug

eines Familienmitglieds ins Parlament gefeiert. Die Nachricht erfreute Mrs. Brown – zu gern möchte sie einmal wieder ein traditionelles Weihnachtsfest verbringen. Mr. Brown schlug die Botschaft dagegen prompt auf den empfindlichen Hals. Nur unter Aufbietung all ihrer Überredungskunst, gepaart mit einer standhaft-unnachgiebigen Haltung, gelang es Mrs. Brown, den kränkelnden Gatten von Pau bis Paris zu lotsen – trotz heftiger Gegenwehr von seiner Seite aus. »Hätte sie wirklich geglaubt, dass er in Gefahr war oder sogar Schmerzen litt, hätte sie nachgegeben, aber keine Frau lässt sich in einer solchen Angelegenheit gern durch die Vorspiegelung falscher Tatsachen zum Narren halten.«[10] So trifft das Ehepaar am 23. Dezember abends in einem Pariser Hotel ein. Die Weiterfahrt nach Thompson Hall mit Zug und Fähre ist für den frühen Morgen angesetzt und in Gefahr, denn Mr. Brown fühlt sich äußerst unwohl. Er klagt über Halsschmerzen, Kopfweh und Fieber und begehrt spätabends einen Senfwickel: Er habe im Speisesaal unten einen Topf mit Senf stehen sehen, Mary könne doch ein wenig davon besorgen. Was tut eine liebende Ehefrau nicht alles, besonders wenn ihr Familien-Weihnachten wegen ihres Mannes und seiner – eingebildeten? realen? – Leiden auf der Kippe steht! Beherzt macht sich Mrs. Brown im Schlafrock, in Pantoffeln und mit einer Kerze auf den Weg und verirrt sich in den Gängen und auf den Treppen des Hotels. Ein Nachtportier kommt ihr zu Hilfe, sie schämt sich jedoch, ihm den wahren Grund für ihren nächtlichen Ausflug zu nennen. So gibt sie vor, ihr Taschentuch im Speisesaal verloren zu haben. Der Mann besteht darauf, sie zu begleiten und durchsucht für sie den Speise-saal und den Behälter mit den gebrauchten Servietten. Natürlich findet sich nirgendwo in dem Raum ein Taschentuch. Mrs.

Brown traut sich nach ihrer Flunkerei nicht mehr, etwas von dem Senf zu nehmen und wird unverrichteter Dinge vom Nachtportier zu ihrem Zimmer zurückgeleitet. Sie wartet, bis der Mann verschwunden ist und macht sich noch einmal auf den Weg. Diesmal findet sie ohne Verirrungen zum Speisesaal, streicht eine gute Portion Senf (»Natürlich war diese Mischung etwas ganz anderes als der gute, gesunde englische Senf, den einem die eigene Köchin mit ein wenig Wasser in zwei Minuten frisch zubereitet. Es ging ein säuerlicher Geruch von dieser Mixtur aus, und für englische Augen hatte sie eine ungesunde Farbe«[11]) in ihr Taschentuch und kehrt zurück zu ihrem Mann ins Zimmer 333. Sein nächtliches Atmen klingt frei, mühelos und somit gesund. Mrs. Brown argwöhnt, ihr wehleidiger und reiseunwilliger Gatte habe sie völlig grundlos die nächtlichen Strapazen auf sich nehmen lassen, nun soll er seinen Senf haben! Sie hebt seinen langen Bart an und drückt das Taschentuch mit der scharfen Paste auf den Hals. Als sie den Bart über den Wickel sinken lässt, erkennt sie ein fremdes Gesicht auf dem Kissen. Das ist nicht ihr Mann! Was tun? Wenn sie das Taschentuch wieder entfernt, könnte er aufwachen, und wie sollte sie ihm ihr nächtliches Wirken erklären? Soll sie den Portier holen, damit er den Schlafenden weckt und vom Senfwickel befreit? Nach inneren Kämpfen, Zaudern und Zagen flieht die sonst unerschrockene Mrs. Brown. Ihr Gatte schläft nicht wie erhofft, er erwartet sie, verwundert über ihr langes Ausbleiben. Sie erzählt ihm den ersten Teil ihres Abenteuers, schwindelt ihm dann aber vor, sie habe den Senftopf nicht mehr im Speisezimmer vorgefunden. Den zweiten Teil mit dem Fremden verschweigt sie. Die restliche Nacht ist für Mrs. Brown nicht mehr an Schlaf zu denken, ihr Gewissen und Ängste plagen sie. Wie fürchterlich wird der Senfwickel, der nicht beizeiten entfernt wurde, die Haut des Fremden verätzen? Oh, nichts wie fort aus diesem Hotel, bevor irgendjemand ihre Schandtat entdeckt. Zwar kann Mrs. Brown ihren Gatten zum frühen Aufstehen und Weiterreisen bewegen, doch das alles rettet sie nicht mehr. Bevor die Eheleute das Hotel verlassen können, taucht der Nachtportier auf – nun nicht mehr hilfsbereit wie in der Nacht, sondern anklagend mit ihrem monogrammbestickten und senfbeschmierten Taschentuch in der Hand. Er besteht auf einer Klärung des Vorfalls und einer Entschuldigung bei dem Geschädigten aus Zimmer 353, dessen Haut unter der Behandlung so sehr gelitten habe, dass er nicht, wie geplant, weiterreisen könne. Oh, Mrs. Brown, welch ein Heiligabend! Der Frühzug ist perdu, die Aussicht auf das Weihnachtsfest auf Thompson Hall schwindet. Stattdessen muss sie sich einem beschämenden Vier-Augen-Gespräch mit dem Ehemann unterziehen und dieser sich anschließend einem ebenso peinlichen Gespräch mit dem gröblich verletzten Barnaby Jones, der Mrs. Brown nicht so leicht verzeiht und weit weniger Verständnis für die Sünderin aufbringt als der Ehemann. Schließlich wollte er am Abend in England bei seiner Verlobten sein und deren Familie vorgestellt werden! Eine wirkliche Aussöhnung mit Mr. Jones kommt nicht zustande, aber wenigstens wird die Polizei nicht eingeschaltet. Die Browns dürfen das Pariser Hotel ungehindert verlassen und mit dem Spätzug gen Heimat reisen. Wenn Sie nun meinen, die Peinlichkeiten für Mrs. Brown hätten ein Ende – weit gefehlt: Mr. Jones nimmt den gleichen Zug, die gleiche Fähre, dann wieder den gleichen Zug ... Die Parteien hüllen sich während der Reise in eisiges Schweigen, Mrs. Brown verbirgt ihr Gesicht hinter ihrem Hutschleier. Am Weihnachtsmorgen treffen sie in Stratford ein, am Bahnhof erwartet sie Onkel Johns Kutsche. Der erwartet nicht nur die Browns, sondern auch – Sie ahnen es sicher schon – Mr. Jones. Denn Barnaby Jones ist kein anderer als Charles Burnaby Jones, der Verlobte von Mary Browns Schwester Jane (sein Name hatte sich erst kürzlich durch eine Erbschaft geändert). Die Situation bleibt angespannt und weckt die Neugier der Familie. Man geht gemeinsam in die Kirche, man genießt gemeinsam das Weihnachtsdinner: »[…] eine anderthalb Fuß breite Rinderlende, ein Truthahn, groß wie ein Vogel Strauß, ein Plumpudding, der noch größer war als der Truthahn und zwei, drei Dutzend Mincepies.«[12] Die Browns und Mr. Jones hadern, schweigen und grübeln noch eine kleine Weile mit- und gegeneinander, doch dann wird die Senfwickelaffäre der amüsierten Familie enthüllt. Ob sich die Betroffenen danach versöhnt haben, fragen Sie? Natürlich, es ist ja Weihnachten! Und Anthony Trollope, der zwar kein Freund des Sentimentalen, aber anscheinend des Frohsinns war, lässt seine gebeutelten Protagonisten nach Herzenslust das Fest genießen, sogar Mr. Brown, der sonst in dieser Jahreszeit dem Familienrummel nach Südfrankreich entflieht …

Nicht vor Weihnachten fliehen, sondern zu Weihnachten nach Hause kommen – das war die Maxime des Charles Dickens: »Und doch komme auch ich am Weihnachtsfest nach Hause. Wir tun es alle, oder sollten es doch tun. Wir kommen alle nach Hause, oder sollten nach Hause kommen, um Ferien zu nehmen […] von der großen Schule, in der wir ständig an unseren arithmetischen Tafeln arbeiten.«[13] Dickens sorgte dafür, dass die Weihnachtszeit für seine Familie, zahlreichen Freunde und Bekannten stets ausgelassen und fröhlich wurde. Bei den Dickens wurde getanzt, gerätselt, Pantomimen und Theaterstücke aufgeführt, und Charles Dickens beeindruckte alle sehr mit seinen Zauber- und Taschenspielertricks. Seine Tochter Mary »Mamie« Dickens erinnerte sich gern: »Weihnachten bei uns zu Hause war immer ein Fest, das mit Vorfreude und Begeisterung herbeigesehnt wurde, und mein Vater liebte es vermutlich mehr als jede andere Zeit des Jahres. […] Es war für ihn ein Tag, der von Liebe erfüllt sein sollte […]. Selbst in seine fröhlichsten Schilderungen von Weihnachten mischen sich stets leichte und zärtliche Untertöne, die jedem die Tränen in die Augen treiben und sogar weniger gefühlvolle Menschen zu einer besonderen Würdigung dieses gesegneten Feiertags bewegen.«[14]

»Mr. Popular Sentiment« brachte seine erste Weihnachtsgeschichte *A Christmas Carol in Prose* am 19. Dezember 1843 heraus, prächtig eingebunden und wundervoll illustriert. Der Erfolg war so groß, dass Dickens beschloss, jedes Jahr zum Fest eine Erzählung zu verfassen. Seine Kollegen taten es ihm bald nach, denn damit war gutes Geld zu verdienen.

Unter Dickens' 22 Weihnachtserzählungen und -märchen (so viele habe ich zumindest gezählt) berührt mich *A Christmas Tree – Ein Christbaum* oder je nach Übersetzer auch *Ein Weihnachtsbaum* – aus dem Jahre 1850 besonders, denn es ist eine Geschichte des Lebens von der Kindheit über die Jugend bis ins Erwachsenenalter und mit einem Ausblick auf das, was in seiner Ungewissheit jedem von uns gewiss ist: den Tod. Dickens vereint in der kurzen Geschichte all seine erzählerischen Elemente: die des Rührselig-Sentimentalen, des Träumerischen, die des Gruseligen, des Skurrilen, des Religiösen und das der Nächstenliebe. Den Ich-Erzähler nenne ich kurzerhand Dickens, denn ich glaube, *Ein Christbaum* spiegelt zu

einem großen Teil seine Erlebnisse und Gefühle wider, die auch in uns so manche Saite zum Klingen bringen!
Charles Dickens berichtet von einem Weihnachtsfest bei Freunden oder Familienmitgliedern, zu dem er eingeladen war und wie sehr es ihn gefreut hat, dass der kerzenschimmernde, mit allerlei Spielsachen und Naschereien behängte Christbaum – »jenes hübsche deutsche Spielzeug«[15] – die Augen der um ihn versammelten Kinder zum Strahlen gebracht hatte. Zurückgekehrt nach Hause, lässt er das Erlebte und sein bisheriges Leben Revue passieren. Vor seinem inneren Auge erscheint ein Baum in der Mitte des Zimmers: »Ich blicke zu der träumerischen Helligkeit seiner Spitze empor – denn ich beobachte an diesem Baum die sonderbare Eigenschaft, dass er nach unten gegen die Erde zu wachsen scheint – und ich nehme meine jüngsten Weihnachtserinnerungen wahr!«[16] Das Spielzeug seiner Jugend findet sich ganz oben in der Nähe der Baumspitze: Dickens sieht einen Clown, dessen hummerähnliche Augen ihn als Kind ängstigten, ebenso wie der Schachtelteufel in Gestalt eines Ratsherrn, der gefleckte Springfrosch oder der Hampelmann, der sich oftmals die Beine um den eigenen Hals wickelte. Unbeschreiblich schrecklich empfand Dickens eine lustig gestaltete Maske. Deren Starrheit und ihr Zweck, lebendige Gesichter zu verbergen, ließen ihn als Kind erschauern. Oder war der Grund seiner Abneigung vielleicht eine Vorahnung, dass unser aller Gesichter nach dem Tod für immer erstarren? Mr. Dickens, welche Gedanken an einem ansonsten so freudeerfüllten Weihnachtsabend! Na, ganz so schlimm ist es nicht, denn Charles Dickens erinnert und sieht auch die Spielsachen, die in seiner kindlichen Phantasie zu kostbaren Wunderdingen wurden. Einmal war er zu einer Teezeit in das aufwendig möblierte Puppenhaus eines kleinen

Mädchens geladen, und nie wieder hat es ihm so köstlich gemundet wie dort, obwohl der Tee nach Streichhölzern schmeckte. Je weiter Dickens' Augen an dem Baum nach unten wandern, desto mehr Bücher hängen in den Zweigen. Aus ihnen taucht Jack auf, für den sich der Christbaum in eine Bohnenranke verwandelt, an der er zum Reich des Riesen hochklettert.[17] Ach, und da eilt Little Red Riding-Hood (unser Rotkäppchen) geschäftig durch die Zweige des Tannenbaums – sie erzählt die Geschichte von ihrer Großmutter und dem bösen Wolf. Wie gern hätte er sie damals geheiratet! Die Arche Noah mit ihren nicht immer maßstabsgerechten Figuren ist im Baum gestrandet; Scheherazade erzählt Märchen aus Tausendundeiner Nacht; der undeutliche, aber bedrohliche Schemen eines Nachtmahrs – die Folge eines üppigen Weihnachtsmahls, aber in manchen Fällen auch eines schlechten Gewissens – erschreckt unvermittelt; Persönlichkeiten aus der englischen Geschichte bevölkern die Zweige – irrt da nicht Jane Shore[18] als verurteilte Büßerin barfuß und im Unterkleid durch die Londoner Straßen? Das kindliche Mitleid für sie, das Dickens nun wieder spürt, wird durch die Späße und Kapriolen der Pantomime-Clowns und der Darsteller eines Puppentheaters kurzerhand hinwegkatapultiert. »Alles verwandelt sich mit der größten Leichtigkeit in jeden beliebigen Gegenstand und *Nichts als das Denken gibt ihm Gestalt*.«[19] Damals hat Charles Dickens zum ersten Mal empfunden, wie trostlos die Rückkehr in den Alltag nach solch beglückenden Erlebnissen ist. Jetzt klingen von der Straße Weihnachtslieder herein. Aus ihnen steigen Erscheinungen auf und scharen sich um das Kinderbett des kleinen Charles: Der Engel spricht zu den Hirten auf einem Felde; die Heiligen Drei Könige folgen dem Stern; Jesus tut seine Wunder an Armen, Kranken, in Not

Geratenen, erweckt den toten Lazarus zum Leben, wird gekreuzigt – »Vergib ihnen, denn sie wissen nicht, was sie tun«. Weiter unten an den Zweigen werden aus den Kinderbüchern Schulbücher. Kricketschläger hängen daneben, das Gras des Spielfelds duftet, und die Rufe, die einst jedes Match begleiteten, sind für Dickens noch nicht verhallt. Winterliche Landschaften nehmen in den Zweigen Gestalt an und Szenen, in denen Menschen zu Weihnachten am Kaminfeuer sitzen, Kastanien rösten und sich Gespenstergeschichten erzählen – von alten englischen Landhäusern und alten deutschen Schlössern, in deren zugigen Galerien und eichengetäfelten Zimmern Geister von Menschen umgehen, die durch eigene Hand oder durch eine Gewalttat ums Leben kamen. Kennen Sie die Schauermär von dem jungen Mädchen, das sich selbst auf dem Gang eines elisabethanischen Hauses begegnet und in derselben Nacht stirbt? Unzählige übersinnliche Phantasien und Geschichten winden sich von der Spitze den Baum hinab. Abwärts, abwärts – immer mehr Lücken tun sich in den geschmückten Ästen auf: »[…] wo Augen, die ich dereinst geliebt habe, geleuchtet und gelächelt haben; und die jetzt nicht mehr sind.«[20] Unser Erzähler Charles Dickens weiß, dass in den untersten, für ihn noch nicht sichtbaren Zweigen des Christbaumes sein Alter und – wie ich denke – sein Tod warten. Genug der Melancholie am Weihnachtsabend: »Jetzt ist der Baum mit Gesang und Tanz und Fröhlichkeit geschmückt. Und sie sind willkommen. Unschuldige Freude möge stets willkommen sein unter den Zweigen des Christbaums […]. Aber während er in den Boden sinkt, höre ich ein Flüstern durch die Blätter gehen: *Dies zum Gedenken an das Gesetz der Liebe und Freundlichkeit, der Barmherzigkeit und des Mitleids. Dies zum Gedenken an Mich.*«[21]

Welch eine Phantasie hatte Charles Dickens, »der Mann, der Weihnachten erfand«[22]! Seine Landsleute verbanden den Autor so eng mit Weihnachten, dass ein kleines Mädchen, als es 1870 die Nachricht von Dickens' Tod hörte, gefragt haben soll, ob der Weihnachtsmann nun auch sterben würde.[23]

Das waren sie – meine zwei Weihnachtsgeschichten, die ich Ihnen vorstellen wollte und die unterschiedlicher nicht sein könnten. Welche trifft Ihren Geschmack? Die von der Weihnachtsflucht oder die von der Weihnachtshingabe? Obwohl beide Autoren Weihnachten selbst fröhlich und ausgelassen feierten und die christliche Botschaft darüber nie vergaßen, gehen Anthony Trollope und Charles Dickens bei der Darstellung des Festes literarisch getrennte Wege: Trollope rückt mit dem spleenigen Weihnachtsflüchtling Mr. Brown und dem kuriosen Abenteuer der energischen Mrs. Brown den Humor in den Vordergrund – möchte er auf diese Weise seine innersten Empfindungen vor der Öffentlichkeit verbergen, sozusagen sein Weihnachten schützen? Dickens hingegen breitet seine weihnachtliche Gefühlswelt ungeniert vor uns allen aus – die Ängste und Freuden seines Lebens, seinen Glauben an Gott und an die Nächstenliebe. Trollope hat mich zum Schmunzeln gebracht, Dickens hat mich zum Nachdenken angeregt. Darüber, wie meine innige kindliche Freude über das Weihnachtsfest sich ab dem Zeitpunkt gewandelt hat, an dem ich begriffen hatte, dass nicht alle Menschen zu Weihnachten satt oder beschenkt werden, dass nicht überall auf Erden Frieden herrscht, und ganz besonders, als der erste Stuhl (von mittlerweile mehreren) am weihnachtlich gedeckten Tisch leer blieb, weil ein Mensch, den ich so untrennbar mit dem Fest und meinem Leben verbunden hatte, gegangen war…

Vom Dresdner Christstollen

von Susanne Reichelt

Striezel, Strutzel, Christbrodt, Stolle oder Stollen – viele Namen hatte das berühmte Weihnachtsgebäck in seiner langen Geschichte! Für seine besonders gute Qualität und Köstlichkeit steht heute ohne Zweifel die sächsische Landeshauptstadt Dresden, deren allseits beliebter großer Weihnachtsmarkt auch nach einer dieser Namensversionen benannt ist: »Striezelmarkt«.

Was heutzutage in den Büdchen der Weihnachtsmarkthändler unter dicken Butter-Puderzuckerschichten aromageschützt verpackt angeboten wird und, versiegelt mit dem nummerierten Etikett, seine Herkunft aus einer Dresdner Backstube beweist, hat allerdings nicht mehr viel zu tun mit der mittelalterlichen Backware, die im 14. Jahrhundert zum ersten Mal in der Region schriftlich erwähnt wurde. In Dresden ist vom »Christbrodt« erstmals die Rede in einer Rechnung des Bartholomäus-Hospitals an den Dresdner Hof aus dem Jahr 1474. Als Fastenspeise enthielt es damals wohl kaum mehr als Mehl, Hefe, etwas Öl und Wasser. Es wurde in wulstartiger länglicher Form gebacken, was wohl der Grund für die Bezeichnung »Stolle« oder »Stollen« im Sinne von Pfosten oder Säule ist. Volkskundliche Deutungen wollen in dem später verfeinerten und mit Zucker überstäubten Gebäcklaib aber auch das in Windeln gewickelte Christkind sehen.

Wie auch immer, als Fastenspeise geht der heutige Dresdner Stollen wahrlich nicht mehr durch! Dafür sorgten im Jahr 1450 die damals gemeinsam regierenden Brüder Ernst und

Albrecht von Sachsen, indem sie in einem Brief an den Papst darum baten, für die Herstellung des Stollens Butter verwenden zu dürfen. Die Antwort ließ recht lange auf sich warten; der Papst starb und vier weitere nach ihm ebenfalls, ehe im Jahre 1491 endlich der ersehnte »Butterbrief« von Papst Innozenz VIII. kam, mit dem gegen die Zahlung eines Ablasses die Genehmigung erteilt wurde, das traditionelle Weihnachtsgebäck künftig mit Butter zu backen.
Damit waren gewissermaßen die Schleusen geöffnet für viele weitere erlesene Zutaten, die neben der guten Butter den Weg in den Hefeteig fanden: Rosinen und kandierte Schalen von Zitronen, Mandeln und schließlich auch exotische Gewürze, die dank der zu dieser Zeit rasant wachsenden globalen Handelsaktivitäten mittlerweile auch in Sachsen erhältlich waren, wenn auch zu extrem hohen Preisen. So wurde die einst bescheidene, fade Fastenspeise zu dem so köstlichen exquisiten Luxusgebäck, das zum Leidwesen aller figurbewussten Genießer allerdings auch die Kalorienbilanz erheblich belastet.
Nicht nur in Dresden werden feine Stollen gebacken, mancher schwört auf die Varianten aus dem Erzgebirge oder aus der Lausitz, während in der Vergangenheit zeitweilig die Bäcker aus Siebenlehn, Meißen und Torgau den Dresdnern durchaus den Rang abliefen. Geschmäcker sind ja bekanntlich auch verschieden, gerade an den Rosinen im Teig scheiden sich die Geister häufig. Die Dresdner Bäcker bieten daher die verschiedensten Sorten des Kultgebäckes auch ohne die Trockenfrüchte an.
Doch dann ist es eben kein »Echter Dresdner Christstollen« mehr! Für dessen patentrechtlich geschützte Herkunft und die originale Rezeptur bürgt das schon erwähnte Stollensiegel, mit dem nur ca. 150 Bäcker aus Dresden und der

Umgebung ihre Produkte nach eingehender Prüfung versehen dürfen. Das Siegel zeigt über der Prüfziffer ein Wahrzeichen der Stadt, den Goldenen Reiter alias August den Starken. Um diesen berühmten Barockfürsten rankt sich so manche Legende, und da er gewissermaßen der Herr der Superlative war, ist es kein Wunder, dass auf ihn auch der größte und schwerste Stollen zurückgeht, der je gebacken wurde.
Anlass war das von ihm ausgerichtete Zeithainer Lager, eigentlich ein Militärmanöver, das 30 Tage lang im Juni 1730 stattfand und wegen seiner ausufernden Festlichkeiten und illustren Gäste als Zeithainer Lustlager in die Geschichte eingegangen ist. 30.000 Leute sollen daran teilgenommen haben – kein Wunder, dass man da einiges an Proviant brauchte. Doch kleine Brötchen zu backen, war Augusts Sache nicht, und so ließ er einen Riesenstriezel herstellen: 1,8 Tonnen wog er und wurde in einem extra dafür auf dem freien Feld gebauten gigantischen Ofen gebacken, den kein Geringerer als sein Chefarchitekt Pöppelmann errichtet hatte. Die Zutaten dieses Super-Stollens unterschieden sich allerdings erheblich von der heute allseits anerkannten Rezeptur für Dresdner Christstollen, die zum Beispiel nicht auf Eier zurückgreift. Davon allerdings wanderten damals 3.600 Stück in den gewaltigen Teigbottich, außerdem 20 Zentner Weizenmehl und 326 Kannen Milch! Aufgeschnitten wurde er dann mit einem extra angefertigten 1,60 langen Messer. Eine Nachbildung davon wird auch heutzutage verwendet, wenn zum Stollenfest am 2. Adventswochenende alljährlich wieder ein von den Dresdner Bäckern hergestellter Riesenstollen in einem Umzug durch die Innenstadt gefahren und dann auf dem Striezelmarkt vom Dresdner Stollenmädchen angeschnitten wird, um stückweise für einen guten Zweck an die Besucher verkauft zu

werden. Was den Bäckern wochenlange Vorbereitungsarbeit abverlangt hat, ist dann in der Regel binnen Minuten bis auf die letzten Krümel verputzt!
Apropos Krümel – die sollten eigentlich gar nicht so zahlreich anfallen beim Verzehr eines guten Stollens. Denn ein äußerst wichtiges Kriterium für seine Güte ist die feuchte, beinahe saftige, eben nicht krümelige Konsistenz des Teiges. Um die zu erreichen, müssen vor allem die Rosinen ein ausgiebiges Bad in feinem Rum nehmen, ehe sie dem Teig schön prall und aromageschwängert zugefügt werden. Kämen sie als schrumpelige Trockenbeeren hinein, würden sie in dem Bestreben, ihren Flüssigkeitsmangel auszugleichen, die Feuchtigkeit aus dem Teig ziehen, so dass der Stollen nach dem Backen krümelig und trocken wäre, beinahe das Schlimmste, was ihm widerfahren kann! Dann hilft nur noch »ditschen«. Für alle, die des Sächsischen nicht mächtig sind: Damit ist das Eintauchen des Gebäcks in etwas Flüssiges, vorzugsweise Kaffee, gemeint. Für die schöne geschmeidige Konsistenz, aber auch den aromatischen Geschmack des Stollens ist es außerdem wichtig, dass der fertig gebackene Stollen eine lange Zeit ruht, möglichst mehrere Wochen, auf dass die Aromen der feinen Ingredienzen sich verbinden und im Teig verteilen können. So bildet sich aus der Butter und den Mandeln, von denen immer auch ein paar wenige bittere in den Teig gehören, der feine, aber nicht aufdringliche Marzipangeschmack, der typisch für den Dresdner Stollen ist. Rum, Kardamom, Muskatblüte und was die geheimen Familienrezepte sonst noch an fein abgestimmten Zutaten vorsehen, sorgt dann für das i-Tüpfelchen und auch den feinen Unterschied im Geschmack, denn Dresdner Stollen ist doch nicht gleich Dresdner Stollen, auch wenn das Grundrezept identisch ist. Man muss also

durchprobieren, um seinen Favoriten zu finden. Wer sich selbst einmal am sächsischen Weihnachtskultgebäck versuchen möchte, kann es mit diesem bewährten Rezept für Dresdner Christstollen versuchen:

Dresdner Christstollen

1000 g Weizenmehl Type 405 (noch besser spezielles Stollenmehl, das lange gelagert wurde und noch bessere Klebeeigenschaften hat) • 400 g Butter (bei Verwendung von Stollenmehl dürfen es 500 g sein) • 400 ml Milch • 100 g Zucker • 84 g Hefe (2 Würfel) • 500 g Rosinen (am Vorabend eingeweicht in Rum) • 200 g Zitronat • 100 g süße gehackte Mandeln • 10 g bittere geriebene Mandeln • 10 g Stollengewürz aus (überwiegend) Vanillezucker • etwas Muskatblüte und ganz wenig Kardamom • 1-2 Prisen Salz • ca. 500 g Butter • 100 g Puderzucker zum Bestäuben

Aus dem Mehl, der Hefe und ca. 250 ml Milch ein Hefestück zubereiten und 30 Minuten gehen lassen. Die Butter cremig rühren und mit dem Hefestück und der restlichen Milch, dem Zucker und dem Stollengewürz verkneten, eine Stunde ruhen lassen, nochmals durchkneten und erneut 30 Min. ruhen lassen. Danach Mandeln und Zitronat einarbeiten. Die rumgetränkten Rosinen vorsichtig unterheben, damit sie nicht zu sehr zerquetscht werden und den Teig dunkel färben. Den Teig zu einem Laib formen, in der Mitte oben einmal längs einschneiden. Mit Backpapier abdecken und ca. 30 Min. bei 200 Grad Ober- und Unterhitze im vorgeheizten Backofen backen. Dann das Backpapier entfernen und weitere ca. 45 Min. bei 180 Grad fertig backen.

Noch warm mit ca. 300 g zerlassener Butter bestreichen. Nach dem Erkalten der Butter ein zweites Mal mit 200 g Butter bestreichen und den Puderzucker darübersieben.

Vor dem Verzehr mindestens 10 Tage in Folie verpackt mäßig kühl aufbewahren.

Schaurige Weihnachtszeit: Von Krampussen und Perchten

von Maria Pussig

Die meisten Menschen, die im alpenländischen Raum leben, kennen die beiden schaurigen Kreaturen, von denen hier die Rede ist. Krampusse und Perchten sind vielen irgendwie vertraut: aus der Kindheit als Begleiter des heiligen Nikolaus, von Krampus- und Perchtenläufen und neuerdings auch aus Hollywood. Trotz dieser Bekanntheit ist vielen nicht bewusst, dass es sich bei diesen beiden Figuren der austro-bavarischen Weihnachts- und Wintertradition um zwei verschiedene Kreaturen handelt.

Der Krampus hat seinen Ursprung in der Barockzeit im 17. und 18. Jahrhundert, wo er erstmals als Begleiter des heiligen Nikolaus auftritt. Diese Epoche steht mit starker Volksfrömmigkeit in Verbindung, was die Erscheinung des Krampus zu einer für diese Zeit typischen Ausschmückung schon vorhandenen Brauchtums macht. Sein Name lässt sich vom Dialektwort »Krampe« (hochdt. »Kralle«) ableiten, wobei dieses Körperteil eines Tieres stellvertretend für die gesamte äußere Erscheinung des Krampus steht. Dazu gehören traditionellerweise ein mit Fell bekleideter Körper, eine hölzerne oder aus Filz gefertigte Maske mit zwei Tierhörnern, eine lange rote Zunge, ein Schwanz und manchmal ein Tierfuß oder eine Tierpfote – die besagte »Krampe«. Außerdem trägt der Krampus meist auch eine »Buckelkraxn« (einen Rückenkorb) bei sich sowie eine Rute aus Wacholder- oder Birkenreisig und allerlei Ketten und Kuhglocken, um mit lautem Lärmen schon von Weitem auf sich aufmerksam zu machen.

In dieser Aufmachung steht der Krampus sinnbildlich für das Böse und den Teufel, wobei er als dessen gezähmte Form auftritt und daher keinesfalls teufelsgleich die Menschen zum Bösen verführen möchte, sondern im Gegenteil durch Bestrafung zur Besserung der Menschen beitragen soll. Zu diesem Zweck führt der Krampus auch seine Rute mit, deren Schläge man vielerorts noch heute bei Krampusläufen zu spüren bekommen kann.

Gegenwärtig sind von Bayern über Österreich bis Südtirol und Friaul diese vorweihnachtlichen Spektakel hoch im Kurs und lassen alte Traditionen und kulturelle Bräuche aufleben. Dass der Krampusbrauch jedoch nicht frei von Kritik ist, zeigt sich immer wieder, wenn es zu Ausschreitungen bei besagten Läufen kommt und die meist männlichen Krampusdarsteller, die unter den Kostümen stecken, sich nicht dem Krampuskodex gemäß verhalten. Dieser besagt, dass Schläge nur unterhalb der Knie erlaubt sind und diese auch nicht zu fest sein dürfen, wobei Letzteres bedauerlicherweise eine sehr dehnbare Formulierung ist.

Einem völlig anderen Hintergrund hingegen entspringt die ebenfalls immer noch gepflegte Tradition der Perchtenläufe, welche mit den christlichen Weihnachtsbräuchen eigentlich nichts zu tun haben. Die Figur der Percht geht auf viel ältere heidnische Bräuche zurück und ist vor allem in den Regionen nördlich der Alpen sowie in Südtirol und der Oberpfalz anzutreffen. Perchten treten im Jahr außerdem deutlich später als der Krampus auf, ihre Hochzeit haben sie um den Jahreswechsel herum in den Rauhnächten zwischen dem 21. Dezember und dem 6. Januar.

Ihre Namensgeberin und Anführerin »Frau Percht« (auch »Bercht«, »Berchta« oder »Perchta«) ist in diesen Tagen mit

ihren schaurigen Gehilfen unterwegs, um, ihrer janusköpfigen Natur folgend, entweder Seelen zu holen oder Fruchtbarkeit für das kommende Jahr zu schenken. Der Ursprung dieser weiblichen Sagengestalt ist umstritten, manche deuten sie beispielsweise als Personifikation der nordischen Göttin Frigg (Gattin des Odin und Patronin der Ehe) oder der germanischen Göttin Freya (Göttin der Fruchtbarkeit). Wie auch Frau Percht zwei gegensätzliche Seiten in sich trägt, so sind ebenfalls ihre Begleiter nicht »einseitig«: Unter den Perchten finden sich einerseits sogenannte Schönperchten, die für das neue Leben, Licht und Ordnung stehen. Ihnen entgegen stehen die Schiachperchen (»schiach« bedeutet »hässlich«), die Dunkelheit und Tod symbolisieren, wobei ihre Aufgabe aber auch darin besteht, die Menschen zum Guten zu bekehren und auf die Seite der Schönperchten zu treiben.
Auch äußerlich lassen sich trotz einiger Ähnlichkeiten doch eindeutige Unterschiede zwischen Perchten und Krampussen erkennen. So sind Perchten Naturmotiven und Tieren nachempfunden und dürfen mehr als ein Hörnerpaar tragen. Auch sie tragen Ruten und Glocken bei sich, wobei Erstere jedoch aus Rosshaar bestehen und wie die lärmenden Glocken vor allem dem Winter- und Geisteraustreiben und nicht der Bestrafung dienen.
Der Brauch der Krampus- und Perchtenläufe gehört in den alpenländischen Regionen zur Weihnachts- und Winterzeit wie Glühwein und Kekse. Für manche sind sie zu bewahrende Tradition, für andere schwarze Pädagogik. Wie man moderne Auslegungen auch betrachten mag, so kann die Faszination doch nicht geleugnet werden, welche die kulturhistorische Erkundung der Geschichte dieser Kreaturen weckt: ein wohliger Schauer zur besinnlichsten Zeit des Jahres.

Weiß sind Türme, Dächer, Zweige,
und das Jahr geht auf die Neige,
und das schönste Fest ist da!

(Theodor Fontane)

Wunderweiße Nächte

von Andrea Strobl

Nicht ohne Grund verbinden wir mit dem Begriff »Besinnlichkeit« eine ganz bestimmte Zeit im Ablauf des Jahres: den Winter, und da besonders die Adventszeit. Wenn der Schnee die Geräusche dämpft und die Außenwelt uns weniger lärmend und rastlos anmutet, freuen wir uns auf das Weihnachtsfest. Auch wenn die Vorbereitungen dafür manchmal etwas Hektik aufkommen lassen, überwiegt in uns doch ein Gefühl der Ruhe, der Vorfreude – und auch der Zuversicht. So mancher von uns genießt in den Wochen des sich zu Ende neigenden Jahres diese ruhigen Momente des Sinnierens, des In-sich-Gehens und Rekapitulierens. Und ich nutze diese Zeit dann oft, um wieder einmal in aller Ruhe zur Jahreszeit passende Gedichte zu lesen.

Unzählige Dichter haben uns ebenso unzählige Weihnachtsgedichte beschert. Wir alle haben wohl den üblichen Kanon der »Gedichte, die man kennen sollte«, im Kopf:
Allen voran Theodor Storm, dessen bekanntestes Weihnachtsgedicht vor allem die Älteren unter uns in früheren Schulzeiten noch auswendig lernen und vortragen mussten, denn auch in den Schulen »weihnachtet es sehr« in den Wochen vor dem Fest. Bei Storm sah Knecht Ruprecht – ein seltsamer »alter Gesell'«, »von drauß' vom Walde« hergekommen – »allüberall auf den Tannenspitzen […] goldne Lichtlein sitzen«[i].

Und Joseph von Eichendorffs weihnachtlicher Flaneur bemerkt:

Markt und Straßen stehn verlassen
und alles sieht so festlich aus. [...]
Sterne hoch die Kreise schlingen,
aus des Schnees Einsamkeit
steigt's wie wunderbares Singen –
O du gnadenreiche Zeit![2]

Als wir dann etwas älter waren, lernten wir noch einen weiteren Theodor kennen, Fontane mit Nachnamen, dessen gealtertes poetisches Ich eine nachdenkliche weihnachtliche Bilanz zieht:

[...] Aber nehm' ich so die Summe,
Alles Grade, alles Krumme,
Alles Falsche, alles Rechte,
Alles Gute, alles Schlechte –
Rechnet sich aus all dem Braus
Doch ein richtig Leben raus.
Und dies können ist das Beste
Wohl bei diesem Weihnachtsfeste.[3]

Heute denke ich bei Weihnachtsgedichten nicht mehr vorrangig an die »Pflichtkür« jener Tage, sondern an ein bestimmtes, ein ganz und gar wunderbar zartes Gedicht, das uns unsere Mutter in der Weihnachtszeit manchmal vorlas:

Es gibt so wunderweiße Nächte,
drin alle Dinge Silber sind.
Da schimmert mancher Stern so lind,
als ob er fromme Hirten brächte
zu einem neuen Jesuskind.
Weit wie mit dichtem Demantstaube
bestreut, erscheinen Flur und Flut,
und in die Herzen, traumgemut,

steigt ein kapellenloser Glaube,
der leise seine Wunder tut.[4]

Sie ahnen oder wissen es bereits: Das ist von Rilke! Ich glaube nicht, dass ich als Kind oder Jugendliche jede Textzeile verstanden habe, aber ich konnte vielleicht schon damals schon die so ganz andere lyrische »Tonart« erspüren … Ob es nun an diesen bereits so lang vergangenen Weihnachtsabenden lag, als meine Mutter uns aus ihrer gut bestückten »Lyrik-Bibliothek« vorlas, oder ob meine generelle Begeisterung für und Beschäftigung mit Literatur erst später dann auch »Rilke-Früchte« trug, vermag ich nicht zu sagen. Sicher ist nur, dass Rilke zu meinen deutschen Lieblingsdichtern zählt!

Deshalb möchte ich in diesem der Weihnachtszeit gewidmeten Buch den großen Lyriker kurz vorstellen, von dem Robert Musil sagte, er hätte das deutsche Gedicht zum ersten Mal vollkommen gemacht[5]. Wenn wir ein wenig auf den »Braus« dieses Dichterlebens schauen (um obige Fontane-Worte zu bemühen), gelingt es vielleicht, uns Rilke etwas anzunähern – vorranging in seinen Selbstzeugnissen und da auch im Zusammenhang mit dem Weihnachtsfest:

Geboren wurde er in der Adventszeit, am 4. Dezember 1875 in Prag, und auf den Namen René getauft (den »Rainer Maria« wird er sich erst viel später zulegen). Die Ehe der Eltern ist keine glückliche, nach nur 11 Jahren wird sie in die Brüche gehen. Die Mutter erkennt früh das empfindsame Wesen ihres Sohnes, der Vater jedoch sieht eine Offizierslaufbahn für ihn vor und schickt ihn an die Militärakademien von St. Pölten und Mährisch-Weißkirchen. Letztere wird René nach nur

wenigen Monaten aus gesundheitlichen Gründen verlassen – der Traum des Vaters von einer Offizierslaufbahn des Sohnes ist damit endgültig ausgeträumt …
Diese ihn zutiefst verstörenden, von militärischem Drill geprägten Jugendjahre sollte Rilke zeitlebens nie vergessen. Immer und immer wieder wird er auf sie zurückkommen. Sogar noch Jahrzehnte später, als er im Ersten Weltkrieg kurz als Soldat eingezogen wird, beklagt er diese Zeit Stefan Zweig gegenüber mit den bitteren Worten: »Ich habe [...] dieses Militärkleid seit der Kadettenschule gehaßt. Ich glaubte, ihm für immer entkommen zu sein. Und jetzt noch einmal, mit fast vierzig Jahren!«[6]

Nach dem Absolvieren einer Handelsakademie und diversen, allerdings frühzeitig abgebrochenen Studien wendet er sich ausschließlich der Schriftstellerei zu. Seine ersten Werke (Gedichte und sein Roman *Die Aufzeichnungen des Malte Laurids Brigge*) werden schon bald im Leipziger Insel-Verlag veröffentlicht, wo er über die Jahre zum führenden Verlagsautor aufsteigen wird.
Die Ehe mit der Bildhauerin Clara Westhoff, die er 1900 in der Künstlerkolonie in Worpswede kennengelernt und 1901 geheiratet hatte, und auch die gemeinsame Tochter Ruth können ihm kein wirkliches Zuhause geben. Beides hält ihn nicht auf, alles dem Entstehen seiner Kunst, respektive der »Qual der Lust«, wie es Fritz J. Raddatz so schön ausgedrückt hat[7], unterzuordnen. Allein sie, seine Kunst eben, wird ihm zeitlebens sein einziges Zuhause sein. Und so nimmt er schon 1902 sein »altes« Leben wieder auf und bricht, zunächst einmal, gen Paris zu Auguste Rodin auf …

Diese Entscheidung, seine kleine Familie zu verlassen, bleibt bei ihm aber nicht unreflektiert. 1907 schreibt an seine Frau Clara: »So schlecht lebt man doch, weil man in die Gegenwart immer unfertig kommt, unfähig und zu allem zerstreut. Ich kann an keine Zeit meines Lebens zurückdenken ohne solche Vorwürfe und noch größere. Nur die zehn Tage nach Ruths Geburt, glaub ich, hab ich ohne Verlust gelebt; die Wirklichkeit so unbeschreiblich findend, bis ins kleinste hinein, wie sie ja wahrscheinlich immer ist.«[8] Und viele Jahre später, diesmal anlässlich des Weihnachtsfestes 1914, wird Rilke in einem Brief an seine Mutter Sophie resümieren: »Mein Fest ist schon die letzten Jahre längst so nach Innen verlegt gewesen [...]. Denn ich bin darauf angelegt, von Kindheit an, ein Einzelner zu sein und keine Familie zu haben und kein Familienfest, sondern nur ganz weite Zusammenhänge in der ganzen Welt, bin bestimmt, nicht in die Nähe zu fühlen, sondern in die Weite, das erst gibt meinem Gefühl seine ganze Macht, Tiefe und Wahrheit.«[9]

Man ahnt also schon: Das Stete, das Sesshafte – all dies ist das Seine nicht. Zeitlebens wird der Rastlose mal hier, mal dort leben, viel reisen, kommen und gehen, wie und wann es ihm beliebt. Besitzlos lebt er in einer Welt von Hotelzimmern und Adelsschlössern[10] und erklärt: »[...] es gehört ja durchaus zu mir, Besitz nicht wörtlich zu nehmen.«[11] Ermöglicht wird ihm dieses besitzlose, aber nichtsdestotrotz von gewissen »Ansprüchen« durchzogene Leben vor allem durch die Unterstützung seiner zahlreichen wohlhabenden Gönner und Mäzeninnen. Rilke seinerseits wird es ihnen »dichterhaft« danken – mit Widmungen und unzähligen Briefen (bisher sind mehr als 7000 seiner Briefe veröffentlicht). Allein, Rilkes

Lebensführung, diese »vollkommene (subjektive) Gesellschaftslosigkeit«, war nur in der gesellschaftlichen Ordnung jener Jahre des ganz jungen 20. Jahrhunderts noch möglich, bevor dann in den folgenden beiden Weltkriegen alles zusammenbrechen sollte.[12] Stefan Zweig sah in ihm den Typus jener Dichter, »die nichts begehrten vom äußeren Leben [...], die nichts erstreben, als in stillem und doch leidenschaftlichem Bemühen Strophe um Strophe vollendet zu binden.«[13] Und Rilke selbst benannte diese Lebensauffassung als den immerwährenden Wunsch, »mich einzupuppen, zusammenzunehmen, kurz und gut, von meinem Herzen zu leben und von nichts anderem.«[14]

In die Jahre zwischen 1910 und 1919 fällt eine lange Periode der Zurücknahme und Erschöpfung, verstärkt noch durch die schrecklichen Eindrücke des Ersten Weltkriegs. 1916 wird er eingezogen und versieht seinen Militärdienst im Kriegsarchiv in Wien. Durch die Intervention von Freunden wird er aber schon wenige Monate später entlassen. Rilke spricht von der «innersten Erstarrung«[15] jener Jahre, von der Unmöglichkeit, diesen Weltenbrand zu begreifen, der auch ihn aus seinem gewohnten Dasein hinauskatapultiert: »Ich war fast alle Jahre des Krieges abwartend [...], immer denkend, es müsse ein Ende nehmen, nicht begreifend! [...] *Nicht zu begreifen*: ja, das war meine ganze Beschäftigung dieser Jahre.«[16]
Aber so ganz fruchtlos waren diese Jahre in der Rückschau dennoch nicht: In sie fällt, neben der intensiven Beschäftigung mit französischer Lyrik und Übertragungen dieser ins Deutsche (u. a. Verlaine und Valéry), vor allem auch der Beginn seiner berühmten *Duineser Elegien*, die mit den gewaltigen Versen beginnen:

»Wer, wenn ich schriee, hörte mich denn aus der Engel
Ordnungen? und gesetzt selbst, es nähme
einer mich plötzlich ans Herz: ich verginge von seinem
stärkeren Dasein. Denn das Schöne ist nichts
als des Schrecklichen Anfang, den wir noch grade ertragen,
und wir bewundern es so, weil es gelassen verschmäht,
uns zu zerstören. Ein jeder Engel ist schrecklich.«[17]

1919 schließlich überlässt ihm ein Freund ein Haus mit einem kleinen Turm im Schweizer Muzot zur freien Nutzung. In der Abgeschiedenheit dieses wortwörtlichen Elfenbeinturms inmitten der Schweizer Berge vollendet Rilke schließlich die *Duineser Elegien* und verfasst die *Sonette an Orpheus* – jene beiden Werke, die heute zum Höhepunkt seines literarischen Schaffens zählen.
Ab 1923 erkrankt er schwer und verbringt viel Zeit in diversen Sanatorien. Erst spät bekommen seine zunehmenden Beschwerden auch eine medizinische Bezeichnung. Im Dezember 1926 erliegt Rilke in Montreux schließlich einer langen Leukämie-Erkrankung.
Paul Valéry wird sich erinnern: »Ich sah in ihm, ich liebte in ihm den zartesten und geisterfülltesten Menschen dieser Welt, den Menschen, der heimgesucht war von all den wunderbaren Ängsten und allen Geheimnissen des Geistes.«[18]

Rainer Maria Rilke hat einige Gedichte zur Advents- und Weihnachtszeit verfasst, in seinem frühen und späten Schaffen[19]. Die Bedeutung von Weihnachten für ihn selbst beschreibt er aber vor allem in seiner Korrespondenz, die, für sich genommen, durchaus als weiterer Ausdruck seines literarischen Werkes gelten kann.

In den vielen Briefen, die er gerade auch zur Weihnachtszeit verschickte, finden wir zahlreiche Gedanken zum Weihnachtsfest, so etwa in einem Brief an seine Frau Clara: »Du weißt ... was mir in meiner frühen Kindheit Weihnachten war; selbst noch dann, als die Militärschule mir ein wunderloses, hartes, unbegreiflich boshaftes Leben so glaubhaft vortäuschte, daß mir keine andere neben jener unverschuldeten Wirklichkeit möglich schien; selbst dann noch war Weihnachten wirklich und war das, was mit einer Erfüllung herankam, die über alle Wünsche hinausging [...].«[20]

Am nächsten aber kommen wir »Weihnachten mit Rainer Maria Rilke«, wie man einen Teil dieses Beitrags auch untertiteln könnte, in den so wunderbaren Briefen an seine Mutter Sophia, in diesem jahrzehntelang an Weihnachten gesendeten »Gruß unserer gemeinsamen Sechs-Uhr-Stunde, der immer gleiche, von Jahr zu Jahr getreue«[21] – also in jenem rührenden Ritual, an jedem Heiligabend um Punkt sechs Uhr abends aneinander zu denken und die einander zugedachten Briefe zu öffnen. Gerade in ihnen kommt uns Rilke als »weihnachtlicher« Dichter sehr nahe, viele Textstellen könnte man hier anführen. Eine besonders eindringliche möge aber hier genügen:

Tunis, im Dezember 1919:
»Also, meine liebe Mama, einen herzlichsten Kuß in der feierlichen Weihnachtsstunde, der stillsten im Jahr, der heimlichsten, in der immer noch im Unsichtbaren sich Wünsche bis zum Äußersten anspannen und wunderbar erfüllen: verbringe sie in einer tiefen großen Sammlung Deines Herzens, laß allen Zweifel und alles Nichtverstehen aus, wir haben eine

Stelle in uns an diesem Abend wo wir einfach Kind sind, das erwartet, vertraut und unbeirrt dasteht in seinem Recht auf große Freude: dies ist Weihnachten, einmal im Jahr diese Erwartung in sich fühlen, dieses feste durch nichts enttäuschbare Anrecht, – fühlen, daß das Erwachsene, das jetzt über uns ist, nicht weniger, nein, mit viel mehr, mit Unendlichem uns überraschen will, daß im Grunde unsere größten Wünsche, wenn wir sie nur recht ins Herz fassen, nicht unerfüllt bleiben können, daß wir gar keinen Moment den Wunsch, sondern eigentlich immer schon eine kleine Erfüllung in uns tragen, die wir der Pflege Gottes überlassen müssen, der sie großzieht und zu Ansehen bringt aus unserem Erdreich.«[22]

***

Weihnachten steht wieder einmal vor der Tür – und ich denke an Rilkes Gedichte, die ich zuallererst durch meine Mutter kennengelernt habe und aus denen ich ihr an ihrem Sterbebett mit Blick auf die tiefverschneiten bayerischen Berge jenes Winters vorlas. Sie starb in einer *wunderweißen Nacht* an einem 23. Dezember ...

Das Christbaumloben

von Thomas Hanstein

In nichts hat sich die schwäbische Sparsamkeit stärker niedergeschlagen als in der Zurückhaltung zu loben bzw. auch Lob anzunehmen: »Ned g'schimpfed isch g'lobad g'nua« (nicht geschimpft ist genug gelobt) lautet der passende Satz dazu. Mentalitätsgeschichtlich mag sich dahinter eine Unsicherheit verbergen, wie das Gegenüber auf das Lob reagieren wird, womöglich mit dem Verdacht, es für die eigenen Interessen zu nutzen. Entsprechend ist es im Schwäbischen (und auch Teilen Badens) bis heute mitunter schwierig, Lob zu verteilen, aber ebenso auch es anzunehmen. Um das Gegenüber nicht in eine unangenehme Situation zu bringen und um sich nicht der Gefahr auszusetzen, dass das Lob zurückgewiesen wird, lässt man es oft lieber ganz. Und reagiert mit einem wieder sparsamen »pascht« oder schlichten »gut«. Loben hat aber zunächst die soziale und pädagogische Bedeutung, mit dem, was »gschafft« wurde und sich buchstäblich »sehen lassen« kann, beachtet zu werden. Und dies auch und vor allem als Person. Nicht von ungefähr sprechen alle modernen Leadership-Theorien von Wertschätzung. Darin steckt das Bedürfnis nach Anerkennung, ohne die kein Mensch leben kann.

Bezeichnender Weise wird ausgerechnet am theologischen Datum der »Menschwerdung Gottes« das Loben in Teilen Baden-Württembergs und Bayerns sprichwörtlich auf die Spitze getrieben – und zwar auf die des Christbaums. Dazu besucht man sich, zumeist nach den Weihnachtstagen, in den Häusern und bestaunt und lobt alles, was ein Baum hergeben kann:

seine Größe und die Dichte, natürlich den Schmuck und die Anordnung der Kerzen ebenso wie alle denkbaren Details. Der Kreativität sind keine Grenzen gesetzt, bis hin zu Schönheitswettbewerben zwischen Familien, Straßen und Wohngebieten. Vor allem gilt dies für die entsprechenden Lobsprüche, die vom einfachen »So ein schöner Baum, ja, so ein schöner Baum« bis zu ausladenden und bewusst übertriebenen Lobesreden gehen können. Es ist viel Ironie dabei, in diesen (nach-)weihnachtlichen Tagen. Dieses soziale Treiben, das pro Lob mit einem Obstler oder sonstigem Hochprozentigem belohnt wird, wirkt wie eine alljährliche Übung auf dem ach so schmalen Grat zwischen Nichtloben und »Lobhudelei«. Etymologisch verbirgt sich in dieser unangemessenen, ja übertriebenen Art des Lobes die Bedeutung des »Hudelns«: mittelhochdeutsch (aus dem 16. Jhd.) für nachlässiges, oberflächliches bis hektisches Verhalten, wie man es in Teilen Süddeutschlands und Österreichs bis heute noch kennt. Schnelligkeit und Lob schließen sich dabei aus. Denn was einen Wert generieren soll, das wird gründlich und solide erledigt, dafür wendet man Zeit auf. Und so ist das »Christbaumloben«, neben ein paar guten Flaschen Obstler, vor allem eine zeitliche Investition: Indem man – ganz egal ob frei Lobenden oder zu einer sogenannten Christbaumlob-Gruppe Zusammengeschlossenen – seine Tür am Hochfest der Geburt des Herrn oder auch noch in den Folgetagen öffnet und sie sogar in die »gute Stube« führt, wird der soziale Zusammenhalt gepflegt. Das »Christbaumloben« diente als soziales Ritual, ganz besonders in ländlichen Regionen, als der Baum als Weihnachtsritual im späten 19. Jahrhundert auch die Stuben im Süden Deutschlands erobert hatte. Durch dieses war es möglich, auch bei Menschen anzuklopfen, mit denen man das Jahr über

weniger zu tun hatte oder zu denen man sozial nicht zugehörig war. Die lokale Kultur hatte eine Zeit und einen Ritus für diese Möglichkeit der Begegnung geschaffen.
Der ursprünglich für die Region Oberschwaben – oder das so genannte Schwäbische Oberland im geografischen Dreieck zwischen Donau, Lech, Bodensee und dem heutigen württembergischen und bayerischen Allgäu – auszumachende Brauch lässt sich auch in Teilen Frankens bis in die Oberpfalz nachverfolgen, wo der Anlass jedoch schlichter als »Christbaumschauen« bezeichnet wird. Auch in manchen Gegenden Österreichs hat dieser Brauch in den letzten Jahren Einzug gehalten. Mit dem »Loben« unter Wasser machte vor einigen Jahrzehnten das Salzkammergut auf sich aufmerksam: Hier wird bis heute das »Christbaumtauchen« begangen, bei dem mit Einbruch der Dunkelheit nach einem beleuchteten Christbaum getaucht wird – nach lokaler Tradition von einem Gemeindefest begleitet.
Der Brauch, sich zur Wintersommerwende immergrüne Zweige im Haus aufzustellen, ist zuerst im 16. Jahrhundert für Süddeutschland überliefert. Zu Beginn des 15. Jahrhunderts soll ein Bäcker in Freiburg bereits Bäume als Schmuck verwendet haben. Kerzen bekamen die Christbäume frühestens mit dem 18. Jahrhundert. Und mit dem Ende des 19. Jahrhunderts war der weltweite Siegeszug des Baums zu Weihnachten nicht mehr aufzuhalten. Und so setzten sich in Folge immer wieder neuartige Varianten rund um das Tannengrün durch, die überregional miteinander verschmolzen. Mehr als die Frage nach dem lokalen Brauchtum ist – vor allem in Zeiten der Globalisierung und Digitalisierung – die dahinterliegende kulturspezifische und soziale Ebene bedeutsam. Was mit dem Aufkommen auch als heidnischer Brauch

gebrandmarkt wurde, hat paradoxerweise genau das zum Vorschein gebracht, was das Weihnachtsfest ausmacht: mensch(lich) zu sein, ganz egal, welche gesellschaftliche Stellung man begleicht und wo man sozial beheimatet ist. Insofern sind vor allem dieses Bewusstsein und diese Haltung zu loben – und dies ohne jede Sparsamkeit und Hudelei.

Vom Himmel hoch …

von Anja Weinberger

Ich bin Flötistin. Das bedeutet für mich Folgendes: An drei Tagen der Woche unterrichte ich meine Flöten- und Klavierschüler. Außerdem arbeite ich mit Musiker-Kollegen zusammen, mache viel Kammermusik in unterschiedlichsten, mal größeren, mal kleineren Besetzungen. Für Proben zu diesen Projekten brauche ich die restlichen Vormittage und Nachmittage der Woche. Und schließlich das Üben selbst und natürlich die Konzerte, für die man diesen ganzen Aufwand betreibt. Üblicherweise finden diese freitags, samstags oder sonntags statt.

Wenn man das so liest, sollte eigentlich klar sein, dass in meinem Leben für Beschäftigung gesorgt ist. Ich habe noch nie die Arbeitswochenstunden gezählt, aber bin mir fast sicher, dass 38,5 davon schon irgendwann in der Wochenmitte erreicht sind. Oder anders ausgedrückt: Langweilig ist mir nie. Wer Musik studiert, der übt im Allgemeinen seinen Beruf gerne aus. Und ich gehöre zu den Glücklichen, die auch noch selbstständig arbeiten können. Damit möchte ich nur deutlich machen, dass ich nicht auf der Suche nach einem zusätzlichen, neuen Zeitvertreib war.

Nun ist Folgendes passiert: Ein Freund schickt mir vor einigen Jahren irgendwann im Herbst einen Packen handgeschriebener Noten, verbunden mit der Bitte um Uraufführung. Ich schaue hinein und stelle fest: schwierig.

Es handelt sich um Variationen über das schöne alte Lied »Vom Himmel hoch da komm ich her«. So weit, so gut. Jedoch erscheint Folgendes problematisch: Das recht lange Werk ist für Flöte solo, also Flöte ohne Begleitung, und da sind sehr viele Noten zu sehen, übungsaufwendig also; und zudem ist es ja ein Weihnachtslied, demnach nur saisonal einsetzbar. Außerdem ist die Handschrift zwar sehr künstlerisch und formschön, aber leider ziemlich schlecht zu lesen, anstrengend also!

Einerseits wie gemacht für ein Adventskonzert, aber andererseits mag das Publikum es einfach lieber, wenn ein Pianist, Harfenist oder Gitarrist mit auf der Bühne sitzt – so zumindest meine Erfahrung und die vieler meiner Flötenkollegen. Echte Begeisterung meinerseits kam da (noch) nicht auf.

Ich habe in der kommenden Adventssaison in keinem Konzertprogramm einen passenden Platz für das ambitionierte Werk gefunden. Und, ehrlich gesagt, besonders viel Mühe habe ich mir auch nicht gegeben, ja das Stück nicht einmal richtig angeschaut (entschuldige bitte, lieber W.!).

Im folgenden Jahr meldet sich der Komponist wieder und erinnert mich an seine Bitte. Ich hole den Stapel also wieder aus der Schublade, spiele alles einmal durch und muss feststellen, dass es – einfach toll ist. Unbedingt sollten das Leute hören können, unbedingt muss ich eine Möglichkeit finden, es zu spielen. Eine kleine Flöte und so viel Weihnachtsstimmung. Ich war überrascht und hingerissen.

Aber wie es so sein kann – auch in diesem Jahr war nichts zu machen.

Wieder ein Jahr später schließlich war mir das Ganze schon peinlich. Ich überlegte und kam zu dem Ergebnis, dass es ja nicht zwingend ein Konzert sein muss. Auch im Gottesdienst könnte ich die Uraufführung des neuen Stückes spielen. Und so war es dann. In unserer Gemeinde gibt es sehr viel

Kirchenmusik, und da wurde dann auch ein Plätzchen gefunden für »Vom Himmel hoch …«.
Am 25. Dezember im Weihnachtsgottesdienst fand also die so lang hinausgeschobene Uraufführung statt. Eigentlich war ich nach wie vor davon überzeugt, dass das Publikum bzw. die Gemeinde trotz allem relativ unberührt bleiben würde. Und natürlich rechnete ich mit dem Hinweis, dass das Ganze »mit Orgel« noch schöner geklungen hätte. Umso größer meine Überraschung und Freude, als sich nach dem Gottesdienst die Gratulanten drängten. Ich konnte dem Komponisten berichten, dass sein Variationswerk für Flöte allein wirklich gut angekommen ist. Ein Zuhörer hat mir aus dem Herzen gesprochen, als er sagte: »Wie wunderbar, dass dieses schöne alte Lied nicht nur gesungen wird, sondern auf diese Art noch einmal länger in meinem Kopf nachklingen kann.« Genau so habe ich es nämlich auch empfunden. Weihnachtslieder sind für uns alle sehr gefühlsbeladen, jeder hat ein anderes Lieblingslied, und viele persönliche Erinnerungen sind mit diesen Liedern verknüpft. Eigentlich ist es doch schade, dass sie nur im Gottesdienst oder in der guten Stube gesungen werden, aber nur selten auf die eine oder andere Art Eingang finden in Konzertprogramme.
Und das ließ mich einfach nicht los. Schließlich fasste ich Mut und fragte bei drei befreundeten KomponistInnen nach, ob sie möglicherweise Lust und Zeit hätten, etwas Ähnliches für mich zu schreiben. Schon im Vorfeld war ich fest davon überzeugt, dass sie mehr oder weniger irritiert den Kopf schütteln würden. Aber da war sie schon, die zweite große Überraschung im Zusammenhang mit »Vom Himmel hoch …«. Alle drei (wirklich sehr unterschiedliche und äußerst erfolgreiche Zeitgenossen) waren begeistert und fragten sofort nach, ob sie

dieses oder jenes Lied verwenden könnten. Ich nickte recht sprachlos und hatte nach wenigen Wochen drei neue Stücke auf dem Notenständer liegen. Das gibt es doch gar nicht, dachte ich! Meine Augen flogen über die Notenzeilen, die diesmal zum Glück computergeschrieben waren. Dreimal wunderbar, dreimal ungewöhnlich, drei völlig verschiedene Ideen. Diesmal war es ganz einfach, denn ein rühriger Kantor hier in der Nähe fragte, ob ich meine drei Uraufführungen in einem der örtlichen Adventskonzerte spielen möchte. Natürlich wollte ich, und so saßen einige Wochen später beim vorweihnachtlichen Konzert drei Komponisten in der ersten Reihe, alle mehr oder weniger weit angereist und alle mit recht gerührtem Gesichtsausdruck, schließlich hatte jeder sein Herzenslied gewählt. Wie gesagt sind die drei alte Hasen ihrer Zunft, also mit allen Uraufführungs- und Konzertwassern gewaschen. Aber nicht nur deshalb war auch ich gerührt. Was Weihnachtslieder und eine einzige Flöte anrichten können!
Etwas habe ich noch vergessen …
Meine Erfahrungen mit Auftragsarbeiten waren bis zu diesem Zeitpunkt gleich null. Mir war nicht klar, dass der Komponist auch mal nachfragt, ob das eine oder andere gut liegt, wie man die Artikulation am günstigsten machen könnte und ob der Triller im Takt 53 vielleicht doch besser diatonisch statt chromatisch zu trillern wäre. Nicht in meinen kühnsten Träumen wäre ich auf die Idee gekommen, dass ein Komponist etwas anderes macht, als einfach drauflosszuschreiben und schließlich ohne mit der Wimper zu zucken ein geniales, aber vielleicht schweres und für das Instrument ungünstiges Stück zu präsentieren. Da lag ich falsch, und bei genauerem Nachdenken ist das auch völlig klar: Kein Komponist beherrscht alle Instrumente, die meisten Komponisten sind von ihren

Ursprüngen her Pianisten. Und da ist es schon richtig und wichtig, den Spezialisten, also jeweiligen Instrumentalisten, um Rat zu fragen, gerade wenn man vielleicht noch nie für dieses Instrument geschrieben hat. »Geht denn auf dem c4 ein pianissimo? Kann man ein crescendo machen bis zum kleinen h? Und ist das kleine h überhaupt drauf auf deiner Flöte? Ich habe einmal irgendwo gehört, dass Flageoletts am besten auf langen Griffen gehen, stimmt das? Wieso mögen Flötisten H-Dur lieber als As-Dur?« Solche und ähnliche Fragen standen also im Raum. Ich holte tief Luft und gab mir große Mühe, alles so genau wie möglich zu beantworten.

Es hat wirklich viel Spaß gemacht, und ich konnte kaum glauben, dass da nun drei Stücke vor mir auf dem Notenständer lagen, die jemand für mich geschrieben hatte und für die ich nun auf gewisse Art und Weise Verantwortung trage. Außerdem besteht natürlich nicht die Möglichkeit zu lauschen, wie ein anderer das Werk interpretieren würde, nein, ich bin ja die Erste, die das neue Stück aus der Taufe heben wird – eine Riesenverantwortung also, so finde ich, und es fühlt sich wirklich ein bisschen an wie eine Patenschaft.

Das wirklich Unerwartete geschah aber erst danach. Denn kaum war der Frühling in Sicht, meldete sich eine weitere Komponistin bei mir mit der Frage nach »Vom Himmel hoch …«. Ob ich noch Interesse an einem Stück hätte? Na, auf jeden Fall!

Und das sollte nicht der letzte Telefonanruf bleiben. Im Laufe der nächsten Jahre gab es für jede Saison immer zwei oder drei neue Stücke. Unterdessen hatte sich sogar eine sehr schöne, vorweihnachtliche Konzertform extra für das »Vom Himmel hoch…«-Projekt entwickelt. Da nun schon viele unterschiedliche Advents- und Weihnachtslieder als Vorlagen

dienten, war die Auswahl durchaus abwechslungsreich. Viele der verwendeten Lieder stehen auch im Kirchengesangsbuch, und so wurde in den Wochen vor Weihnachten in so mancher Gemeinde lauthals gesungen. Denn abwechselnd mit der neuen Literatur darf die versammelte Zuhörerschaft das gerade gehörte Ursprungslied anstimmen, begleitet vom jeweiligen Gemeindeorganisten, gerne auch einmal mehr Strophen als das in einem Gottesdienst normalerweise der Fall wäre.
»Vom Himmel hoch …« selbst ist natürlich immer dabei, aber auch »Ihr Kinderlein kommet « oder in Deutschland Unbekannteres wie »Masters in this Hall«, »Noël, Noël« oder »Hört die Engelschöre singen«, steht auf dem Programm. Denn, kaum zu glauben, das Projekt hatte längst Komponisten im Ausland erreicht. Und einige der Stücke waren auch schon verlegt.
Die Zusammenarbeit mit den so unterschiedlichen Komponisten-Persönlichkeiten hat sich für mich zu einer wahren psychologischen und philosophischen Schule entwickelt. So viele Menschen, weit verstreut, waren da plötzlich und unerwartet Bestandteil meines Lebens und auch meines Alltags geworden. Zu einigen der Komponistinnen und Komponisten haben sich über die Jahre tiefe Freundschaften entwickelt, für die ich sehr dankbar bin. Zu vielen anderen besteht nach wie vor beruflicher Kontakt, und es ergibt sich die eine oder andere Zusammenarbeit. Und ein paar dieser Begegnungen amüsieren mich rückblickend noch immer, wenn ich an tiefschürfende Erklärungen, erstaunliche Selbstwahrnehmung, heftiges Gestikulieren und im Café oder Restaurant laut vorgesungene Melodien denke. Welch ein Geschenk!
Schließlich bot sich zu meiner großen Überraschung (schon wieder) die Möglichkeit, ins Tonstudio zu gehen, um eine

Vom-Himmel-hoch-CD aufzunehmen, denn eine Kulturstiftung bot an, die Kosten zu übernehmen. Unterdessen war mehr Neues da, als auf einer CD Platz gefunden hätte, und ich musste schweren Herzens eine Auswahl treffen. Auch die vierte Überraschung wird noch nicht die letzte sein: Ein Verlag für Noten im Norden Deutschlands zeigte nämlich Interesse am Projekt, und so entstand ein ganzes Heft *Vom Himmel hoch …*

Da wurde erst wirklich deutlich, wie das mit der Auftragsarbeit so ist. Die unterschiedlichen Stücke mussten von den verschiedenen, weit verstreuten Komponisten zusammengesucht werden, die vielfältigen Computermusikprogramme wollten nicht immer zusammenarbeiten, das Heft sollte unzählige Male Korrektur gelesen werden. Besonders unterhaltsam dabei: Die ganze Verlagsarbeit fand im Frühjahr und Sommer statt – und ich hatte ständig ein Weihnachtslied auf den Lippen. Meine Schüler waren die ersten Probanden und fanden das bei herrlichem, gar nicht adventlichem Sonnenschein vermutlich seltsam.

Jede Menge Literatur für Flöte solo war da unterdessen versammelt. Leichteres und Schwereres, Moderneres und Traditionelleres, manches sofort zu erkennen, manches eher versteckt, kurze Stücke und längere – wirklich eine erstaunliche Vielfalt unterschiedlichster Musik, verbunden nur durch die Tatsache, dass ein Weihnachtslied die ursprüngliche Inspirationsquelle darstellte.

Und die allergrößte und für hier und jetzt letzte Überraschung: Wir planen gerade den dritten Band. An »Arbeit« wird es mir also auch in Zukunft nicht mangeln.

Das fliegende Klassenzimmer – es leben die Antihelden!

von Marion Rissart

Die Deutschen lieben Antihelden. So wie Siegfried, der trotz seines Bades im Drachenblut just an der Stelle verwundbar war, wo das Blatt zuvor auf seine Schultern fiel, sind sechs Internatsschüler aus Erich Kästners Roman *Das fliegende Klassenzimmer* Helden mit sympathischen Schwächen:
Da gibt es den Klassenprimus Martin, der immer für andere einsteht, aber dessen Eltern zu arm sind, um ihm eine Fahrkarte für die Reise nach Hause zu schicken. Sein bester Freund Johnny Trotz, Autor des gleichnamigen Weihnachtsstückes für die Schulaufführung, der sich selbst überlassen blieb, als ihn sein Vater über den Atlantik zu den bereits verstorbenen Großeltern schickte. Sein Pflegevater brachte ihn ins Internat, und dort träumt er nun von einem späteren Leben als Schriftsteller auf dem Land – mit einer großen Familie und mit Martin als Mitbewohner. Sein Schicksal nimmt er als Herausforderung an (»Das wäre ja gelacht, wenn das Leben nicht schön wäre!«[1]). Dann gibt es den sensiblen Uli, der sich schnell ängstigt, vor Heimweh nicht einschlafen kann und sich deswegen dafür schämt. Zum Glück beschützt ihn der starke Matthias, der allerdings keine große Leuchte in der Schule ist und von sich selbst sagt, dass »an meiner Dummheit nicht zu rütteln«[2] sei. Sebastian, so heißt der Sechste in der Gruppe, ist zwar blitzgescheit, aber er gibt sich kalt und unnahbar, besitzt keinen wirklichen Freund und leidet im Grunde unter seiner Einsamkeit.[3]

Die Tertianer kämpfen nicht nur in ihrem »prähistorischem Krieg«[4] gegen die Realschüler um die Herausgabe eines »entführten« Mitschülers und geklauter Diktathefte, sondern, wie wir lesen, mit ihrer persönlichen Agenda. Erich Kästner weiß, dass es keine allumfassende kreuzfidele Kindheit gibt, und weist daraufhin, dem Missgeschick immer ins Auge zu blicken, um »bei der ersten Ohrfeige, die euch das Leben versetzt«, nicht »groggy« zu werden.[5] Zu der so erworbenen Hornhaut müssen noch zwei weitere Eigenschaften, nämlich Mut und Klugheit, dazukommen. Aber Kästner warnt: »Erst wenn die Mutigen klug und die Klugen mutig geworden sind, wird das zu spüren sein, was irrtümlicherweise schon oft festgestellt wurde: ein Fortschritt der Menschheit.«[6]

Justus und Nichtraucher: Die väterlichen Freunde

Aber Kästner wäre nicht Kästner, wenn er den Jungs nicht zwei Verbündete an die Seite stellen würde. Denn der Schriftsteller war ein großer Kenner der Einsamkeit, der in einem Brief an sich selbst schrieb: »Kein Händedruck, kein Hieb und kein Kuss werden Sie aus der Einsiedelei Ihres Herzens vertreiben können.«[7] Er weiß, dass jeder manchmal einen väterlichen Freund braucht.

Die Helfer gegen Angst und Einsamkeit

Ein Helfer ist der allseits beliebte Dr. Johann Bökh, den die Schüler »Justus«, den Gerechten, nennen und für den sich die Jungen »aufhängen würden«[8]. Auch als Erwachsener zeigt er seine schwache Seite: So fragt Justus nach dem Ausbruch der Jungen, um ihren Kameraden zu befreien, ob sie nicht genug Vertrauen zu ihm hätten? Im Umkehrschluss ist er dann derjenige, der sich Vorwürfe macht, weil sie ihm nichts zu sagen wagten, und klagt sich an: »Dann verdiene ich ja selbst die Strafe!«[9] Justus erzählt ihnen in dem Zusammenhang von seiner eigenen Internatszeit. Wie er als Schüler in derselben Schule Lehrern von seinem Kummer nichts zu erzählen wagte und nur sein bester Freund ihm zuhörte. Und er sprach von seiner eigenen Motivation, Lehrer zu werden, »damit die Jungen einen Menschen hätten, dem sie alles sagen könnten, was ihr Herz bedrückte.«[10] Der andere Verbündete der Jungen, »Nichtraucher« genannt, ist ebenfalls ein Antiheld im herkömmlichen Sinn. Denn er lebt als Aussteiger in einem Eisenbahnwagon in der Schrebergartenkolonie nahe dem Internat. Seinen Lebensunterhalt verdient er als Klavierspieler in einer heruntergekommenen Vorstadtkneipe. Die Jungs ahnen, dass auch dieser Mann es nicht einfach hatte in seinem Leben, aber gerade deswegen schätzen sie seine Freundlichkeit und Klugheit. Später entpuppt sich eben jener Nichtraucher als Arzt und Bökhs verlorengegangener Schulfreund, von dem der Hauslehrer den Schülern erzählt und dem er nachgetrauert hatte.

Schwächen zeigen heißt Stärke zeigen

Zum Schluss geht kurz vor Weihnachten doch noch alles gut aus. Johnnys Weihnachtsstück *Das fliegende Klassenzimmer* wird in der Schule ein voller Erfolg. Martin bekommt von Justus Geld für die Fahrkarte geschenkt, damit er seine Eltern besuchen kann. Nebenbei kümmert sich Bökh auch in den Ferien um den verlassenen Johnny und hat Verständnis dafür, dass Uli mit seiner Mutprobe, dem »Fallschirmsprung« mit Regenschirm, zwar mit einem gebrochenen Bein (natürlich vom Nichtraucher medizinisch versorgt) darnieder liegt, aber dadurch gelernt hat, seine Angst zu überwinden. Der kräftige

Matthias darf um seinen kleinen Freund weinen und sich um ihn kümmern, der gescheite Sebastian kann in dieser Angelegenheit seine sensible Seite zeigen und damit etwas von sich preisgeben.

Kästners humorvolle Moral

Das fliegende Klassenzimmer erschien 1933 nach der Machtübernahme der Nationalsozialisten. Kästners großes Kunststück ist, dass er in dieser politisch katastrophalen Phase keine exotische Traumwelt à la *Schatzinsel* schafft, die einen in fremde Welten entführt. Sondern er baut in seinen Roman reale Welten, die Kinder bis heute von ihrem eigenen Zuhause her kennen. So wie in seinem Roman *Das doppelte Lottchen* die Zwillinge Lotte und Luise unter den Umständen der Scheidung ihrer Eltern leiden, Emil in *Emil und die Detektive* das von der Mutter schwer verdiente Geld geklaut wird und er sich im Berliner Großstadtdschungel zurechtfinden muss, erkennen die Schüler im *fliegenden Klassenzimmer* ihre bisweilen schwierigen Lebensumstände an und müssen damit fertig werden. Die jungen Leser fühlen sich von Kästner verstanden, redet er doch genauso mit ihnen in ruhiger und respektvoller Weise, wie ein Erwachsener nämlich selbst gerne angeredet werden möchte. Dennoch ist das, was er schreibt, keine salbungsvolle, vor Moral triefende Rede. Kästner sei zwar ein Moralist gewesen, schreibt der Literaturkritiker Marcel Reich-Ranicki, aber einer, der es trotz schulmeisterlicher Art amüsant und geistreich schaffte, ein unmissverständlicher, aber dennoch unaufdringlicher Pädagoge zu sein.[11]

In seinem Umfeld beginnen, es besser zu machen

Sven Hanuschek, einer der besten Kenner Erich Kästners, erklärt, dass gerade die stilistische sprachliche Klarheit, die mit einer gewissen Einfachheit einhergehe, durch jahrelange, mühevolle journalistische Praxisarbeit entstanden sei. Kästner zeichne eine große Wachsamkeit in der Beobachtung aus. Der Schriftsteller, so Hanuschek, habe zwar ein politisches Weltbild gehabt, aber ihm ging es nie um höhere politische Ideale, sondern immer darum, was man in seinem eigenen Bereich schaffen kann.[12]

Statt Rang und Ruhm der Glaube an den Wert des anderen

Kästner zeigt dies am Beispiel von Justus und Nichtraucher, die sich einem Leben für ihre Schüler verschrieben haben. Keiner von ihnen hat Interesse an Geld, Rang und Ruhm (»Das sind doch kindische Dinge! Das ist doch Spielzeug und weiter nichts.«)[13], sondern nur daran, das Beste für die Jungen zu wollen. Sie zeigen ihren Schülern, was ihnen ihre Lebenserfahrung mitgegeben hat und worauf es wirklich ankommt: Lebenslange Freundschaften sowie der unerschütterliche Glaube an den Wert des anderen. So lässt Justus die Jungen wissen, dass Nichtraucher und er immer für sie da sein werden, und gibt den Kindern das Versprechen: »Und wenn ihr uns nur halb so liebt wie wir euch, dann ist es gut.«[14]

Weihnachten in Thüringen – eine kulturgeschichtliche Annäherung

von Christian Bürger

Wenn man in der Vorweihnachtszeit die stimmungsvollen Weihnachtsmärkte in Erfurt und Weimar oder auf dem Gothaer Schloss Friedenstein und auf der Wartburg in Eisenach besucht, wenn man den verschneiten Rennsteig abwandert oder in Oberhof oder auf der Schmücke einen vorweihnachtlichen Wintertag genießt, wenn man in der Adventszeit eine Aufführung des Weihnachtsoratoriums in der Arnstädter Bachkirche genießen darf, dann bekommt man eine Ahnung davon, wie gut die Kulturlandschaft Thüringen und das Weihnachtsfest zusammenpassen und welch reichhaltige Traditionen in der Mitte Deutschlands mit diesem Fest verbunden sind.
Thüringen ist ein ungeheuer vielfältiges Bundesland, und ein Versuch, die Weihnachtsbräuche dieser Region vollständig darzustellen, muss scheitern, erst recht im begrenzten Umfang eines kurzen Buchbeitrages. Daher möchte dieser Artikel auch lediglich versuchen, eine Ahnung zu vermitteln und Lust darauf zu machen, sich noch eingehender mit dem weihnachtlichen Thüringen zu befassen – am besten durch einen Besuch im Lande selbst.

Heiliger Christ statt Nikolaus

Das heutige Verständnis des europäischen Weihnachtsfestes, zwar mit christlichem Hintergrund, aber primär doch mit volkstümlich-säkularem Brauchtum, ist ohne die Veränderungen der lutherischen Reformation nicht denkbar. Die von Thüringen und Sachsen ausgehende Reformation brach

radikal mit den vielfältigen Festtraditionen der mittelalterlichen Kirche. Bis auf die wichtigsten Hochfeste, einige Marienfeste und Gedenktage wurden die zahlreichen Feiertage ausnahmslos abgeschafft. Es entfielen nahezu alle Heiligenfeste, da die Mittlerrolle der Heiligen dem reformatorischen Gedanken der Unmittelbarkeit der Beziehung zwischen Gott und Mensch zuwiderlief. Traditionell wurde die Bescherung in vorreformatorischer Zeit am 6. Dezember, dem Nikolaustag, vollzogen. Martin Luther verlegte die Bescherung Ende der 1530er-Jahre auf den Heiligen Abend, um zu betonen, dass in der neuen Kirche Christus im Mittelpunkt stehe und er es sei, der den Menschen das größte Geschenk, die Erlösung und das ewige Leben bringe.
Hieran anknüpfend kam fortan auch nicht mehr der »Nikolaus« zu den Kindern, sondern der »Heilige Christ«. Von dem Gedanken, dass Christus die Kinder beschere, wandelte sich später das Christkind ab, das allerdings eher volkstümliche Züge verliehen bekam und wenig mit dem ursprünglichen lutherischen Gedanken zu tun hatte.

Drei Feiertage ohne Mitternachtsmesse

Auf den Vorabend des Weihnachtsfestes, den 24. Dezember, wurde im Zuge der Reformation auch der erste Kirchgang des Weihnachtsfestes verlegt. Die Reformation verabschiedete sich von der nächtlichen Christmette, da der nächtliche Kirchgang, glaubt man den Quellen, vielerorts ganz und gar unchristliche Begleiterscheinungen mit sich brachte. Mit der Vorverlegung des ersten Gottesdienstes (Christvesper) auf den Nachmittag bzw. den frühen Abend des 24. Dezember hoffte man, diesem Umstand abzuhelfen.
Im Protestantismus wurde Weihnachten bis in die Moderne an drei Tagen, vom 25. bis zum 27. Dezember, gefeiert, was

man beispielsweise auch an den Zuordnungen der Kantaten Johann Sebastian Bachs zu den Feiertagen gut erkennen kann.

Der Christbaum

Bis zum II. Weltkrieg war in Thüringen das Wort »Christbaum« verbreitet, welches auch heute noch teilweise regional bevorzugt wird. Im Zuge der Verallgemeinerung des ursprünglich norddeutschen Wortes »Weihnachtsbaum« hat sich dieses jedoch auch in Thüringen weitgehend durchgesetzt. Womöglich aufgrund der ursprünglich heidnischen Bedeutung des Symbols eines immergrünen Baums, wandte sich die lutherische Geistlichkeit in der frühen Neuzeit zunächst gegen den Brauch des »Christbaumputzens«. Auch die weltliche Obrigkeit ergriff hiergegen Maßnahmen, wobei vor allem forstwirtschaftliche und brandschutztechnische Erwägungen eine Rolle spielten. In diesem Zusammenhang sind aus dem 18. Jahrhundert zahlreiche Verordnungen des Herzogtums Sachsen-Weimar und der kurmainzischen Regierung von Erfurt überkommen. Ironischerweise war es gerade das Herzogtum Sachsen-Weimar, das später unter Herzog Carl August aus der Nachfrage ein Geschäft machte und einen gewissermaßen »staatlichen Weihnachtsbaumverkauf« einrichtete. Wie groß Goethes Einfluss auf diese Entscheidung war – er weilte seit 1775 in Weimar, pflegte mit dem Herzog eine enge Freundschaft und hatte dem Weihnachtsbaum bereits 1774 in seinem *Werther* ein literarisches Denkmal gesetzt –, lassen wir dahingestellt. Auch der zweite große Weimarer Klassiker, Friedrich Schiller, soll ein großer Liebhaber des Weihnachtsfestes und des Christbaums gewesen sein.
Ebenso war es in Weimar, wo am Heiligen Abend des Jahres 1815 der erste öffentliche Weihnachtsbaum im heutigen Deutschland aufgestellt wurde. Initiator war der Weimarer Hofbuchhändler Johann Wilhelm Hoffmann, der mit der

Aufstellung eines Weihnachtsbaumes vor seinem Geschäft Kindern aus armen Familien ohne eigenen Christbaum eine Freude machen wollte.

Ungeachtet dessen setzte sich der Christ- oder Weihnachtsbaum in Thüringen erst allmählich durch. Die Fürsten zu Reuß verboten noch 1803 Ernte und Verkauf von Christbäumen, und wirklich weite Verbreitung fand der Christbaum erst nach dem Deutsch-Französischen Krieg 1870/71. Noch in den 1930er-Jahren war es in vielen Thüringer Dörfern üblich, keinen Christbaum zu besitzen, sondern lediglich Kerzen auf einer hölzernen Pyramide anzuzünden. Auch ist aus dieser Zeit noch der Brauch bezeugt, dass im Thüringer Wald und im Vorland Christbäume nicht aufgestellt, sondern an die hölzernen Zimmerdecken gehängt wurden.

Der Brauch des Aufstellens eines Adventskranzes hat in Thüringen ganz und gar erst nach dem I. Weltkrieg begonnen Fuß zu fassen, wobei seine Verbreitung besonders durch die evangelische Geistlichkeit gefördert worden sein soll, wie Martin Wähler berichtet.

An dieser Stelle ein kurzer humoristischer Exkurs: In Mittelthüringen werden nicht-repräsentative Christbäume mit wenigen Ästen und Nadeln spöttisch als »Quirl« bezeichnet, da diese optisch an das Küchengerät erinnern bzw. man diese nicht weiter ausdünnen muss, wenn sie als Weihnachtsbaum ausgedient haben. Tatsächlich ist es früher vielerorts Brauch gewesen, aus alten Christbäumen Quirle herzustellen. Der Großvater des Verfassers hat dies noch selbst praktiziert. Quirle aus Christbäumen sollen sich ganz besonders gut zur Herstellung des Thüringer Kloßteiges eignen.

Christbaumschmuck aus Lauscha

Auch wenn der Christbaum lange brauchte, ehe er sich in Thüringen vollständig durchsetzte, so gilt Thüringen doch als

das Mutterland des gläsernen Christbaumschmucks. Schon im 16. und 17. Jahrhundert entstanden im rauen Mittelgebirge des Thüringer Waldes, das reich an dem für die Glasherstellung notwendigen Brennmaterial Holz ist, zahlreiche Glashütten, unter anderem in Lauscha. In Lauscha soll um 1840 auch die Christbaumkugel erfunden wurden sein. Ab der Mitte des 19. Jahrhunderts wurde immer mehr Christbaumschmuck, vor allem von Heimarbeitenden, im Thüringer Wald hergestellt und schon bald international nachgefragt. Ab 1880 wurde gläserner Christbaumschmuck durch Woolworth in den USA vertrieben.
Aufgrund des relativ hohen Kaufpreises konnten sich jedoch viele Menschen in Thüringen und im Deutschen Reich noch lange Zeit keinen mundgeblasenen Christbaumschmuck leisten. Auch die Heimarbeitenden hatten von der starken Nachfrage nach dem von ihnen hergestellten Christbaumschmuck selbst kaum einen materiellen Nutzen und mussten, trotz des hohen Arbeitspensums, in ärmlichen Verhältnissen leben. Erst in der DDR, mit der Verstaatlichung der Christbaumherstellung, wurden die Einkommens- und sozialen Absicherungsverhältnisse der Heimarbeitenden verbessert und denen der Industriebetriebe gleichgestellt.

Das weihnachtliche Festmahl

Die dritte und vierte Adventswoche waren im überwiegend lutherischen Thüringen ursprünglich eine Fastenzeit. Daher aß man am Heiligen Abend bis zum II. Weltkrieg und oft auch darüber hinaus an diesem Tage eher bescheiden, so wie der ganze Tag eher den Charakter eines gewöhnlichen Werktages besaß. Auch heute bzw. seit der DDR-Zeit ist die eher bescheidene Mahlzeit aus Kartoffelsalat und Wiener Würstchen in vielen Familien ein typisches Essen zum Heiligen Abend.

Erst am ersten Feiertag wurde und wird mit üppigeren Speisen aufgewartet. Traditionell werden Thüringer Klöße gereicht, zumeist mit Geflügelbraten wie Ente oder Gans. Aber auch Rinder- oder Schweinebraten sind regional verbreitet. Hierzu gehört zwangsläufig auch eine dunkle Bratensoße auf der Basis einer Mehlschwitze. Im Meininger Land soll auch die Tradition verbreitet sein, zum Kloß (im örtlichen Dialekt »Hütes«) Karpfen blau zu reichen. Zum Kaffee gibt es den traditionellen Weihnachtsstollen, der 1329 in Naumburg an der Saale (heute politisch Sachsen-Anhalt, aber kulturell und historisch zu Thüringen gehörig) erstmals urkundlich erwähnt wurde. Ferner wird in ländlichen Gebieten zu den Festtagen noch heute Wert auf eine angemessene Auswahl an Blechkuchen und selbstgebackenen Butterplätzchen gelegt. Auch regionale Spezialitäten wie der sogenannte Prophetenkuchen im Altenburger Land spielen hierbei eine Rolle. Eine große Auswahl an reichhaltigem Backwerk wird, besonders im ländlichen Raum, noch heute als eine gewisse Art von Statussymbol empfunden.

Zwischen den Feiertagen

Die sogenannten 12 Nächte, auch »Die Zeit zwischen den Jahren« genannt, sind besonders im ländlichen Teil Thüringens bis ins 20. Jahrhundert eine mystisch aufgeladene Zeit voller Bräuche und Aberglauben gewesen. So soll alles, was man in diesen Nächten träumt, in Erfüllung gehen. Die Bräuche und Sagen unterscheiden sich regional sehr stark. So darf beispielsweise im Dorf Ellichleben in Mittelthüringen zwischen den Feiertagen keine Wäsche aufgehängt werden, damit keine bösen Geister in diese einfahren. Ferner sollen bestimmte Lebensmittel – die Ratschläge widersprechen sich hierbei regional sehr stark – zu sich genommen bzw. vermieden werden, damit man bestimmte Krankheiten nicht bekommt oder bestimmte Dinge (z. B. Wohlstand) im kommenden Jahr entsprechend eintreten. Derartige Vorstellungen, die teilweise noch heute, nicht selten auch unbewusst, gepflegt werden, legen Zeugnis ab von vormodernen Welterklärungsversuchen der Landbevölkerung, die auf Erfahrungswerten oder überliefertem Volksglauben beruhen.

Dreikönigsfest

Das Dreikönigsfest wurde nach der Reformation in Thüringen noch vorwiegend als kirchlicher Festtag begangen. Das reichhaltige Dreikönigsbrauchtum, wie man es im deutschen Süden und Westen antrifft, ist im evangelischen Thüringen jedoch kaum vorhanden. Lediglich in den katholischen Teilen der Rhön sowie im überwiegend katholischen Eichsfeld sind Dreikönigsbräuche wie beispielsweise das Sternsingen heute noch anzutreffen.

Vorweihnachtszeit

Nachdem wir kurz die Thüringer Weihnachtszeit überflogen haben, kehren wir noch einmal in die Zeit vor dem Fest zurück und betrachten einige Winter- und Adventsbräuche. Hinsichtlich der Winterbräuche in der Vorweihnachtszeit ist Thüringen ärmer als nieder- oder oberdeutsche Landstriche. Bedeutend ist jedoch auch heute noch der Martinsbrauch, während die früher bedeutenden Andreas- und Nikolausbräuche heute zunehmend ins Hintertreffen zu geraten scheinen.

Der Martinstag, der 11. November, galt früher traditionell als Winteranfangsdatum. Die Feier dieses Tages hat heute noch weite Verbreitung in Thüringen, wobei das Verspeisen von Martinshörnchen und Lampionumzüge für Kinder eine besondere Rolle spielen. Der 11. November ist der Gedenktag des heiligen Martin von Tours, der auch Stadtpatron der

Landeshauptstadt Erfurt ist. Hieraus mag sich erklären, warum die bekannteste und größte Martinstagsfeier Thüringens noch immer auf dem Erfurter Domplatz stattfindet. Hierbei muss jedoch beachtet werden, dass im früher mehrheitlich lutherischen Erfurt bis ins 20. Jahrhundert vor allem Luthers Geburtstag am 10. November gedacht wurde, was erklärt, warum man noch heute am 10. und nicht am 11. November in Erfurt den Martinstag begeht. Seit einigen Jahren wird die Feier auf dem Domplatz wieder hauptsächlich auf den hl. Martin bezogen und von katholischen und evangelischen Christen, die in der heute überwiegend konfessionslosen Landeshauptstadt die Minderheit bilden, in ökumenischer Verbundenheit begangen.
Auch der Brauch der Martinsgans ist heute noch bekannt, wenn auch nicht mehr so verbreitet wie früher. Im Mittelalter und der frühen Neuzeit war es bei den Bauern üblich gewesen, die zu St. Martin fälligen Abgaben an den Grundherrn in Form einer Gans zu entrichten. Das Glockenläuten am Vorabend des Martinstages wird daher auch als »Gansläuten« bezeichnet und ist in Erfurt für das Jahr 1412 erstmals bezeugt.
Ein weiterer, jedoch durch die Verbreitung von Halloween zunehmend an Bedeutung verlierender Brauch sind die Bittgänge der Kinder am Andreastag, dem 30. November. Die Kinder ziehen an diesem Tag traditionell mit einem Bittgedicht von Haus zu Haus und erhalten dafür Süßigkeiten. Man kennt bzw. kannte den Andreasbrauch vor allem im Ilmthüringischen Gebiet (Jena, Apolda, Weimar etc.) und im reußischen Oberland (Bad Lobenstein). Auch der Verfasser ist als Kind zum Andreastag in Stadtilm (nördlicher Ilm-Kreis) noch bittend durch die Stadt gezogen. Der Spruch hier lautete:

»Ich bin der kleine Andreas,
liebe Leute gebt mir was!

Gebt mir nicht zu wenig,
ich bin der kleine König!
Lasst mich nicht zu lange stehn,
denn ich muss noch weiter gehn!«

Eine Sonderstellung nehmen einige Südthüringer Weihnachtsbräuche ein, die für das Thüringer Land eher untypisch sind und eher an süddeutsche Traditionen anknüpfen. Es handelt sich hierbei um das Antoniusfeuer in Schweina (Wartburgkreis) sowie die Hullerfraansnocht (Hullerweibernacht) in Schnett und die Herrschelkloose in Gethles (beide Orte Landkreis Hildburghausen).

Beispielhaft soll hier nur kurz auf den Brauch der Herrschelkloose eingegangen werden. Hierzu werden 13 männliche Personen, die über 14 Jahre alt und ledig sein müssen, schaurig mit Masken, Glocken um den Hals und ganz in Weizenstroh eingekleidet und mit Weidenruten ausgestattet. Mit diesen Ruten ziehen die Herrschelkloose dann durch das Dorf und verteilen Hiebe unter den in der Ortsmitte versammelten Dorfbewohnern. Begleitet werden sie dabei von den sogenannten Hullerfraan, zwei weiteren Männern in Frauenkleidern, die wiederum Gaben (Äpfel, Nüsse, Apfelsinen) an die Kinder verteilen, nachdem diese leichte Hiebe erhalten haben. Dem Zug gehen zwei Frauen in Alltagskleidung voran, die das Treiben mit Peitschenknallen ankündigen. Ferner gehen die Herrschelkloose von Haus zu Haus und werden mit Schnaps bzw. Geldspenden für ihr Treiben entlohnt. Anschließend findet sich die Dorfgemeinschaft zur »Auswertung« des Spektakels im Wirtshaus zusammen. Ein solch wildes Treiben ist in Thüringen sonst kaum anzutreffen und daher eine wirkliche Besonderheit im vielfältigen Weihnachts- und Vorweihnachtsbrauchtum des Landes.

Ein Wort zum Schluss

Brechen wir unsere kleine Reise durch das Weihnachtsland Thüringen an dieser Stelle ab, auch wenn sie sich noch beliebig lang fortsetzen ließe. Es konnte, so hofft der Verfasser, gezeigt werden, dass Thüringen das Weihnachtsfest nicht nur um einige kulturelle Aspekte bereichert hat, sondern dass sich eine Entdeckung der vielfältigen Weihnachtskultur des kleinen Bundeslandes auch durch eigenes Erreisen und Erleben lohnt.

Wie ist es schön, wenn Weihnachten ist!
Ich wünschte nur,
dass ein wenig öfter Weihnachten wäre.

(Astrid Lindgren)

Darstellungen des Weihnachtsgeschehens in der Malerei – Wandel einer Bildtradition

von Stephanie Schoger

Das Geschehen um die Geburt Jesu Christi – wir alle glauben, diese eine Geschichte zu kennen, die von Maria, Josef, dem Jesuskind in der Krippe und Ochs und Esel dominiert ist. Sie ist wohl die zentralste Geschichte der christlichen Religion, die von der Menschwerdung von Gottes Sohn erzählt. Die Bilder, die wir damit verbinden, sind so prägnant und omnipräsent, dass sie ganze Generationen prägten. Doch wissen nur die Wenigsten, dass sich dieses Bildthema im Laufe der Geschichte gewandelt hat – ebenso wie der dargestellte Inhalt. Doch bevor wir uns mit eben diesem Wandel eines Bildmotivs befassen können, gilt es zunächst herauszustellen, was überhaupt dargestellt wird und woran sich diese Darstellungen orientieren.

Themen innerhalb der Weihnachtsdarstellungen

Sämtliche Themen, die Eingang in die Bilderwelt der Malerei gefunden haben, orientieren sich an »dezidiert weihnachtlichen Festanlässen des Weihnachtsfestkreises«.[1] Die verschiedenen liturgischen Handschriften, aber auch Martyrologien des Mittelalters benennen dieselben Feiertage um das Weihnachtsfest und verorten sie an denselben Tagen: die Geburt Christi am 25. Dezember, der Bethlehemitische Kindermord am 28. Dezember (im lateinischen Original als »innocentii«, also die Unschuldigen bezeichnet), die Beschneidung Christi

am 1. Januar sowie die Anbetung der Magier/Weisen/Heiligen Drei Könige am 6. Januar.
Dass die Geburt Christi am 25. Dezember gefeiert wird, war in der Spätantike allerdings noch nicht selbstverständlich und sollte sich bis ins Mittelalter hinein erst als einheitlicher Termin etablieren. Während man einerseits in Rom vermutlich bereits um 336 n. Chr. den 25. Dezember als Feiertag für die Geburt Christi gewählt hatte, galt der Epiphaniastag im Osten lange Zeit auch als Geburtstag Christi.[2]

Anfänge der Weihnachtsszenen innerhalb der Malerei
Die textliche Grundlage zur Menschwerdung Christi fällt nur sehr knapp aus. Im Matthäus-Evangelium (1,25) heißt es hierzu aufs Wichtigste beschränkt:

> »Und er [Joseph] berührte sie [Maria] nicht, bis sie einen Sohn gebar; und hieß seinen Namen Jesus.«

Auch wenn das Lukas-Evangelium (2,7) schon etwas präziser wird, erfährt man auch hier nur:

> »Und sie gebar ihren ersten Sohn und wickelte ihn in Windeln und legte ihn in eine Krippe; denn sie hatten keinen Raum in der Herberge.«

Erst ab dem 4. Jh. n. Chr., nachdem das Christentum durch Kaiser Konstantin zur Staatsreligion erhoben wurde, sind erste bildliche Darstellungen nachweisbar. Warum ist dies so? Durch die christologischen Auseinandersetzungen im Zusammenhang mit den Konzilien von Nicäa (325 n. Chr.), Konstantinopel (381 n. Chr.) und Ephesus (431 n. Chr.) entstand überhaupt erst ein Interesse an einer bildlichen Darstellung der Geburt Christi. Solch bildliche Fixierungen des Geschehens um die Geburt Christi fanden vielfach ihren Platz in der Sarkophagplastik, genauer gesagt am Deckel dieses

Bestattungsutensils.[3] Obwohl diese frühen Darstellungen nicht mit malerischen Mitteln festgehalten, sondern in mühevoller Kleinstarbeit gehämmert und geritzt wurden, sind sie doch nicht wegzudenken, wenn es um die Entwicklung der Darstellungen des Weihnachtsgeschehens in der Malerei geht. Diese früheste Art der Darstellung war allerdings weder großformatig ausgeführt noch prominent platziert, wie man es für ein solch wichtiges Thema der christlichen Religion erwarten würde. Nein, vielmehr waren solche Bildchen sehr kleinformatig und oft im Komplex des Gesamtprogrammes versteckt, sodass sie mitunter auch übersehen werden konnten. Wie auch bei anderen Themen in der frühchristlichen Kunst üblich, wird auch die Geburt Christi in der typischen, kargen Formsprache wiedergegeben. Auch wird in vielen spätantiken und frühmittelalterlichen Darstellungen der Geburtsszene, der biblischen Textgrundlage entsprechend, konsequent auf eine Definition des Ortes verzichtet. Was allerdings niemals fehlte, waren Ochs und Esel und die Krippe, in der das Kind lag.[4]

Aber nicht nur auf Sarkophagen fand die Darstellung des Weihnachtsgeschehens ihren Platz. So war sie unter anderem auch Teil von Freskenbildern, etwa in der Priscilla-Katakombe in Rom, wo es erstmals auch zu einer Verbildlichung der *Stern-von-Bethlehem-Voraussagung* kommt, indem Maria und das Kind gemeinsam mit dem Stern von Bethlehem und dem Propheten Isaias abgebildet werden.[5]

Bereits in nachkonstantinischer Zeit lässt sich neben der einfachen, schlichten Szene – dem Christuskind inmitten der Tiere und auf den Propheten Habakuk als Quelle zurückgehend – eine erweiterte Bildmotivik finden. Hinzu kommen Szenen mit der Hirtenanbetung bzw. der Zeugenschaft der

Hirten, die auf das Lukas-Evangelium zurückgeht, sowie der Magierhuldigung auf Basis des Matthäus-Evangeliums. Die Stellung Mariens zu betonen, ist diesen Darstellungen noch weitestgehend fremd. Erst das Konzil von Ephesus rückte Maria in ihrer Funktion als Gottesgebärerin, Muttergottes oder Theotókos in den Fokus und lässt sie schließlich auch zu einem wichtigen Teil in den Darstellungen zum Weihnachtsgeschehen werden. Besonders häufig ist hier eine Kombination mit jener Bildszene, die die Ehrerbietung der Magier oder die Anbetung der Heiligen Drei Könige zum Inhalt hat. An diesem frühen Bildmotiv ändert sich zunächst bis ins Früh- und Hochmittelalter hinein nur wenig und bleibt fast gänzlich unverändert. Erst das späte 13. und frühe 14. Jahrhundert bringen einen Wandel, und es lässt sich beobachten, wie sich dieser tradierte byzantinische Bildtypus nach und nach zu verändern beginnt.
Die Frauenmystik des Spätmittelalters lieferte neue Impulse für das Geburtsbild. Diese Bewegung des 13. und 14. Jahrhunderts hatte einen ausgeprägten Visionsbezug und entstand vor allem im Wirkungskreis der Nonnenklöster, Beginenhöfe sowie Frauenstifte in ganz Europa. Die Mutterschaftsmystik ist ein besonderer Teil dieser Bewegung und bezieht sich darauf, die Mutter-Kind-Beziehung zwischen Maria und dem Christuskind nachzuempfinden.[6] Durch diese neue Betrachtungsweise der Mutter-Kind-Beziehung mit starkem empathischen Verständnis entstand jedoch ein Konflikt mit dem traditionellen byzantinischen Bildtypus, der durch eine deutliche Distanz zwischen Maria als Mutter und dem Christuskind geprägt war. Eine neue Art der Darstellung musste gefunden werden, die stärker zum Zeitgeist passte und mit dem Empathieverständnis der Mutterschaftsmystik im Einklang

stand. Lebhaftere Figuren waren die Folge. Körperhaltung, Blicke und Gesten wirkten von nun an lebensechter und entsprachen dem Wunsch nach emotionaler Teilhabe. Augenscheinlich wird diese Veränderung durch den Verzicht auf den distanzgeprägten Zeigegestus byzantinischer Bildtradition. Stattdessen erblicken wir zunehmend zärtliche Gesten, so legt Maria ihren Arm um den Säugling oder hält ihn auf ihrem Schoß, wie wir es etwa auf dem rechten Seitenflügel des Altenberger Altares sehen können (siehe QR-Code). Das Motiv *Maria im Wochenbett* erfreut sich in diesem Zusammenhang besonderer Beliebtheit, da dieses Motiv eine tiefergehende Beschäftigung mit dem Verhältnis zwischen Maria und dem Kind ermöglichte. Auch wenn ein größerer Variantenreichtum der Darstellungsweisen während dieser Zeit beobachtet werden kann, so sind diese bis zu diesem Zeitpunkt immer noch dem spätantiken oder auch byzantinischen Typ verpflichtet. Ab 1400 kommt es zu einem ersten großen Traditionsbruch innerhalb der Motivik der Weihnachtsdarstellungen. Maria wird nun nicht mehr liegend, sondern kniend vor dem Kind gezeigt. Dieser Bruch setzt sich in der Gestaltung des Kindes fort, das nun nicht mehr gewickelt in der Krippe dargestellt wird. Von nun an liegt es meist unbekleidet auf dem Boden und ist in einen Strahlenkranz getaucht. Hier tritt nun Birgitta von Schweden (1302/1303-1373) in Erscheinung – eine Mystikerin, die behauptete, in einer Vision gesehen zu haben, was während der Heiligen Nacht in Bethlehem tatsächlich passiert sei. Die neuen Darstellungsweisen des Weihnachtsgeschehens in Malerei, aber auch in der Plastik und der Grafik, werden maßgeblich von der Rezeption ihrer Visionsberichte geprägt. Durch den hohen Grad an Verbreitung, die ihre Berichte erreichten, entwickelte sich auch in der Bildtradition ein neuer Darstellungstypus.

Der Einfluss Birgittas von Schweden

Doch wer war Birgitta von Schweden überhaupt? Über ihre frühen Jahre wissen wir nur wenig, doch wissen wir, dass Birgitta von Schweden (oder auch Birgitta Birgerdotter) die Ehefrau von Ulf Godmarsson und die Nichte des schwedischen Königs Magnus II. war.

Nach dem Tod ihres Mannes 1349 wurde sie zu »Braut und Sprachrohr Gottes«[7], und ihr öffentliches Wirken (als was?) begann. Ihre rund 600 Einzelvisionen ließ sie noch zu ihren Lebzeiten von ihrem Beichtvater Alfonso von Jaén in den sogenannten *Relevationes Celestes* (zu Deutsch »Himmlische Enthüllungen«) zusammenfassen und 1372 veröffentlichen. Diese enthalten im siebten Buch auch die für die Darstellungsweise des Weihnachtsgeschehens maßgebliche Weihnachtsvision:

> »Als ich an der Krippe des Herrn in Bethlehem war, sah ich eine gewisse schwangere, sehr schöne Jungfrau mit einem weißen Umhang und einer feinen Tunika bekleidet, unter der sich ihr jungfräugliches Fleisch hell und deutlich wahrnahm. Ihr Unterleib war voll und sehr angeschwollen, weil sie schon bereit war für die Geburt. Mit ihr war ein gewisser sehr ehrwürdiger alter Greis, und sie hatten einen Ochsen und einen Esel bei sich. Als sie in die Höhle eingetreten waren, band der Greis den Ochsen und den Esel an die Krippe, ging hinaus und brachte der Jungfrau eine angezündete Kerze, befestigte dieselbe an der Wand und ging hinaus, um nicht persönlich bei der Niederkunft anwesend zu sein. Nun zog die

> Jungfrau die Schuhe von ihren Füßen ab, legte den weißen Mantel ab, mit dem sie bedeckt war, entfernte den Schleier von ihrem Haupt, legte diese Gegenstände neben sich nieder und blieb nur im Unterkleid; ihre überaus schönen, wie goldenen Haare hingen ausgebreitet über ihre Schultern hinab. Darauf zog sie zwei leinene und zwei wollene, ganz reine und feine Tücher hervor, welche sie bei sich trug, um das neugeborene Kind darin einzuwickeln, desgleich zwei andere kleine Leinentücher zum Bedecken und Verbinden seines Kopfes, und legte auch diese zum Gebrauch bei gegebener Zeit neben sich.«[8]

Bereits 1375 entstand von Niccolò di Tommaso (1320–1410) eine der ersten bildlichen Umsetzungen der Vision Birgittas[9] (siehe QR-Code). Wie es die textliche Grundlage vorgibt, zeigt Tommaso Maria im Untergewand, Schuhe und Mantel befinden sich hinter ihr, während die Wickeltücher vor ihr zum Einsatz bereit liegen. Maria wird in knieender, das Kind anbetender Haltung wiedergegeben. Das vor ihr auf dem Boden liegende Kind ist unbekleidet und von einer Strahlenmandorla umgeben. Von rechts betritt Joseph das Bildgeschehen. Die Hände vor der Brust gekreuzt, drückt seine Körperhaltung Demut aus. Auch Birgitta selbst nimmt als Augenzeugin am rechten Bildrand am Geschehen teil – zum ersten Mal wird hier die Weihnachtsszene um eine weitere, nicht in biblischen bzw. religiösen Texten belegte Persönlichkeit erweitert.

Dieses Tafelbild ist nicht nur die erste Visualisierung der Visionen der schwedischen Mystikerin, sondern lässt gleichsam auch erahnen, worin der Erfolg dieser Darstellungsweise liegt. Dahinter verbirgt sich nicht etwa eine großangelegte Kampagne, die diese neue Bildtradition propagieren sollte – auch wenn dies vielleicht zu vermuten gewesen wäre. Vielmehr ist es allein dem Inhalt der Vision Birgittas geschuldet, dass diese Art der Darstellung des Weihnachtsgeschehens so populär werden konnte, vereint sie doch die damals zeitgenössischen Tendenzen der Vermenschlichung und Neu-Sakralisierung. Besonders wichtig war die von ihr beschriebene Anbetung des Kindes, von dem ein helles, göttliches Licht ausging. Zwar war dies in den Evangelien bzw. apokryphen Texten bereits vorhanden, allerdings wurde diesem Aspekt erst mit Birgittas Visionen und den auf ihr beruhenden Malereien mehr Beachtung geschenkt, sodass es sich auch ikonografisch durchsetzen konnte. Dabei sind die bei ihr auftauchenden Motive keineswegs gänzlich neu. Motivische Entwicklungen und Andachtsbildthemen haben auch hier ihre Spuren hinterlassen und die Seherfahrung Birgittas geprägt, etwa Marienstatuen mit Schauöffnungen, die einen Blick auf das ungeborene Christuskind erlauben[10] (siehe QR-Code). Auch für die betende Haltung Marias lässt sich ein Vorbild finden, in diesem Fall in einem byzantinischen Marienbild, der sogenannten *Blacherniotissa-Platytera*. Dieses Marienbild zeigt die Muttergottes mit Kind als Halb- oder Ganzfigur, beide jeweils mit erhobenen betenden Händen, als eine besondere Art der Schwangerschaftsdarstellung, die das Kind deutlich vor der Mutter platziert.

Verbreitung des neuen Darstellungstypus

Mit der Vervielfältigung von Birgittas Schriften ab 1377 begann schließlich auch die Verbreitung des neuen Bildtypus. Zunächst in jenen Regionen, die damals zu den führenden

Kunstregionen zählten, wie beispielsweise die Lombardei, Böhmen und Burgund, weitete sich Birgittas Einfluss auf die Malerei bald aus. Eine besondere Rolle kommt hierbei dem Adel zu, der ihre Visionen in neu entstehende Bibel- und Stundenbuchillustrationen einfließen ließ und damit die bisher übliche historisierende Initiale zu Beginn der Weihnachtsgeschichte ersetzte. Ein besonders schönes Beispiel hierfür ist etwa das Stundenbuch des Balsarino da Pusterla, das sich heute in der Biblioteca Estense in Modena befindet. Auf Fol. 229R hat der Illuminator Tomasino da Vimercate, ein Mitarbeiter im Atelier des Giovannino de Grassi, dem großen Maler, Bildhauer und Baumeister des Mailänder Doms, die Anbetung des Kindes mit der heiligen Birgitta in einer einzigartigen Miniatur in intensiven Farben und filigraner Handwerkskunst wiedergegeben.
Aber auch als Wand- und Tafelmalerei setzte sich die neue Ikonografie durch. Nach 1400 ist die Birgittavision schließlich auch im schwedischen Kloster Vadstena, kurze Zeit später auch in Polen im Graudenzer Altar in Marienburg sowie als Chorfenster im Ulmer Münster nachweisbar. Bis 1430 hatte sich die neue Art der Darstellung, die die Anbetung des Kindes ins Zentrum des Geschehens rückte, zur Standardikonografie etabliert. Spätestens ab diesem Zeitpunkt muss nicht mehr zwingend von der Kenntnis des Visionstextes ausgegangen werden – nun kann auch eine Verbreitung von Bild zu Bild möglich sein.
Das beste Beispiel hierfür ist Martin Schongauer (1445/50–1491), der diese Thematik der Menschwerdung Christi gleich mehrfach aufgriff und verbildlichte, sei es als Tafelmalerei oder Grafik. Als Beispiele ließen sich hier etwa das Gemälde *Die Geburt Christi mit der Anbetung der Hirten* von 1475 nennen,

das sich heute in der Gemäldegalerie der Staatlichen Museen zu Berlin befindet (siehe QR-Code). Deutlich zu erkennen ist, dass Schongauer hier eine Kombination aus einer auf biblischer Grundlage beruhenden Bildtradition wählt und sie mit Anleihen aus Birgittas Visionsbericht mischt. Neben Josef, Maria und dem Christuskind sind auch drei Hirten sowie Ochs und Esel wiedergegeben. Allerdings liegt das Kind hier auf verschiedenen Tüchern, das es umgebende helle Licht fehlt allerdings. Außerdem verortet der Künstler die Szenerie hier in eine leicht hügelige Flusslandschaft, die der Betrachter durch die Stützen des Stalls sehen kann. Realistische Tendenzen der zeitgenössischen Malerei des 15. Jahrhunderts, aber auch der zunehmend stärker werdende Einfluss der niederländischen Malerei auf die übrigen Stile, führten außerdem dazu, dass das Geschehen zunehmend in einen landschaftlichen Hintergrund eingebunden wird – einen heimatlichen, der der jeweiligen Region entsprach und so die *contemplatio* des Betrachters noch verstärkte.
Das irdische Licht, die Strahlenmandorla, in die das Kind vor allem in den frühen bildlichen Darstellungen der Vision gebettet war, verschwindet in dieser Zeit immer öfter aus den Darstellungen. Schon bei dem bekannten Maler Stefan Lochner (1410–1451) lässt sich dieses Phänomen beobachten. Lochner war wohl der bedeutendste Maler der Kölner Schule und außerdem ein Hauptvertreter des sogenannten Weichen Stils, der sich vor allem in seinen fließend fallend gestalteten Gewändern und der Zartheit der Gesichtszüge widerspiegelt. Auch sein Werk *Anbetung des Jesuskindes* von 1445 aus der Alten Pinakothek in München ist nicht nur ein Beispiel für seinen Malstil, sondern auch für den Umgang mit dem Motiv des Weihnachtsgeschehens (siehe QR-Code). Er greift die

Szene der Anbetung aus der Vision Birgittas auf, gestaltet sie allerdings wesentlich freier. Das Jesuskind liegt hier auf einem weißen Tuch, einem Corporale, auf das während der Eucharistiefeier Kelch und Patene gelegt werden. Mit diesem Kunstgriff schafft Lochner gleichsam eine Verbindung von Weihnachtsgeschehen und Eucharistie, von Geburt und Auferstehung.

In der Renaissance ist die Anbetung des Kindes schließlich zum zentralen Darstellungsmotiv innerhalb des Weihnachtsgeschehens geworden, dabei spielt es zunächst keine Rolle, ob Hirten, Maria, Heilige, Magier oder gar die zeitgenössischen Auftraggeber die Rolle des Anbetenden übernehmen. In dieser Zeit entstehen vermehrt Andachtsbilder von privaten Mäzenen – die Kirche verliert also ihr Monopol als Auftraggeber. Die Familie Medici etwa beauftragte Fra Filippo Lippi mit einem Gemälde, das die Anbetung des Kindes thematisieren würde (siehe QR-Code). Durch seine Erweiterung des Bildgeschehens durch Bernhard von Clairvaux, den Johannesknaben, Gottvater und Heiligen Geist wird nicht nur das Figurenrepertoire breiter, sondern eine Einbeziehung des Betrachters im Sinne einer *contemplatio,* wie sie für ein Andachtsbild typisch ist, erst möglich.

Eine weitere Neuerung der Renaissance bezieht sich auf das Abbilden realer, zeitgenössischer Persönlichkeiten. Zwar ließen sich auch vorher schon vereinzelt Auftraggeber in das Bildgeschehen integrieren, doch nicht in einem solchen Ausmaße. Ein gutes Beispiel hierfür stellt ein Werk Domenico Ghirlandaios (1448–1494) dar. *Die Anbetung der Hirten* entstand 1485 für die Kapelle des Ehepaares Sassetti in der Kirche Santa Trinità in Florenz. Hier hat der Künstler einem der Hirten seine eigenen Gesichtszüge verliehen.

Mit Beginn des Barock rückt der Faktor Licht wieder in den Mittelpunkt künstlerischen Interesses. Obwohl einige Jahre zuvor noch darauf verzichtet worden war, das Kind in Licht getaucht wiederzugeben, entwickelt sich nun eine Schwerpunktsetzung innerhalb der Anbetungsszene. Das Jesuskind wird nun nicht nur wieder von Licht umgeben dargestellt, sondern ist häufig sogar als Quelle dieses (göttlichen) Lichts dargestellt. Damit wird in den Werken, die das Weihnachtsgeschehen darstellen, wiederum ein generelles Phänomen barocker Malerei aufgegriffen – das Spiel mit Licht und Schatten, hellen und dunklen Bildpartien sowie die Frage nach der Quelle des Lichts. Als bekanntestes Beispiel gilt hier sicherlich Peter Paul Rubens' (1577–1640) *Die Anbetung der Hirten* von 1607. Die hellste Stelle im Bild ist zweifelsfrei das Kind in der Krippe, während alle übrigen anwesenden Personen, rechts Maria, links Josef und dahinter die Hirten sowie eine Magd, in Dunkelheit getaucht sind und nur von dem Licht erhellt werden, das von dem Christuskind ausgeht.
Im 18. Jahrhundert sind es besonders Maler aus dem süddeutschen Raum, aber auch aus Venedig, die sich mit der Thematik des Weihnachtsgeschehens beschäftigen. Allerdings kann auch hier festgestellt werden, dass weiterhin die Anbetung der Hirten das vorherrschende Thema bleibt.
Wer nun denkt, dass die moderne Malerei sich vorwiegend anderen, abstrakteren Themen zuwandte als dem Weihnachtsgeschehen und der Menschwerdung Gottes, wird nicht umhinkommen, seine Meinung noch einmal zu überdenken. Vor allem Künstler der klassischen Moderne greifen das Weihnachtsgeschehen auf und gestalten ihre Werke ausgehend von ihrem avantgardistischen Kunstverständnis, auch wenn angemerkt werden muss, dass es bei Weitem mehr

Werke gibt, die sich mit Passion und Tod Jesu Christi beschäftigen als mit seiner Geburt.
Würde man nun eine Liste der modernen Künstler zusammenstellen, die sich mit der Geburt Christi beschäftigten, würden sich hier alle große Namen wiederfinden lassen. Sowohl Paul Gauguin, Otto Pankok, Heinz Mack, Emil Nolde wie auch Salvador Dalí haben Werke geschaffen, die die Geburt des Christuskindes auf ganz unterschiedliche Weise thematisieren. Bei allen stehen jedoch vor allem die ursprüngliche, menschliche Erfahrung der Geburt im Mittelpunkt des Interesses sowie die besondere Beziehung zwischen Mutter und Kind. Die tiefere religiöse Bedeutung der Menschwerdung Christi tritt hier hinter dem Aspekt der eigenen künstlerischen Auseinandersetzung mit dem Motiv zurück, wie wir es etwa in dem Werk *Die Geburt Christi* von Paul Gauguin sehen können, in das er vor allem auch autobiografische Züge einfließen lässt.[11]

»Ihr Kinderlein, kommet« – ein Weihnachtsklassiker aus Augsburg

von Christian Schaller

Der Wiener Kongress von 1814 und 1815 ordnete Europa nach der endgültigen Niederlage Napoleons neu und brachte Frieden und Stabilität zurück nach Europa. Das Heilige Römische Reich deutscher Nation existierte nicht mehr, an seine Stelle waren teilweise neue Staaten, Königreiche und Grenzen getreten. Im Süden Deutschlands entstanden aus hunderten von Kleinststaaten und Reichsstädten das Königreich Bayern, das Königreich Württemberg und das Großherzogtum Baden.

Trotz der politischen Neugliederung veränderte sich im Hinblick auf Demokratie und soziale Reformen zunächst nicht allzu viel. Vielmehr wurden in weiten Teilen der deutschen Lande die autokratischen Zustände des alten Europas wiederhergestellt, wie es sie bereits vor der Französischen Revolution gab. Gegen liberale und nationale Strömungen wurde vorgegangen, die Freiheit der Presse, der Versammlung und der Meinungsäußerung wurde eingeschränkt. Die demokratischen Errungenschaften wurden zugunsten einer Restauration der monarchistischen Verhältnisse zurückgedrängt. Es folgte die Zeit des Biedermeier. Sie sollte bis etwa Mitte des 19. Jahrhunderts anhalten. Das Bürgertum zog sich in diesen Jahren zunehmend ins Private zurück und ergab sich in einen betont idyllischen, konservativen und wortwörtlich biederen Lebensstil. Erst um 1848 sollte wieder politisches Aufbegehren in einem größeren Maßstab stattfinden. Europa sollte in diesem Jahr eine Reihe bürgerlich-revolutionärer Erhebungen

sehen. Diese Revolutionsbewegungen sollten ein zentraler Wendepunkt der europäischen Geschichte werden.
Doch diese Ära war zu Beginn des Jahrhunderts noch weit entfernt. Durch die politischen Repressionen blieb wenig anderes übrig, als die heile Welt zu betonen und hochzuhalten – ob sie nun real existierte oder nicht. Augsburg war bis 1806 über Jahrhunderte eine freie Reichsstadt des Heiligen Römischen Reiches gewesen. Seit dem Mittelalter war die Handelsmetropole am Fluss Lech ein autonomer Stadtstaat, nur dem Kaiser unterstellt. Und Augsburg war mehr als stolz auf diesen Status. Von Kaiser Augustus gegründet, war sie eine der ältesten Städte Deutschlands und damals bereits eine wichtige Provinzhauptstadt. Im Mittelalter etablierten sich sagenhaft reiche Handelshäuser wie die Fugger und Welser, die ein europa- und beinahe weltweites Netz an Beziehungen unterhielten. Im 16. Jahrhundert war Augsburg eine heimliche Hauptstadt. Hier vereinten sich das große Geld, blühendes Handwerk, Kunst und Wissenschaften. Die Mächtigen gaben sich hier die Klinke in die Hand und es fanden zahlreiche Reichstage statt – also eine Art Vorform einer Parlamentsversammlung. All das endete mit den Napoleonischen Kriegen. Der alte Glanz und die ohnehin schon lange schwächelnde Wirtschaftsmacht wurden von den Revolutionstruppen hinweggefegt. Augsburg war nun kein Stadtstaat mehr, sondern nur noch eine unbedeutende Provinzstadt in einem jungen Königreich. Der bayerische Herrscher vereinte Administration, Politik und Kulturleben in seiner Residenz München. Ehemalige Reichsstädte wie Regensburg, Nürnberg oder Augsburg fristeten ein machtloses Schattendasein. Und mehr noch: Augsburg wurde zu einer bayerischen Festung ernannt. Die mittelalterlichen Stadtmauern durften nicht abgetragen

werden. Die Stadt war in ein enges Korsett gepresst, durfte nicht wachsen. Es gab kaum Modernisierung oder schöne neue Stadtviertel. Die Industrialisierung lag im landwirtschaftlichen Süddeutschland noch in der Ferne. Die neuen Fabriken sollten den Städten in wenigen Jahrzehnten über ihre Identitätskrisen hinweghelfen und die Bürger wieder mit Stolz und – noch wichtiger – die Kassen wieder mit Geld füllen. Doch wie gesagt: In den Jahrzehnten des Biedermeier durfte man auf die Wiederkehr der alten Glanzzeit nicht hoffen.

Das alles klingt sehr finster und wenig weihnachtlich, oder? Doch ist nicht genau das auch einer der Gründe, warum wir Weihnachten feiern? Warum gerade dieses Fest in den kältesten, garstigsten Monaten des Jahres oft zu den Lieblingsfesten vieler Menschen gehört? Der Advent und Weihnachten sind wie ein Licht in der Finsternis. Die geschmückten Wohnungen und Straßen, die hellen Lichter und die fröhlichen Weihnachtslieder in dieser Zeit helfen dabei, die dunklen Zeiten zu vergessen. Und mehr noch: Mit Weihnachten scheint der Winter überwunden. Das Gröbste ist vorüber, das Jahr ist vorbei. Ab diesem Lichterfest werden die Tage wieder länger. Der warme Frühling naht, zuerst kaum spürbar, dann jedoch immer schnelleren Schrittes.

Es ist also bezeichnend, dass gerade in der düsteren, repressiven Ära des Biedermeier und gerade in einer ehemals stolzen und nun darbend darniederliegenden Stadt wie Augsburg ein frommes Lied geschrieben werden sollte, das rasch zu weltweiter Bekanntheit kommen sollte und bis heute eines der beliebtesten deutschen Weihnachtslieder ist. Die Rede ist von »Ihr Kinderlein, kommet«. Es steht wie kein anderes Lied für

die Hoffnung und die Freude der Weihnachtszeit. Seit über 200 Jahren zaubert es ein Leuchten in Kinderaugen.
Die weltbekannten Verse wurde von dem katholischen Priester Christoph von Schmid (1768–1854) wohl um 1810 geschrieben. Der genaue Entstehungsort ist nicht bekannt, es war jedoch im Augsburger Umland. Veröffentlicht wurde das Lied dann in Augsburg. Es wurde auf eine Melodie von Johann Abraham Peter Schulz aus dem Jahr 1794 gesungen.
Der Schriftsteller Schmid galt seinerzeit als einer der erfolgreichsten Jugendbuchautoren. Schmid schrieb etwa 50 Erzählungen mit pädagogischem Anliegen in einer leichten, für Kinder verständlichen Sprache. In den Geschichten siegte immer das Gute. Als kinderfreundlicher Domkapitular war er in der restriktiven Biedermeierzeit auch für das Schulwesen der Diözese Augsburg verantwortlich. Schmid sah immer nur das Gute, sogar in seiner Zeit, und versuchte, diese positive Einstellung weiterzugeben – durch seine direkte Arbeit mit den Kindern, in seinen Büchern, aber auch in seinem berühmtesten Werk »Ihr Kinderlein, kommet«. Im Jahr 1837 wurde er von Ludwig I., dem König von Bayern, mit dem Verdienstorden der bayerischen Krone ausgezeichnet und in den persönlichen Adelsstand erhoben. Sein 80. Geburtstag im Jahr 1848 wurde in Augsburg wie ein öffentlicher Feiertag begangen. Er kann als eine bedeutende Persönlichkeit der Stadt in dieser Übergangszeit gelten.

Ihr Kinderlein, kommet, o kommet doch all!
Zur Krippe her kommet in Betlehems Stall
und seht, was in dieser hochheiligen Nacht
der Vater im Himmel für Freude uns macht!

O seht in der Krippe, im nächtlichen Stall,
seht hier bei des Lichtleins hellglänzendem Strahl,
den lieblichen Knaben, das himmlische Kind,
viel schöner und holder, als Engelein sind.

Da liegt es, das Kindlein, auf Heu und auf Stroh,
Maria und Josef betrachten es froh;
die redlichen Hirten knien betend davor,
hoch oben schwebt jubelnd der Engelein Chor.

Manch Hirtenkind trägt wohl mit freudigem Sinn
Milch, Butter und Honig nach Betlehem hin;
ein Körblein voll Früchte, das purpurrot glänzt,
ein schneeweißes Lämmchen mit Blumen bekränzt.

O betet: Du liebes, Du göttliches Kind
was leidest Du alles für unsere Sünd'!
Ach hier in der Krippe schon Armut und Not,
am Kreuze dort gar noch den bitteren Tod.

O beugt wie die Hirten anbetend die Knie,
erhebet die Hände und danket wie sie!
Stimmt freudig, ihr Kinder – wer wollt sich nicht freun? –
stimmt freudig zum Jubel der Engel mit ein!

Was geben wir Kinder, was schenken wir Dir,
du Bestes und Liebstes der Kinder, dafür?
Nichts willst Du von Schätzen und Freuden der Welt –
ein Herz nur voll Unschuld allein Dir gefällt.

So nimm unsre Herzen zum Opfer denn hin;
wir geben sie gerne mit fröhlichem Sinn –
und mache sie heilig und selig wie Dein's,
und mach sie auf ewig mit Deinem nur Eins.

Winterliches Wien: Berufe in der kalten Jahreszeit

von Katharina Mölk

Wir befinden uns in Wien, in der einstigen Hauptstadt der Habsburger-Monarchie.
Schon zu jener Zeit tummelten sich in dieser Großstadt die verschiedensten Menschen. Viele von ihnen kamen nach Wien, vor allem, weil hier die kaiserliche Familie residierte und es deshalb viele Arbeitsmöglichkeiten gab. Über die kalten Wintermonate lebten die Habsburger in der Wiener Hofburg, während sie im Sommer die Stadt verließen, um die schöne Jahreszeit in ihren Sommerschlössern zu genießen.
Wir wissen nur sehr wenig darüber, wie sich das Leben der einfachen Wiener Bevölkerung gestaltete, da sich die historischen Textquellen vorrangig auf »die Reichen und Schönen« beziehen. Am meisten wissen wir natürlich über die Habsburger.
Doch in diesem Kapitel wollen wir uns ansehen, welchen Berufen die Wiener und Wienerinnen im Winter nachgingen. Viele dieser Berufe hängen mit der kaiserlichen Familie oder den vielen adeligen Familien Wiens zusammen.

Die Schnee- und Eisernte

Nur im Winter war es möglich, Schnee und Eis zu ernten.
Bei der Eisernte wurde das Eis in großen Blöcken aus zugefrorenen Seen oder Flüssen herausgeschnitten, dann in die Stadt gebracht und in Eiskellern gelagert. So konnte das Eis über Monate kühl gelagert und im Sommer für Desserts verwendet werden. So war beispielsweise eines der

Lieblingsdesserts von Maria Theresia Eissorbet, das aus klein gehacktem Eis mit Fruchtsauce hergestellt wurde.
Bei der Schneeernte holte man den Schnee meist vom Berg, lud ihn auf Kutschen und brachte ihn in die Stadt. Dort wurde er dann auf den Straßen verteilt, wenn es nicht genug geschneit hatte, damit die Habsburger Schlittenfahrten veranstalten konnten.
Diese Schlittenfahrten waren ein beliebtes Event im kaiserlichen Wien, an denen nur geladene Gäste teilnehmen durften. Man nutzte kunstvoll gestaltete Pferdeschlitten, die teils von Theateringenieuren entworfen wurden. Sie waren offen, damit die Fahrgäste sehen, aber natürlich auch gesehen werden konnten. Diese aufwendigen und prunkvollen Schlittenfahrten begannen bei der Hofburg und folgten festgelegten Routen zu den wichtigsten Orten der Stadt.
Die Reihenfolge der Schlitten war bei kaiserlichen Ausfahrten genau geregelt: Zuerst kam der Oberststallmeister, dann das Herrscherpaar, danach die engsten Familienmitglieder des Herrscherpaares und hinter ihnen folgte der Hofstaat, der nach Rang geordnet war.
Solche Schlittenfahrten dauerten mehrere Stunden. Begleitet wurden die Schlitten von zahlreichen Bediensteten, Musikern und Fackelträgern – und um Letztere wird es jetzt gehen:

Der Lampenknecht und die Fackel- und Laternenträger
Nachdem es im Winter früher dunkel wird, musste für ausreichend Beleuchtung gesorgt sein, schon allein, um die Sicherheit in der Stadt zu gewährleisten.
Am 24. Februar 1687 erließ Kaiser Leopold I. die erste Verordnung zur Beleuchtung von Straßen und Plätzen. Diese Talglaternen, die allerdings nur die Wiener Innenstadt erleuchteten,

mussten von den Wiener Bürgern selbst gefüllt, geputzt und angezündet werden. Erst ab dem 18. Jahrhundert gab es den Beruf des Lampenknechts, der die Wartung der öffentlichen Lampen übernahm.

Die Vororte und Vorstädte Wiens waren jedoch noch längst nicht dauerhaft beleuchtet. So musste man in Straßen, die dunkler waren, Fackel- oder Laternenträger mieten, die einem den Weg leuchteten. In den Habsburger Schlössern gab es außerdem Bedienstete, die den Festgästen abends den Weg zu ihrer Kutsche erleuchteten.

Aber wie sah es denn mit dem Licht früher aus?

Die Wachszieher

Kerzen wurden das ganze Jahr über gebraucht, aber viel mehr wurden im Winter benötigt. Wachszieher (auch Wachszelter und Wachskerzler genannt) stellten die Kerzen her; meist waren es Frauen, die diese Arbeit übernahmen.

Dabei nimmt man einen Dochtfaden und zieht diesen mit Hilfe zweier Holztrommeln durch zähflüssiges Wachs.

Das große Problem bei Kerzen war die starke Rauchentwicklung in Innenräumen, vor allem wenn man viele Kerzen nutzte (bei Festlichkeiten beispielsweise). Deshalb wurden bald nichtqualmende Kerzen entwickelt.

Die Kerzenanzünder

Adlige hatten Bedienstete, die sich darum kümmerten, die Palais zu erhellen. So auch die Habsburger. Die Kerzenanzünder gingen abends von Zimmer zu Zimmer und entzündeten die Kerzen in den Kronleuchtern mit langen Stäben, an deren Spitze eine Lunte brannte. Ebenso waren die Kerzenanzünder auch für das Löschen der Kerzen zuständig.

Wenn die Kerzen herabgebrannt waren, mussten die Kerzenanzünder die Stummel bei der Hoflichtstelle abgeben, um neue Kerzen zu bekommen. Diese Regelung war eingeführt worden, weil viele dieser Stummel zuvor von den Bediensteten weiterverkauft worden waren.

Die Aschenmänner

Es waren eher Menschen aus ärmeren Schichten, die diesen Beruf ausübten. Sie holten die Asche aus den Öfen der Wiener und verkauften sie an die Seifensieder, die diese zur Seifenherstellung nutzten. Viel Geld brachte der Beruf nicht ein, vor allem im Sommer, wenn die Öfen dann nur zum Kochen und nicht mehr zum Heizen genutzt wurden.

Die Spielzeugmacher

Manche Berufsgruppen wie Bauer oder Bergleute hatten im Winter wenig zu tun, weshalb sie sich nach anderen Einkommensquellen umsahen. So begannen beispielsweise viele, während der Wintermonate Gebrauchsgegenstände oder Spielzeug zu schnitzen. Hausierer kauften das Spielzeug und verkauften es dann in verschiedenen Städten weiter, denn richtige Spielzeuggeschäfte gab es lange Zeit noch nicht.

Essensverkäufer

Heute noch freut man sich im Winter auf die Lebkuchen und Maroni.

Lebkuchen waren stets bei allen Bevölkerungsschichten beliebt. Sie wurden von Lebzeltern hergestellt und verkauft. Lebkuchen wurden auch als Pfefferkuchen bezeichnet. Dieser Name kommt von den vielen Gewürzen, die im Lebkuchen verarbeitet wurden und die man der Einfachheit halber alle als »Pfeffer« bezeichnete. Dadurch, dass Lebkuchen trocken und süß sind, sind sie ein typisches Wintergebäck, weil sie sich lange halten.

Maroni galten bis zum 18. Jahrhundert als Speise der ärmeren Schichten. Heute sind sie sehr beliebt und werden in den Herbst- und Wintermonaten meist auf der Straße von Maronibratern zum Kauf angeboten.

Häufig wurden in der Vergangenheit Kinder mit dem Verkauf von Gebäck auf offener Straße beauftragt. Da es aber in der Stadt Wien Kindern verboten war zu betteln oder Dinge zu verkaufen, mussten sie dies vor den Stadtmauern tun. Ein bekanntes Gemälde von Peter Fendi zeigt einen frierenden Brezelbub vor der Wiener Dominikanerbastei (gemalt 1828).

Hersteller von Wintermode

Eines ist klar: Im Winter ist es kalt. Es gab keine Heizung, keine Daunenjacken und keine Thermoskannen. Doch wie hielten es die Menschen dann im Winter aus? Oder waren sie einfach abgehärteter als wir heute?

Tatsächlich war es so, dass man (genau wie heute) einfach mehrere Schichten Kleidung getragen hat. So trugen die Damen unter ihren Kleidern mehrere Röcke und über den Schultern Umhänge. Mäntel und Jacken waren den Herren vorbehalten. Da die Kleider meist am Hals ausgeschnitten waren und die Ärmel nur bis zu den Ellbogen reichten, behalfen sich die Frauen mit Schals und langen Handschuhen. Ein wichtiges Kleidungsstück für Männer und Frauen war im Winter der Muff: Ein röhrenförmig zusammengenähtes Pelzstück, in dem man seine Hände wärmen konnte.

Außerdem wurden im Winter Kleidungsstücke häufig mit Pelz besetzt, um für mehr Wärme zu sorgen. Dies war auch

bei der Männermode der Fall, die zumeist aus Kniehose, Strümpfen, Hemd, Weste, Jacke und Stiefel bestand.
Die warme Winterkleidung kam in der Vergangenheit allerdings nicht nur im Freien zum Einsatz, sondern wurde auch in Innenräumen getragen, denn auch in den Häusern war es früher sehr kalt – schließlich gab es lange Zeit keine Heizung. Man behalf sich mit Kaminen und Kachelöfen, die allerdings auch nicht für tropische Temperaturen sorgten. Deshalb nutzten Adelige in ihren Palais viele Teppiche und Fußschemel, um nicht mit dem kalten Fußboden in Berührung zu kommen. Die normale Bevölkerung hielt sich meist in einem Raum auf, der dann auch gewärmt werden konnte – meistens war dies die Küche.
Brrrr! Da können wir froh sein, dass wir inzwischen besser geheizte Wohnungen haben. Somit endet nun unsere kleine Reise in die winterliche Vergangenheit von Wien.

Eine angenehme und kuschelig warme Weihnachtszeit wünscht Ihnen Katharina Mölk!

Benjamin Brittens
A Ceremony of Carols

von Silvia Hofheinz-Schönwald

»Wolcum be thou hevenè king,
Wolcum yole!
Wolcum born in one morning
Wolcum for whom we all sing.

Willkumm bist du, Himmels Küng,
Willkumm, Jul!
Willkumm unsers Heils Geding!
Willkumm dir ein jedes sing!«[1]

»Willkommen, Himmelskönig – Willkommen singe dir ein jeder!« Mit diesen Worten eines anonymen Dichters aus dem 14. Jahrhundert entführen Chöre aus aller Welt seit Jahrzehnten ihr Publikum in die Weihnachtszeit vergangener Jahrhunderte. Vertont wurden sie von Benjamin Britten (1913–1976) in *A Ceremony of Carols* (op. 28), bis heute eines seiner bekanntesten und meist aufgeführten Chorwerke mit neun Texten in zum Teil mittelenglischer und lateinischer Sprache – u. a. das oben zitierte *Wolcum Yole*. Es wird heute einstimmig als eine symbolische und musikalische Heimkehr Brittens gesehen, zurück nach England und zurück zur englischen Chortradition – insbesondere durch die Einbindung von mittelalterlichen Weihnachtsliedern.

Benjamin Britten selbst gilt heute aus mehreren Gründen als einer der herausragendsten britischen Komponisten, wenn nicht gar als der meistaufgeführte des 20. Jahrhunderts, da er nicht nur ein sehr umfangreiches, sondern auch ein sehr vielfältiges musikalisches Œuvre komponiert hat. Im Zentrum stehen dabei vorwiegend Chorwerke (a cappella und mit Orchesterbegleitung) sowie Lieder und Opern. Zu den Errungenschaften, die Benjamin Britten zugeschrieben werden, gehört nicht nur die Wiederbelebung der englischen Oper, sondern auch das Neuerwachen der alten englischen Musik. Er gilt als der Wiederentdecker des englischen Chorals aus der Zeit Elisabeths I. (1533–1603) und beantwortete die Frage, von welchem Komponisten er am meisten beeinflusst werde, spontan mit Henry Purcell (1659–1695), von dem er sehr viel über die englische Sprache im Allgemeinen, aber auch über die Vertonung aller möglichen Nuancen und Emotionen gelernt habe. Unter diesem Aspekt ist die Auswahl von mittelenglischen und lateinischen Texten für seinen Liederzyklus *A Ceremony of Carols* nicht sehr überraschend.

Zum Zeitpunkt der Komposition, im Frühjahr 1942, war Benjamin Britten 28 Jahre alt und befand sich gerade auf der Rückreise aus den USA. Zu dieser Zeit konnte er bereits auf eine beachtliche musikalische Karriere zurückblicken: Geboren in der Grafschaft Suffolk am 22. November 1913, wo er auch einen Großteil seines Lebens verbrachte, offenbarte der junge Benjamin sehr früh seine musikalische Begabung. Er erhielt Unterricht auf der Bratsche und dem Klavier und komponierte bereits im Alter von fünf Jahren erste eigene Kompositionen. Mit dreizehn Jahren konnte er schon ein beachtliches Œuvre vorweisen, u. a. mehrere Streichquartette und Sonaten für diverse Instrumente, wie z. B. Klavier, Bratsche oder Cello. Im September 1930 erhielt er ein Stipendium für das Royal

College of Music und beschloss nach seinem Abschluss 1934, primär als Komponist zu arbeiten und so seinen Lebensunterhalt zu verdienen, weshalb er gerade in den 1930er-Jahren jede Gelegenheit annahm, die ihm eine Aufführung sowie eine Bezahlung garantierte. Dazu gehörten auch Kompositionen für Film, Radio und Theater. Die Entscheidung, seine Heimat zu verlassen und in die USA zu emigrieren, reifte in Benjamin Britten am Vorabend des Zweiten Weltkriegs heran. Am 29. April 1939 reiste er gemeinsam mit seinem Lebensgefährten, dem Tenor Peter Pears (1910–1986), ab, nur Tage vor der britischen Mobilmachung. Doch das Heimweh zog Britten bereits 1942 wieder zurück nach England. Am 16. März 1942 trat er, erneut an der Seite von Peter Pears, die Rückreise per Schiff an. Seine Sehnsucht nach der Heimat war möglicherweise auch eine Inspiration für die Kompositionen, die er auf der Fahrt verfasste: einen großen Teil von *A Ceremony of Carols* sowie *A Hymn to St. Cecilia*. Geplant war Letzteres nicht: »Man musste sich die Langeweile vertreiben«[2], so Britten in einem Brief vom 4. Mai 1942 an Elizabeth Mayer, bei der er in den USA mit Pears eine Zeit lang gelebt hatte. Während eines Zwischenstopps in Halifax (Neuschottland) hatte Britten die Gedichtsammlung *The English Galaxy of Shorter Poems* erstanden und kurzerhand fünf der darin enthaltenen Gedichte in einem ersten Entwurf der *Ceremony of Carols* vertont. Am 19. März 1942, also nur drei Tage nach seiner Abreise aus den USA, waren die *7 Christmas Carols for Women's Voices and Harp* – also »7 Weihnachtslieder für Frauenstimmen und Harfe« – schon fertiggestellt, wie Pears ebenfalls in einem Brief an Elisabeth Mayer berichtete. Sie seien, so schwärmte Pears, lieblich und voller Charme. Da es sich bei der Komposition um keine Auftragsarbeit handelte, erwies sich die Entscheidung für die

Vertonung von Weihnachtsliedern als sehr klug, da ihm einerseits genügend Zeit blieb, das Werk bis zur Weihnachtssaison zu perfektionieren und konzertreif auszuarbeiten, und andererseits die Wahrscheinlichkeit, dass es Weihnachtsaufführungen bekommen würde, sehr hoch war.

Und genau so geschah es auch. In den Monaten nach seiner Ankunft beschäftigte sich Benjamin Britten weiter mit der Komposition von *A Ceremony of Carols* und nahm einige Änderungen und Ergänzungen vor. Um seinen Arbeitsprozess an dem Liederzyklus bis zur Fertigstellung besser nachvollziehen zu können, daher an dieser Stelle zunächst eine Übersicht über *A Ceremony of Carols* in der endgültigen Fassung:

1 *Procession* (*Einzug*)
    Antiphon 2 *Wolcum Yole!* (*Willkomm, Jul!*)
    Text: Anonym, 14. Jh.
3 *There is no Rose* (*Es ist kein Ros*)
    Text: Anonym, 14. Jh.
4a *That yongë child* (*Wann hub dies Kindlein*)
    Text: Anonym, 14. Jh.
4b *Balulalow* (*Bubaideli*)
    Text: James, John und Robert Wedderburn, 16. Jh.
5 *As dew in Apille* (*Wie Tau im Aprill*)
    Text: Anonym
6 *This little Babe* (*Der kleine Knab*)
    Text: Robert Southwell, 16. Jh.
7 *Interlude* (*Zwischenspiel*)
8 *In Freezing Winter Night* (*In kalter Wintersnacht*)
    Text: Robert Southwell, 16. Jh.
9 *Spring Carol* (*Frühlings-Chor*)
    Text: William Cornyshe, 15./16. Jh.

10 *Deo Gracis* (*Deo Gracias*)
Text: Anonym, 15. Jh.
11 *Recession* (*Abgang*)[3]
Antiphon *Hodie Christus natus est*

An Bord des Schiffes vertonte Britten mit den Nr. 3, 4, 5, 8 und 10 drei anonyme mittelalterliche Texte sowie die zwei Gedichte aus der Feder von Robert Southwell. Interessant ist die Entstehung von Nr. 1 *Procession* und Nr. 12 *Recession*: In Brittens Exemplar von *A Galaxy of Shorter Poems* findet sich eine nicht-akkurate Transkription des Antiphons *Hodie Christus natus est*, das traditionell am Weihnachtsabend gesungen wird und von Pears vermutlich versuchsweise aus dem Gedächtnis notiert worden war: Er orientierte sich dabei offensichtlich an der Motette des niederländischen Komponisten Jan Pieterszoon Sweelink (1561–1621), veröffentlicht 1619 in den *Cantiones Sacrae*. Diese enthielt nach den Worten *Hodie Christus natus est* (dt.: Heute ist Christus geboren) den Ausruf »*Noë, noë!*«, der in der ursprünglichen Liturgie fehlt. Diese Textversion war es, die Britten zunächst als Plainsong, also homophonen freien liturgischen Gesang, vertonte. Erst nach seiner Ankunft entschied sich Britten, *Hodie Christus natus est* in seiner korrekten liturgischen, gregorianischen Melodie und Textform zu verwenden. Seinen eigenen Plainsong machte er daraufhin zur Grundlage für seine Komposition Nr. 2 *Wolcum Yole.* Ebenfalls ergänzt wurde außerdem Nr. 9 *Spring Carol.* Die hier vertonten Texte stammten nicht aus *A Galaxy of Shorter Poems*, sondern vermutlich aus *Come Hither: A Collection of Rhymes and Poems for the Young of All Ages* (hrsg. 1928).
In dieser Form wurde *A Ceremony of Carols* erstmals am 5. Dezember 1942 von den Frauenstimmen des Fleet Street Choir

uraufgeführt. Im selben Monat wurde es noch mindestens ein halbes Dutzend weitere Male gesungen, u. a. auch am 21. Dezember in der National Gallery in London. Brittens eigener Aussage zufolge wurde es bei jedem der Konzerte mit großem Erfolg vom Publikum angenommen. Dennoch überarbeitete er *A Ceremony of Carols* 1943, bevor es in Druck ging, ein weiteres Mal. Nun fügte er noch das rein instrumentale Harfenzwischenspiel Nr. 7 *Interlude* hinzu sowie Nr. 4a *That yongë child*. Außerdem ergänzte er eine optionale Klavierstimme, mit der die Harfe bei Bedarf ersetzt werden konnte. Seine ursprüngliche Entscheidung für dieses Instrument als Begleitung war für die damalige Zeit sehr ungewöhnlich und vermutlich dem Umstand geschuldet, dass Benjamin Britten sich auf der Rückreise aufgrund einer Auftragskomposition gerade mit zwei Harfenhandbüchern beschäftigte. Am 4. Dezember 1943 wurde die endgültige Fassung von *A Ceremony of Carols* in London uraufgeführt, dieses Mal vom Morriston Boys' Choir unter der Leitung von Benjamin Britten höchstpersönlich. Die Harfe spielte bei dieser Gelegenheit die renommierte Harfenistin Maria Korchinska (1895–1979), die 1910 als erste Harfenistin das Studium am Moskauer Konservatorium mit der goldenen Medaille abgeschlossen hatte. 1944 wurde von derselben Besetzung eine Tonaufnahme für den Musikverlag Decca eingespielt – die erste von vielen, die im Laufe der Jahrzehnte auf unterschiedlichen Tonträgern in den Handel gelangten.

Im Laufe der Zeit wurden verschiedene Ansätze unternommen, *A Ceremony of Carols* zu interpretieren. Der Musikwissenschaftler Peter Evans beispielsweise sieht einen eindeutigen Bezug zu den englischen, gemütlichen Weihnachtstraditionen und -freuden. Der Biograf Humphrey Carpenter weist ebenfalls auf die entspannte, fröhliche Atmosphäre hin, die *A Ceremony of Carols* ausstrahlte. Auch er vertritt die Auffassung, dass Benjamin Britten mit dieser Komposition nach seiner Zeit in den USA nun zu seinen englischen musikalischen Wurzeln zurückkehrte, dabei gleichzeitig aber auch versuchte, diese durch seine persönlichen Einflüsse zu erweitern. Selbstredend ist der Bezug zur englischen Weihnachtstradition deutlich: allein durch die Auswahl der vertonten Texte, aber auch durch den Titel selbst. Eigentlich handelt es sich bei einem »Carol« lediglich um englische oder lateinische Gesänge mit Strophe und Refrain, die sich im Mittelalter auf jedes Thema beziehen konnten, jedoch meistens die Jungfrau Maria oder die Heiligen behandelten, die mit Weihnachten verbunden waren. Von der Wortbedeutung her bezieht sich »Carol« jedoch nur auf einen Reigentanz (frz. carole) und hatte noch keinen weihnachtlichen Bezug. Erst als Franz von Assisi (1181–1226) angeblich den Brauch etablierte, eine Krippe im Gotteshaus aufzustellen, um die dann Kinder im Reigen tanzten, wurden die Carols in die Kirche gebracht. Die früheste Liedersammlung mit Carols datiert auf 1521, das früheste überlieferte englische Carol überhaupt – *A child is boren amonges man* – ist jedoch noch einmal deutlich älter und stammt aus der 1. Hälfte des 14. Jahrhunderts. Während Britten durch die Auswahl mittelalterlicher Texte einerseits eindeutig Bezug nimmt auf diese alte englische Tradition des Carol-Singens, darf jedoch andererseits auch Brittens eigene Zeit – die Jahre des Zweiten Weltkriegs – nicht vernachlässigt werden, in der *A Ceremony of Carols* den Menschen auch eine Art von musikalischem Trost und eine Zuflucht bieten konnte. Besonders interessant ist hier die Interpretation von Heather Wiebe, die *A Ceremony of Carols* als Miniaturausgabe bzw. Neuinterpretation des sogenannten *Festivals of Nine Lessons and Carols* betrachtet. Bei diesem *Festival* handelt es sich um einen Gottesdienst, der seit 1918 an Weihnachten in der King's College Chapel abgehalten wurde, sich zur Zeit des Zweiten Weltkriegs längst zu einer nationalen Tradition entwickelt hatte und seit 1928 auch im Radio ausgestrahlt wurde. Insbesondere zur Kriegszeit spendeten sowohl die Musik als auch die Gebete den Menschen der englischsprachigen Welt, aber auch anderswo, Trost und Hoffnung. In *A Ceremony of Carols* griff Britten, so die Ausführungen von Heather Wiebe, Elemente des Gottesdienstes auf und interpretierte sie neu: So wurden z. B. aus der traditionellen großen Chorbesetzung mit Männer- und Knabenchor sowie Orgel ein reiner Knabenchor mit Harfenbegleitung, die traditionellen Weihnachtslieder zu mittelalterlichen Gesängen und die große Hymne *Once in Royal David's City*, die 1848 erstmals im Druck veröffentlicht wurde und mit der das *Festival of Nine Lessons and Carols* seit 1919 traditionell eröffnet wird, zum Antiphon *Hodie Christus natus est.* Auch in der Gestaltung des Harfenzwischenspiels *Interlude*, das Elemente des *Hodie* aufgreift und variiert, sieht Heather Wiebe einen eindeutigen Bezug zur Kriegszeit: »Der dünne, reine Ton der Harfe ersetzt die Stimme [...]. Die Melodie ist eine Wiederholung des einleitenden Prozessionsgesanges, der in seinem veränderten Rhythmus und seinen neuen Harmonien kaum wiederzuerkennen ist. [...] [Er] wird unterlegt von einer anderen, undeutlichen Erinnerung: einer läutenden Glocke, die im gespenstischen, blassen Klang der Harfe wiedergegeben wird, eine Erinnerung, die in Kriegszeiten, als die Glocken strikt zum Schweigen gebracht wurden, umso stärker ist.«[4]

Eine andere, von Weihnachten losgelöstere Interpretation bietet der Biograf Humphrey Carpenter. Er sieht Brittens Zyklus als musikalische Repräsentation der Kindheit und der Unschuld. So wird bei Carpenter das fröhliche, zu Beginn dieses Beitrags zitierte *Wolcum Yole* zu einer musikalischen Darstellung von Schulhof-Trubel, während *That yongë child, Balulalow* sowie *As dew in Apille* die Mutter-Kind-Beziehung thematisieren. Der furiose Kanon *This little babe* schließlich wird von Carpenter als eine Kissenschlacht im Schlafsaal interpretiert. Auch David Matthew betrachtet *A Ceremony of Carols* in seiner Biografie über Benjamin Britten als eine der ausführlichsten musikalischen Interpretationen von kindlicher Unschuld aus der Feder des Komponisten.

Unabhängig, wie man Brittens Komposition musikhistorisch auffassen möchte – fest steht, dass sich *A Ceremony of Carols* zu einem festen Bestandteil der adventlichen bzw. weihnachtlichen Konzerttradition entwickelt hat und aus dem Chorrepertoire nicht mehr wegzudenken ist. Schon 1943, als es im Notendruck veröffentlicht wurde, entwickelte es sich zu einem Verkaufshit. Aufgrund der großen Popularität beauftragte der Musikverlag Boosey & Hawkes den Komponisten Julius Harrison (1885–1963) mit einem neuen Arrangement für gemischten Chor (Sopran, Alt, Tenor, Bass), das bis heute auch mit einer deutschen Übersetzung unter dem Titel *A Ceremony of Carols. Ein Kranz von Lobechören* vertrieben wird und sich neben der ursprünglichen dreistimmigen Besetzung für hohe Stimmen (Sopran, Sopran, Alt) etabliert hat. Daneben sind einige Nummern auch separat erhältlich, und Nr. 6 *This little Babe* sowie Nr. 8 *In Freezing Winter Night* wurden auch ins Walisische übersetzt. Neben der Tradition, es live aufzuführen, sind, wie bereits angedeutet, im Laufe der Jahrzehnte unzählige CD-Aufnahmen von Chören weltweit entstanden, z. B. von den Regensburger Domspatzen (2021) oder dem französischen Kinderchor Maîtrise de la Perverie de Nantes (2021).

Dass es bis in die Gegenwart hinein zu Benjamin Brittens am häufigsten aufgeführten und berühmtesten Werken zählt, erklärt der Musikwissenschaftler Peter Evans damit, dass es sehr angenehm zu singen ist und darüber hinaus aus sehr farbenfrohen und melodisch einprägsamen Melodien besteht. Benjamin Britten, so auch die Auffassung des Lexikons *Oxford Music Online,* konnte eine musikalische Sprache entwickeln, die es sowohl Amateuren wie auch professionellen Musikern bzw. Sängern erlaubte, seine Kompositionen zu lieben und sie nicht nur mit Freude anzuhören, sondern auch aufzuführen. Und so bietet *A Ceremony of Carols* bis heute eine wunderbare Verbindung alter, englischer Chor- und Weihnachtstraditionen mit der Musik des 20. Jahrhunderts.

Der Struwwelpeter **und seine Entstehung**

von Peter Nething

Mürrisch tritt Heinrich Hoffmann in die warme Stube und klopft einige Schneeflocken vom schwarzen Paletot. Draußen ist es bereits dunkel, und der milchige Schein der Straßenlaterne scheint durch die von außen vereisten Fenster. Seine Frau Therese und der vierjährige Sohn Karl erwarten ihn schon. Der kleine Karl soll zum bevorstehenden Weihnachtsfest im Jahre 1844 mit einem schönen Bilderbuch beschenkt werden.

Hoffmann wirft ein Schreibheft auf den Tisch und murrt schlechtgelaunt: »Den ganzen Nachmittag bin ich durch fast alle Buchläden der Stadt gestreunt, um ein schönes und lehrreiches Bilderbuch für Karl zu finden, aber wieder war nichts dabei, wie es sich für einen solchen kleinen Weltbürger schicken mochte.«

»Und nun bist du stattdessen mit einem leeren Schreibheft zurückgekommen? Darüber wird sich der Junge sicher nicht besonders freuen«, entgegnet ihm seine Frau Therese.

»Aber Therese, nachdem ich allerlei Zeugs gesehen, trefflich gezeichnet, glänzend bemalt, Märchen und Geschichten von Indianern und Räubern, Bilder von Hunden und Vögeln, da stellte ich mir die Frage, was soll denn ein Kind mit all diesen Darstellungen?«

Hoffmann, der sich als Nervenarzt mit einer ganz anderen Ebene des kindlichen Gemütes befasste, stieß sich an den detaillierten und um Realitätsnähe bemühten Darstellungen. Stattdessen findet Hoffmann eine eher dilettantische,

kindgerechte Darstellungsweise für einen Vierjährigen viel passender: »Ich werde Karl ein Bilderbuch zeichnen!«, ruft er aus. »*Du* willst ein Kinderbuch malen? Du bist doch Arzt und kein Autor!«, entgegnet Therese erstaunt, aber Heinrich hat den Kopf bereits voller Ideen:
Der Kontakt zu seinen kleinen Patienten hatte ihn einiges gelehrt. Bei jedem Hausbesuch kranker Kinder waren diese verschreckt, wenn der Herr Doktor mit der großen ledernen Arzttasche das Kinderzimmer betrat. Und die Eltern sorgten durch entsprechende Drohungen dafür, dass der Arzt als Respektsperson angesehen wurde. Die weinenden Kinder verstand Dr. Hoffmann aber durch schnell auf seinen Rezeptblock gekritzelte Zeichnungen abzulenken, und blitzschnell war das Fieber gemessen und eine Diagnose erstellt. Warum also sollte er nicht für Karl ein Bilderbuch zeichnen können?
Und so geschah es! Unter dem Weihnachtsbaum 1844 in Frankfurt/M. lag ein schönes Bilderbuch mit lustigen Ansichten eines langmähnigen Jungen, der sich weigerte, zum Friseur zu gehen und sich die Fingernägel schneiden zu lassen. Auch fand man in dem Buch die Geschichte eines Buben, der seine Suppen nie aufessen wollte und dabei immer dünner wurde, bis er starb. Ebenso fand sich dort eine Bildergeschichte eines Mädchens, das mit den gefundenen und damals gerade neu erfundenen Streichhölzern zündelte, bis es sich selbst in Brand setzte.
Das Bilderbuch erzielte beim Beschenkten die gewünschte Begeisterung. Die blieb allerdings auch in der Familie nicht aus; und so riet man Heinrich Hoffmann nach dem Weihnachtsfest dazu, das Buch drucken zu lassen und es zu veröffentlichen. Es sei doch viel zu schade, wenn es von Karl, wie bei Kindern dieses Alters häufig üblich, auf seine »Reißfestigkeit«

überprüft werden würde ... Hoffmann lehnte dieses Ansinnen zunächst ab, schließlich sei er Arzt und kein Kinderbuchautor. Allerdings konnten ihn die befreundeten Verleger Zacharias Löwental und Carl-Friedrich Loening dann doch zu einer Veröffentlichung überreden.
1845 erschien unter dem Pseudonym Reimerich Kinderlieb die gedruckte Erstausgabe mit dem Titel *Lustige Geschichten und drollige Bilder für Kinder von 3-6 Jahren*. Erst ab der vierten Auflage 1847 wurde das Buch unter dem Titel *Der Struwwelpeter* veröffentlicht. Mag das Urmanuskript im Verlaufe seiner Editionsgeschichte auch manche Änderung erfahren haben, so erscheint das Buch immerhin seit 1861 in der Form, die wir noch heute kennen. In seinen posthum veröffentlichten *Lebenserinnerungen* bemerkt Hoffmann: »Ja, ich kann sagen, der Schlingel hat sich die Welt erobert, ganz friedlich, ohne Blutvergießen, und die bösen Buben sind weiter auf der Erde herumgekommen als ich. Ich habe gehört, dass man ihnen in Nord- und Südamerika, ja am Kap der guten Hoffnung, in Indien und sogar in Australien begegnet ist.«

Mittlerweile erscheint das Buch vom Struwwelpeter, vom bösen Friederich, von der unglücklichen Pauline, von den schwarzen Buben, vom wilden Jäger, vom Daumenlutscher, vom Suppenkaspar, vom Zappelphilipp, vom Hanns Guck-in-die-Luft und vom fliegenden Robert in vielen Sprachen und wurde über 540 Mal aufgelegt.

Hand schmiegt sich an Hand im engen Kreise,
und das alte Lied von Gott und Christ
bebt durch Seelen und verkündet leise,
dass die kleinste Welt die größte ist.

(Joachim Ringelnatz)

Das letzte Einhorn – vom stürmischen Fabelwesen zum Weihnachtsklassiker

von Janin Pisarek

> »O dieses ist das Tier, das es nicht gibt.
> Sie wußtens nicht und haben jeden Falls
> – sein Wandeln, seine Haltung, seinen Hals
> bis in des stillen Blickes Licht – geliebt.«[1]

Die Frage nach dem *einen* Weihnachtsfilm dürfte von verschiedenen Filmfreunden unterschiedlich beantwortet werden. Während die einen mit dem Leitspruch: »Es ist erst Weihnachten, wenn Hans Gruber vom Nakatomi-Tower gefallen ist!« auf ihr alljährliches Ritual anspielen, den Action-Klassiker *Stirb langsam* zu zelebrieren, ist eine *Schöne Bescherung* die perfekte Unterhaltung für einen lustigen Familienabend mit den Griswolds. Andere gehen jedes Jahr mit *Kevin allein zu Haus* auf Gangsterjagd, versuchen mit Mogwai Gizmo die *Gremlins* aufzuhalten oder fiebern an Eule Rosalies Seite mit, auf dass der Prinz in *Aschenbrödel* doch die rechte Braut für den zierlichen Schuh finden möge.

Besonders magisch wird Heiligabend schon seit 1993, wenn zur epischen Hymne *The Last Unicorn* der britisch-amerikanischen Rockband America ein ausgesprochen sagenhaftes, anmutiges Wesen die Bildfläche betritt: das Einhorn. Doch wie wurde dieser zwar märchenhafte, aber doch nicht unbedingt weihnachtliche Film zu einem der Weihnachtsklassiker schlechthin? Was rechtfertigt seinen prominenten Primetime-

Sendeplatz, den er in diesem Jahr zum 30. Mal in Folge besetzt? Was verbirgt sich überhaupt hinter dieser wundersamen Erzählung? Woher kommt eigentlich dieses fabelhafte, unsterbliche Geschöpf? Fragen über Fragen, die uns dazu veranlassen, den Spuren zu folgen wie der rote Stier den Einhörnern in dieser zauberhaften Erzählung.

Bereits seit 1982 begeistert der Zeichentrickfilm *Das letzte Einhorn* ein Millionenpublikum. Nach seiner Veröffentlichung wurde die von Jules Bass und Arthur Rankin Jr. inszenierte Verfilmung des gleichnamigen Fantasyromans von Peter S. Beagle (*1939) immer wieder über die Feiertage im Fernsehen gezeigt. Wie ein klassisches Märchen startet das Lichtspiel mit einer Mangelsituation, wie es der russische Folklorist Vladimir Propp (1895–1970) in seiner *Morphologie des Märchens* bezeichnet hätte. Denn das Einhorn steckt in einer Existenzkrise, die es zu einer Suche nach Artgenossen veranlasst. Auf seiner Reise trifft es auf weitere Protagonisten wie den bisher eher durch Tollpatschigkeit ins Rampenlicht getretenen Zauberer Schmendrick und das einst unschuldige Mädchen Molly Grue, das mittlerweile einer wenig erfolgreichen Räuberbande angehört. Doch auch Antagonisten kreuzen ihren Weg. So gerät das Einhorn in Gefangenschaft der alten Hexe Mommy Fortuna, ehe mit Hilfe des Zauberers die Flucht gelingt. Nach dem Überlisten der leichtgläubigen Banditen kommen die mittlerweile drei Protagonisten der Gefahr näher, vor der das Einhorn zu Beginn seiner Reise gewarnt wurde. Denn im Königreich des fahlen Königs Haggard, der auch auf Deutsch vom britischen Kult-Schauspieler Sir Christopher Lee (1922–2015) synchronisiert wird, was dem Charakter ganz besonderen Charme verleiht, wütet der rote Stier. Neben diesem teilt sich der Herrscher seine einsame Burg ausschließlich mit dem dubiosen Zauberer Mabruk, seinem Ziehsohn Prinz Lír – dem Inbegriff eines edlen Helden –, einem rätselhaften Kater und einem im Keller hausenden Skelett. Der rote Stier soll einst alle Einhörner in Haggards Reich getrieben haben. Ihr Schicksal bleibt bis gen Ende des Filmes ungewiss, so wie das des Einhorns. Denn dieses wurde durch seinen helfenden Begleiter zum Schutze vor dem roten Stier in eine sterbliche, junge Frau verwandelt, während sich ihre Weggefährten in die missliche Lage begeben, sich zur Tarnung in des düsteren Königs Dienste zu stellen.

Das Einhorn des Filmes zeichnet sich durch seine besondere Anmut aus. Es ist ein weißes, zierliches und doch starkes magisches Geschöpf, ähnlich einem Pferd mit einem Horn. Schmale, lange Beine, die der Leichtigkeit eines Rehes gleichen, und eine wallende gelockte Mähne mit einem wohlgeformten Schweif zeichnen es aus. Von normalsterblichen Menschen kann es nicht gesehen werden. Als Einhorn erkannt wird es im Film nur von unschuldigen Jungfrauen und anderen übernatürlichen Wesen, so auch von Menschen mit magischen Fähigkeiten. Für den Wald, in dem es lebt, fungiert es als Wächter und Lebensspender. Während der Handlung werden weitere Eigenschaften explizit benannt oder implizit angedeutet. Offensichtlich wird die Unsterblichkeit des Wesens. Genauso wird die Gefühls- und Empathielosigkeit des Einhorns wiederholt betont. Es mutet hier ein Rückbezug auf Paracelsus' (1493 oder 1494–1541) Ausführungen zu den Naturgeistern an, denen er abspricht, eine Seele zu besitzen, weswegen sie nicht lieben und weinen können. Mit der Verwandlung des Einhorns in einen Menschen scheint sich dieser

Umstand zu ändern. In eine Frau verwandelt, fürchtet sich das Geschöpf vor dem menschlichen, zerfallenden Körper und empfindet zunehmend Leid.

Mit seiner Wahl des Einhorns hat der US-amerikanische Schriftsteller Beagle auf eines der bekanntesten und zugleich schillerndsten Fabeltiere zurückgegriffen, das auf eine besonders lange und spannende Kulturgeschichte zurückblickt. Heute ist es aus keinem Kinderzimmer oder Schreibwarenladen mehr wegzudenken: ob aus Plastik oder Plüsch. Dabei verblassen seine einstige Symbolträchtigkeit sowie die tradierten Motive und Narrative oftmals. Beagles Beschreibung des Wesens – so scheint es – besitzt noch mehr von dem Zauber dieses magischen Geschöpfes. Aus einem bildungsstarken Hause stammend, mit Lehrern als Eltern und dem jüdischen Gelehrten und Schriftsteller Abraham Soyer (1867–1940) als Großvater, mag Beagle früh mit verschiedenen literarischen Werken in Verbindung gekommen sein. Doch finden wir Anhaltspunkte zu seiner Beschreibung des Einhorns in unseren Überlieferungen und Volkserzählungen? Es sei vorweggenommen, dass dieses Fabelwesen, obwohl es ein Kulturphänomen seinesgleichen ist und seit dem Aufblühen des Fantasy-Genres eine der beliebtesten Figuren in diesem darstellt, eine vergleichsweise unterrepräsentierte Rolle in deutschsprachigen Sagen und Volksmärchen einnimmt – vergleicht man es mit dem ähnlich prominenten Drachen. Doch bevor wir uns auf Spurensuche in Märchen und Sagen begeben, sei ein Ausflug zu den naturkundlichen Erwähnungen, der Herkunft und dem Wandel dieses Wesens gestattet:

Erstmalig berichten Gelehrte des Altertums vom Einhorn, das weder der griechischen noch römischen Mythologie bekannt ist, ganz im Gegensatz zum Flügelpferd. Aus der antiken Hafenstadt Knidos im heutigen Südwesten der Türkei berichtet der Arzt und Geschichtsschreiber Ktesias im 4. Jahrhundert v. Chr. über einen in Indien lebenden Wildesel, der noch größer als Pferde sei, einen weißen Körper besitze und dessen purpurroten Kopf tiefblaue Augen schmücken. In der Mitte seiner Stirn trage er ein über einen Meter langes Horn. Dieses beschreibt er ebenso ausführlich wie die diesem Wesen nachgesagten heilenden und Gift neutralisierenden Kräfte. Zur Sprache kommen auch die unübertrefflichen Geschwindigkeiten, die es zurücklegen kann. Zudem betont er die Kraft, Wildheit und Aggressivität, mit der das Einhorn sich und seine Fohlen gegen Männer verteidigt.[2]

In dieser ersten detaillierten Beschreibung finden wir wenig Vergleichbares zu dem anmutigen Wesen unseres Weihnachtsfilmes. Doch Ktesias war auch nie in Indien. Eine weitere *Indiká,* die nur fragmentarisch erhalten ist, stammt aus der Feder des Megasthenes (um 350–290 v. Chr.). Das darin geschilderte »Kartazoon« ist ein Geschöpf von Pferdegröße, mit Elefantenfüßen, dem Kopf eines Hirsches und dem Schwanz eines Schweines. Den Bereich zwischen den Augen schmückt ein einzelnes, gewundenes Horn. Es solle sich um einen friedfertigen und sanften Einzelgänger handeln, der sich gegenüber Artgenossen jedoch aggressiv verhält und mit lauter Stimme zur Wehr setzt. Diese Schilderungen unterscheiden sich deutlich von Ktesias' Beschreibung des störrischen, gehörnten Esels, ebenso wie von unserem »letzten Einhorn«. Dennoch bauen auf diesen Schilderungen alle

Gelehrten und Verfasser vorchristlicher und mittelalterlicher Literatur auf. Selbst Gaius Iulius Caesar (100–44 v. Chr.) berichtet von der Existenz eines Mischwesens aus Ochse und Hirsch, das er als »Einhorn« bezeichnet. Es soll im geheimnisvollen »herkynischen Wald« leben, den heutigen Mittelgebirgswäldern. Trotz der prominenten Erwähnung blieb das sonderbare Geschöpf eher eine Randnotiz, ehe Missverständnisse und Fehlübersetzungen es ins Rampenlicht rückten.

Aufgrund von Übersetzungsschwierigkeiten gelangte das Einhorn in die Heilige Schrift. An verschiedenen Stellen des Alten Testaments kommt ein gehörntes Tier von großer Kraft und Wildheit zum Vorschein, das unzähmbar sei: Das »Re'em«. Heute vermuten Forscher einen Auerochsen, der gemäß den antiken Profildarstellungen mit nur einem Horn abgebildet wurde. Doch waren es solche Bildnisse und entsprechende Beschreibungen, die die Übersetzer der *Septuaginta* zu dem Schluss kommen ließen, dass es sich um ein »μονόκερως« (monókeros) handle. In der *Vulgata* wurde aus diesem mal ein »unicornis« (Einhorn), mal ein »rhinoceros« (Nashorn). Durch die darauffolgenden Bibelübersetzungen im Mittelalter fasste das Einhorn Fuß in religiösen Interpretationen auf deutschsprachigem Boden.

Mit dem berühmten *Physiologus*, einer frühchristlichen Naturlehre, die nicht nur verschiedene Pflanzen, Tierarten und Mineralien beschreibt, sondern sie allegorisch mit der christlichen Heilslehre verbindet, trat das Einhorn seinen Eroberungsfeldzug im Abendland an. Losgelöst von den bisherigen Quellen handelte es sich um 200 n. Chr. erstmalig um ein »kleines Lebewesen [...] wie ein Böckchen, aber ganz außerordentlich leidenschaftlich. Nicht kann ein Jäger ihm nahekommen, weil es sehr stark ist. Ein einziges Horn hat es mitten auf seinem Kopf. Wie nun wird es gefangen? Eine reine Jungfrau, fein herausgeputzt, werfe sich vor es hin, und es springt in ihren Schoß; und die Jungfrau säugt das Lebewesen und bringt es in den Palast zum König.«[3]

Beim in Marias Schoß zurückkehrenden und zum Sinnbild Jesu gewordenen Einhorn handelt es sich um eine stimmige religiöse Erzählung. Die Rückführung in den Palast resultiert allerdings aus einer Vermengung mit einer Sequenz des indischen *Mahābhārata*-Epos, die von einem jungen Mann erzählt, der als Sohn eines Menschen und einer Gazelle ein einzelnes Horn auf der Stirn trägt. In der griechischen Erstfassung des *Physiologus* wurde diese Geschichte fast gänzlich übernommen – einzig aus dem Einsiedler mit biologisch zweifelhafter Abstammung wurde ein Tier.

Mit den mittelalterlichen Bestiarien avancierte das Wissen um das Einhorn zum Allgemeingut. Zu seiner Verbreitung trugen zahlreiche Erwähnungen bei: in typologischen Zyklen, Papstprophezeiungen, Topografien und Reiseberichten, Minnelyrik und Minnerede, Spruch und Lied, Geomantien und Losbüchern, in der Heraldik und Namenkunde, im Marienpreis sowie in Tugend- und Lastertraktaten als Sinnzeichen der Keuschheit und Wahrheit wie auch der Unmäßigkeit, des Zornes, des Hochmuts und des Teufels. Im Laufe der Jahrhunderte näherte sich die eher ziegenhafte Gestalt des Einhorns dem Äußeren eines Pferdes an. Die gespaltenen Hufe der Ziege blieben allerdings in zahlreichen Abbildungen erhalten.

Zu Beginn des 13. Jahrhunderts weckte die schon von Ktesias beschriebene heilsame und Gift neutralisierende Wirkung des Horns große Begehrlichkeiten. Gestillt wurde dieser Durst mit Trophäen des Panzernashorns, des Tibet-Wildesels, der Oryxantilope, der Tibetantilope sowie des Narwals. Meterlang und mit Windungen versehen, entsprachen diese Hörner den bekannten Überlieferungen und schienen ein Existenzbeweis zu sein. Die steigende Beliebtheit des Horns im Spätmittelalter und in der Renaissance führte zu neuen Rezepten, teuren Geschenken und trug zum Sicherheitsgefühl des Klerus und der Oberschicht bei. Denn entsprechend der Vorstellung, jegliches Gift zu verraten, sollte Besteck aus »Ainkhürn« bei der Berührung mit giftigen Speisen »schwitzen« und so seinen Besitzer warnen.
War die ursprüngliche Wirkung des Horns auf Gift und dessen Neutralisierung begrenzt – als Motiv übrigens auch von J. K. Rowling in den *Harry Potter*-Romanen aufgegriffen – erweiterte sich in der Renaissance der Anwendungsbereich. Unter den zunehmenden kuriosen Wundermitteln war das Horn nur eine Begehrlichkeit unter vielen. Die steigende Nachfrage und der hohe Gewinn lockten schnell Betrüger an. Der Vorstellung vom magischen Horn und seiner Beliebtheit in der Oberschicht tat dies jedoch keinen Abbruch. Die kritischen Stimmen zu dem angeblichen Wunderhorn konnten dem Handel mit Narwalzähnen und anderen Trophäen wenig anhaben. Im 17. Jahrhundert erreichte er seinen Höhepunkt. Es sollte noch knapp zwei Jahrhunderte dauern, bis der Glaube an das Allheilmittel endgültig verblasste.

Die Wandlungen des wilden gehörnten Esels zu einem schweren elefantenfüßigen Mischwesen bis zum zarten

Böcklein haben doch recht wenig mit dem anmutigen Wesen des beliebten Weihnachtsfilmes gemein. Doch wie sieht das in Volkserzählungen und literarischen Überlieferungen aus? Finden wir hier das Vorbild für die Hauptfigur der märchenhaften Inszenierung? Parabeln, Tierepen und Fabeln erzählen vom Einhorn, doch verweisen auch diese Erzählgattungen vor allem auf die Gefährlichkeit, Wildheit und den Stolz des magischen Geschöpfes. In Fabeln tritt besonders der Löwe als Gegenspieler des Einhorns auf, doch auch mit dem Raben gerät das angriffslustige Wesen aneinander. In einer der deutschen *Cyrillus*-Fabeln von Ulrich von Pottenstein (ca. 1360–ca. 1417) versucht es, mit seinem Horn einen Raben vom Felsen herunterzustoßen, wobei das Horn zerbricht. Daraufhin belehrt der Rabe das Einhorn über die Nichtigkeit körperlicher Kraft.

Eine luxemburgische Sage thematisiert ebenso die Wildheit sowie das aggressive Verhalten des Einhorns gegenüber Männern. *Das versunkene Schloß zu Holzem* berichtet von einem Schloss, in dem ein böser Mann von ungewöhnlicher Stärke hauste, der die Gegend heimsuchte. Als sie das nächste Unheil herannahen sahen, »beschlossen die Leute der Umgegend, ihn zu verderben. In der Nähe des Schlosses war ein Tiergarten und in diesem ein Einhorn, ein großes Tier mit einem Horn auf der Stirn. Einige herzhafte Männer ließen nun im Augenblicke, wo der Schloßherr vor dem Schlosse stand und vielleicht auf irgendeine Grausamkeit sann, das Einhorn aus seinem Käfig. Wütend stürzte sich das Tier auf seinen Herrn los, der sich in die nahe Kapelle flüchtete und die Tür derselben schnell hinter sich zuzog und verriegelte. Das wütende Tier aber nahm einen solchen Anlauf gegen die Tür der

Kapelle, daß es mit dem Horn in der Tür steckenblieb. So war der Schloßherr in der Kapelle eingesperrt und mußte elendiglich verhungern [...]«[4]
Ähnlich unbändig und stürmisch erscheint das Einhorn im österreichischen Märchen vom *Goldkäppler*. Nachdem ein Schuster mit seiner Lederkappe zehn Fliegen erschlagen hat, lässt er seine Tat in Goldbuchstaben auf seiner Kappe verewigen. Unter dem stolzen Namen »Goldkäppler« zieht er in die Welt hinaus. Ein reicher, verzweifelter Edelmann und Schlossherr spricht ihn an, da in seiner Grafschaft »ein fürchterliches Einhorn hauste, Menschen, Zug- und Weidetiere niederstach und alle Felder arg verwüstete«. Da er hinter dem glänzenden Schriftzug »Zehn auf einen Streich erschlagen!«[5] einen großen Kämpfer wittert, bittet er den Goldkäppler um Hilfe, die dieser ihm zusagt. Beim ersten Anblick springt das Einhorn wütend auf den Schuster los, der sich hinter einer Tanne versteckt. Das Untier sticht mit solcher Wucht in den Baumstamm, dass es steckenbleibt. Daraufhin schlägt der Held dem Einhorn mit nur einem Hieb den Kopf ab und wird dafür belohnt.

Der Verlauf des Märchens, das Eingangsthema des Fliegentöter-Motivs sowie das im Baum steckende Einhorn mögen eine Assoziation zu einem bekannteren Märchen wecken. Auch im Schwankmärchen *Das tapfere Schneiderlein* trifft der namensgebende Held auf ein Einhorn, das ihn ganz im Sinne der vorherigen Beschreibungen aggressiv und mordlustig angreift.
»[...] ›Ehe du meine Tochter und das halbe Reich erhältst‹, sprach er [der König] zu ihm [Schneider], ›mußt du noch eine Heldenthat vollbringen. In dem Walde läuft ein Einhorn, das großen Schaden anrichtet, das mußt du erst einfangen.‹ [...]

Er brauchte nicht lange zu suchen, das Einhorn kam bald daher gesprungen und geradezu auf den Schneider los, als wollte es ihn ohne Umstände aufspießen. ›Sachte, sachte‹, sprach er, ›so geschwind geht das nicht‹, blieb stehen, und wartete bis das Thier ganz nahe war, dann sprang er behendiglich hinter den Baum, und das Einhorn rannte mit aller Kraft gegen den Baum, und spießte sein Horn so fest in den Stamm, daß es nicht Kraft genug hatte es wieder heraus zu ziehen, und gefangen war. ›Jetzt hab ich das Vöglein‹, sagte der Schneider, kam hinter dem Baum hervor, legte dem Einhorn den Strick um den Hals, hieb mit der Axt das Horn aus dem Baum […]«[6]

Zwar erinnert das Schneiderlein weniger an einen Drachentöter als der österreichische Goldkäppler, dennoch ist die Fangmethode mittels einer List gleich – und ganz im Gegensatz zu den antiken Überlieferungen oder der in Umberto Ecos Buch *Der Name der Rose* erwähnten Vorstellung ganz ohne Jungfrau. Diese heute bekannten west- und mitteleuropäischen Varianten der Grimm'schen *Kinder- und Hausmärchen* oder Ludwig Bechsteins (1801–1860) gehen auf die deutlich ältere Erzählung *Von einem könig, schneyder, rysen, einhorn und wilden schwein* des Schwankdichters Martin Montanus (1537–1566) von ca. 1557 zurück. Der Stoff aus seiner Schwanksammlung *Wegkürtzer* wurde über Volks- und Schwankbücher verbreitet. Die weitaus größte Popularität erlangte allerdings die Fassung der Brüder Grimm. Der Erfolg scheint auf verschiedenen Faktoren zu fußen – vom atypischen und unheroischen Helden, der als regelrechte Parodie zu den damals gängigen Ritterromanen erscheint, über die in Europa bereits länger bekannten Motive wie »Sieben auf einen Streich« (1527 auch bei

Martin Luther erwähnt) sowie dem Eberfang bis hin zur seit dem frühen 13. Jahrhundert tradierten Einhornjagd.

In den Anmerkungen des dritten Bandes der *Kinder-und Hausmärchen* von 1856 geben die Grimms eine hessische Variante von *Die Bienenkönigin* wieder. In dieser befindet sich ein Soldat in der Situation, ein Einhorn töten zu müssen, das im Wald großen Schaden anrichtet – hier ganz im Gegensatz zu Beagles Einhorn, das sein Reich mitsamt den darin lebenden Geschöpfen schützt. Beim Vorhaben des Soldaten helfen ihm Raben, die er zuvor gerettet hatte. Sie mahnen ihn zur Geduld: »[...] das Einhorn hat nur ein gutes Auge, jetzt liegt es und schläft darauf, dreht es sich aber herum und legt sich auf das scheele Auge, so wollen wir ihm das gute auspicken. Da wird es wüthend werden, aber, weil es blind ist, in der Wuth gegen die Bäume rennen und mit seinem Horn sich festspieße.« So gelingt es dem Helden, dem Untier den Kopf abzuschlagen.

Mitte des 19. Jahrhunderts tritt das Einhorn in Bechsteins *Deutschem Märchenbuch* als Allegorie für den Tod auf. In *Die Jagd des Lebens* stellt sich ein »mächtiges Einhorn« gegen den Jäger und verfolgt diesen beim Fluchtversuch. An einer Felswand erwartet ihn ein großer Seedrache, der ihn verschlingen will. Nur knapp kann er sich an einer Staude festhalten, an der allerdings zwei Mäuse nagen. Die Erzählung hat ein offenes Ende. Ein Abschlusstext erläutert die Bedeutungen des Protagonisten und der Antagonisten: »[...] das Einhorn, das ist der Tod, der ihm begegnet [...]«[7].

Auffällig dürfte bei den Beispielen der Volkssagen, Volksmärchen, Parabeln, Tierepen und Fabeln des deutschsprachigen

Raums sein, dass das Einhorn in jenen Überlieferungen nicht durch seine heute populären Eigenschaften der Anmut, Reinheit oder Unsterblichkeit besticht. Ausgeschmückt werden vor allem die Attribute der Gefährlichkeit, der Wildheit und des Stolzes. Generell hat sich das Fabeltier in Volkserzählungen weniger niedergeschlagen und war vor allem der lesenden Bevölkerungsschicht bekannt. Dennoch erfreute sich dieses Wesen vielfältiger visueller Darstellungen, wie in opulenten Bildwerken der Renaissance, auf imposanten Wandteppichen und eindrucksvollen Tafelbildern sowie in der Heraldik. Ab der neuzeitlichen erzählenden Literatur erscheint das Einhorn meist als Sinnzeichen der Keuschheit und Reinheit, als Reit- oder Zugtier oder in heraldisch-pharmazeutischer Bedeutung – ob in Achim von Arnims *Die Kronenwächter* (1817), E. T. A. Hoffmanns *Klein Zaches* (1819) oder Joanne K. Rowlings *Harry Potter*-Universum (1997 ff.).

Die jüngst aufgekommenen Einhorn-Trends wirken zum jetzigen Zeitpunkt wie das Ende einer langen Reise voller Missverständnisse, mysteriöser Entdeckungen und faszinierender Entwicklungen. Doch scheint es auch, als wenn dieses Fabelwesen weiterhin alles mitbringt, um nicht vergessen zu werden, ja sogar lebendig zu bleiben. Vom großen Wildesel Indiens zum zarten leidenschaftlichen Böckchen des Frühmittelalters. Von einem pferdeähnlichen, oft aggressiven Tier letztlich zu einem plüschigen Kuschelgefährten. Die heutigen Einhörner erinnern kaum noch an das nicht zu bändigende, wilde Tier, das gegenüber Männern große Aggressivität hegt – auch in der Symbolik hat das Einhorn wohl an Bedeutung eingebüßt beziehungsweise durch aufkommende Fantasy-Werke neue erlangt.

Während in den Volkserzählungen das Einhorn häufig in den Wäldern wütet und für Zerstörungen sorgt, scheint Beagles Darstellung inspiriert von der Motivik um den Herrn der Tiere. Ähnlich wie dieses oft göttliche Wesen schützt das Einhorn des Filmes seine Wälder und dient als Bewahrer seines Reiches. Dennoch ist das aggressive Verhalten gegenüber Männern und Jägern, das sich seit dem Altertum bis in die Romantik tradiert hat, nicht Teil seiner Interpretation. Viele andere Eigenschaften klassischer Einhorn-Motive lassen sich in seinem sanftmütigen Geschöpf nicht wiederfinden. Ebenso bleibt sie Suche nach Hinweisen zu Beagles Einhorn in der wenig kontinuierlichen Kulturgeschichte ergebnislos. Nach dieser Reise wirkt es, als habe Beagle ein »neues Einhorn« salonfähig gemacht, das weitere Fantasy-Adaptionen geprägt und zur heute anhaltenden Beliebtheit beigetragen hat. Tatsächlich wurde auch Beagles Roman 1968 an den bewegten US-Universitäten ein Erfolg und beeinflusste das Fantasy-Genre ähnlich wie zuvor J. R. R. Tolkiens *Herr der Ringe*. Zwar erinnert heute wie auch bei Beagle wenig an die komplexe Entstehung und Entwicklung dieses faszinierenden Fabelwesens oder die mitschwingende Jesusgeschichte mit Jungfrau, dennoch finden wir zahlreiche mythische, religiöse und märchenhafte Motive, die das farbenreiche und musikalisch niveauvoll inszenierte Werk nicht nur zu einem der beliebtesten Weihnachtsfilme machen. Und auch wenn die unzähligen dem Meere entsteigenden Einhörner gen Filmende nicht darüber hinwegtäuschen können, dass ein Handlungsstrang – nämlich die sich anbahnende Liebesgeschichte zwischen dem heldenhaften Prinzen und dem temporär menschlichen Einhorn – nicht dem klassischen Happy End entgegenläuft, laden

Schmendricks Worte alle Jahre wieder zum Besinnen ein: »Es gibt nie ein glückliches Ende, denn es endet nichts.«

Zwischen Krippe und Weihnachtsmarkt – das Christkind

von Raimund Gründler

Aus früheren Tagen ist in manchen Familien noch der Brauch überliefert, die Kinder im Advent für ihre Hilfe in Haus und Küche mit einem Strohhalm zu belohnen. Diesen dürfen sie dann in die bereits aufgestellte, aber natürlich noch leere Weihnachtskrippe legen. Je mehr Strohhalme zusammenkommen, desto weicher liegt das Christkind an Weihnachten in seiner Krippe.

In Nürnberg wiederum steht am Freitag vor dem 1. Adventssonntag jedes Jahr ein blondgelocktes, schon recht großes Mädchen mit goldener Krone und ebensolchen Flügeln auf dem Balkon der Frauenkirche und behauptet von sich, das Christkind zu sein, ja es verkündet sogar: »Das Christkind lädt zu seinem Markte ein.« Da stellt sich schon die Frage, wie das neugeborene Kind in der Krippe, das ja nicht mehr und nicht weniger ist als der frisch geborene Jesusknabe, zu der strahlenden, engelsgleichen jungen Frauengestalt mutieren konnte.

Martin Luther war es, der diese Entwicklung einleitete, auch wenn er mit Sicherheit nicht voraussehen konnte, welche Bedeutung seine Idee im Laufe der Jahre erlangen sollte. Dem Reformator war der Heiligenkult der katholischen Kirche ein Gräuel. Die zahlreichen, vielfältig verehrten Heiligen hielt er wohl durchaus für geeignet, mit ihrem Lebenswandel als Vorbild für das Christenvolk zu dienen. Aber ihre Rolle als Fürsprecher für die Menschen vor Gott lehnte er ab. Die Menschen sollten sich direkt an Gott wenden, sie sollten in direkte

Zwiesprache mit ihm treten und nicht die Mittlerdienste einzelner Heiliger in Anspruch nehmen müssen. Und umgekehrt sollten sie dann alle Wohltaten direkt von Gott empfangen und sich nicht bei irgendwelchen Heiligen bedanken müssen. Nun war es zur Zeit Luthers schon ein alter Brauch, dass zu Jahresende Geschenke verteilt wurden. Paten bedachten ihre Patenkinder, Bauern und Handwerker ihre Knechte, Mägde und Gesellen. Ganze Märkte wurden zur Deckung des Bedarfs abgehalten. Diese fanden meist an Tagen statt, die für den Volksglauben wichtigen Heiligen gewidmet waren. Entsprechend wurden sie nach diesen Tagesheiligen benannt. Los ging es am 11. November mit den Martinimärkten, gefolgt von den Märkten an den Gedenktagen der heiligen Katharina am 27. November und des heiligen Andreas am 30. November bis hin zu den Thomasmärkten am 21. Dezember. Es war naheliegend, dass vor allem die Kinder die Gaben, die sie zu ihrer Freude erhielten, in enge Verbindung mit dem oder der »Marktheiligen« brachten. Die Geschenke wurden ja auch nicht bis zum Weihnachtsfest aufgehoben, sondern sofort übergeben.
Weihnachten selbst war in dieser Zeit vor allem noch ein Kirchenfest, mit einer feierlichen Messe mit stimmungsvollen Gesängen als Höhepunkt. Daheim deutete lediglich ein besonders köstliches Mahl, ein Festessen, darauf hin, dass es sich um einen hohen Festtag handelte. Der Austausch von Geschenken zum Weihnachtsfest beschränkte sich meist auf die wohlhabenden Kreise. Insofern war das Christkind als Gabenbringer nicht mehr ganz unbekannt, aber es hatte noch keine große Bedeutung. Auch die Familien, die bereits Weihnachtsgeschenke austauschten, sich also vom Christkind bescheren ließen, verzichteten nicht auf Geschenke am 6.

Dezember, dem Nikolaustag. Dies war der wichtigste Schenktag. Gespannt warteten die Kinder (und sicher auch mancher Erwachsene) auf die Ankunft des heiligen Bischofs, des großen Wohltäters. Aus seinem geheimnisvollen Sack kamen Nüsse und Äpfel, vielleicht etwas zum Anziehen oder ein kleines Werkzeug für die Jungs zum Vorschein. Spielsachen waren dagegen höchstens bei adeligen oder sehr reichen Familien verbreitet. Da schon damals die Kinder nicht so genau informiert wurden, wer dem Nikolaus die feinen Sachen eigentlich in den Sack gepackt hatte, erreichte ihn der uneingeschränkte und innige Dank der Kleinen. Und auch die anderen Heiligen, die an ihren Gedenktagen Anlass zu Geschenken gaben und mit ihren Märkten überhaupt erst die schönen Dinge in die Städte und Dörfer brachten, über die man sich so sehr freuen konnte, wurden dankbar verehrt. Der weltberühmte Nürnberger Christkindlesmarkt, der im 16. Jahrhundert noch »Kindleinsmarkt« hieß, da hier die Geschenke für die Kinder eingekauft wurden, hatte seinen großen Markttag am Thomastag.

Diese enge Bindung weltlicher Gaben an Heilige war nun genau das Gegenteil von dem, was Martin Luther wollte. Nicht nur die geistigen und ideellen Segnungen, auch materielle Freuden sollten von Gott und damit auch von Jesus Christus kommen. So lag es nahe, die Geschenke künftig am Weihnachtstag zu bescheren und gleichzeitig auch eine neue Figur des Schenkenden einzuführen. Um dies aber für die Menschen, die ihre Heiligen gewohnt waren und ihnen auch emotional nahestanden, nachvollziehbar zu machen, musste auch der neue Schenktag mit einem Gabenbringer verbunden werden. Hier bot sich natürlich das Jesuskind an, schon damals Christkind genannt, das logischerweise im Mittelpunkt der

Weihnachtserzählungen und Weihnachtsdarstellungen stand. Zahlreiche Festtagsbräuche, wie beispielsweise das »Kindlwiegen«, waren rund um das Kind in der Krippe bereits weit verbreitet. Und doch griff Luther nicht auf diese naheliegende Lösung zurück, sondern führte mit dem Heiligen Christ eine neue Figur ein. Hatte Luther vielleicht Bedenken, die für viele Menschen so wichtige Rolle des Gabenbringers einem Säugling anzuvertrauen? Befürchtete er, ein Neugeborenes könne sich nicht gegen so stattliche Männer wie den heiligen Nikolaus oder den heiligen Martin durchsetzen? Wir wissen es nicht, wir können nur Vermutungen anstellen. Der Heilige Christ war eine erwachsene, ganz in Weiß gekleidete Person. Er kam auch nicht heimlich bei Nacht, wie wir es heute vom Christkind gewohnt sind, sondern zog gemeinsam mit seinen Begleitern durch die Straßen. Er klopfte an die Türen, trat in die Stuben und befragte die Kinder. Alles Dinge, wie wir sie vom Besuch des heiligen Nikolaus kennen. Luther wollte also nicht einen Brauch verändern, sondern nur eine Person austauschen. So richtig durchgesetzt hat sich diese strenge Figur dann aber doch nicht, nicht einmal im Hause Luther. Es ist überliefert, dass in seiner Familie etwas eintrat, wie wir es heute aus vielen Häusern kennen: Am Nikolaustag brachte der heilige Nikolaus seine Gaben und am Weihnachtstag freute man sich am Heiligen Christ. Diese kinderfreundliche (und manchmal auch erwachsenenfreundliche) Methode hat sich weit verbreitet, auch wenn aus dem strengen Heiligen Christ schon längst das liebe Christkind geworden ist. Wird es als Säugling oder Kleinkind meist noch als Knabe dargestellt, entwickelt es sich mit zunehmender Größe hin zu einem blondgelockten Kind oder sogar Teenager,

gerne mit Flügeln und gleicht oft mehr einem Engel als einem Menschen.
Die Veränderung der Darstellung des Christkindes zu einer Figur, die eher als eine weibliche Person wahrgenommen wird, ist der erstaunlichste Teil der Geschichte und ging schleichend vor sich. Vermutlich spielten Einflüsse vorchristlicher Bräuche eine Rolle. Ebenso trug wohl die Entwicklung vom strengen Heiligen Christ zu einer lieblicheren Person ihren Teil zu diesem Wechsel bei. Und im Übrigen: So genau kennen wir das Christkind ja nicht. Von den Auftritten im Elsass und in manchen, vor allem bayerischen und fränkischen Städten abgesehen – allen voran natürlich Nürnberg –, wirkt es heute ja eher im Verborgenen. Es kommt, wenn die Kinder schlafen oder die Mama gerade im Weihnachtszimmer werkelt. Nur noch ein sich leicht blähender Vorhang am offenen Fenster zeigt, dass das Christkind gerade heimlich entwischt ist. Es hat sich also im Laufe der 500 Jahre seit Martin Luther zu einer ganz eigenständigen Figur entwickelt, was dazu führt, dass manch theologisch besonders strenger Mensch großen Wert darauf legt, das Kind in der Krippe als Jesusknaben zu bezeichnen. Das Christkind ist aber in aller Welt zu einem der wichtigsten Symbole des Weihnachtsfests geworden. Fernsehsendungen am Nachmittag des Heiligen Abends heißen: »Wir warten auf das Christkind« und nicht »Solange die Weihnachtsgans schmort«. Die ganze Vorweihnachtszeit über steht das Christkind schon vor der Tür. Und zahlreiche Bräuche wurden nach dem Christkind benannt. Bis hin zum »Christkindlanschießen« im Berchtesgadener Land, bei dem man mit viel Lärm dem Christkind signalisiert, dass es willkommen sei. Gleichzeitig soll der Lärm ihm helfen, den Weg zu den Menschen zu finden.

Auch das liebliche Christkind hat übrigens den Nikolaus nicht verdrängen können. Lediglich gab es einen konfessionellen Seitenwechsel. Führte Luther den Heiligen Christ als Alternative zum katholisch empfundenen heiligen Nikolaus ein, so kommt heute in katholischen Familien eher das Christkind, während in evangelischen Familien oft der Weihnachtsmann ein und aus geht, der nichts anderes ist als eine Weiterentwicklung des Nikolaus. Ja, manche besonders eifrigen Anhänger des Christkindes rufen sogar »weihnachtsmannfreie Zonen« aus. Da sind Weihnachtsmann, Nikolaus und ihre ganzen Helfer und das Christkind schon viel weiter. Sie machen ganz gerne gemeinsame Sache. Erinnert sei nur an den fröhlichen Dialog zwischen Christkind und Knecht Ruprecht in Theodor Storms berühmtem Gedicht »Von drauß' vom Walde da komm ich her«. Munter feuert das Christkind aus dem Himmel heraus den »alten Gesell« an sich zu sputen. Auf Weihnachtsmärkten absolvieren sie viele gemeinsame Auftritte. Friedlich stehen sie hier oft beieinander. Und der Weihnachtsmann lässt es sich nicht nehmen, das Christkind jedes Jahr in seiner zentralen Wunschzettelsammelstelle im österreichischen Christkindl, einem Teilort von Steyr zu besuchen. Und jedes Jahr staunt er, der doch selbst mit Briefen so stark eingedeckt wird, über die Fülle der Wünsche, die hier eingehen. Und sie beschränken sich bei Weitem nicht auf neue Spielsachen, spannende Bücher oder trendige Kleider. Geschwister werden gewünscht, Gesundheit für sich und Verwandte, gute Noten in der Schule. Ja sogar der Weltfrieden. Und das kennt der Weihnachtsmann aus der Post, die in seinem Briefkasten landet, wohl nicht so genau.
Dem Christkind, obwohl es ja, wie sein Name schon sagt, noch ein Kind ist, scheint man alles zuzutrauen. Und nicht

nur die Kinder haben scheinbar unbegrenztes Vertrauen. Manche Eltern muten dem armen Christkind durchaus noch einen pädagogischen Einsatz zu. Wer kennt sie nicht, die mahnend gesprochenen Sätze: »Das sieht das Christkind aber nicht gern« oder »Pass auf, wenn Du so weiter machst, kommt kein Christkind«. Es war ein pfiffiges Kind, das darauf einmal meinte: »Mama, *so* kleinlich ist das Christkind doch nicht!« – dieses Kind hatte die Botschaft verstanden. Egal, ob wir uns nun am Kind in der Krippe oder der blondgelockten Figur auf dem Balkon der Nürnberger Frauenkirche orientieren.

Was macht Weihnachten für mich aus?

von Anja Weinberger

Ich ärgere mich regelmäßig jedes Jahr über die Weihnachtsartikel und -süßigkeiten, die schon im September in den Regalen der Supermärkte auftauchen. Sollte man sich nicht viel mehr die Freude an und auf Weihnachten aufheben für die paar Wochen Advent? Selbst der Chor, in dem ich singe, beginnt mit den Proben für Bachs Weihnachtsoratorium nie vor dem Ewigkeitssonntag, dem Sonntag vor dem 1. Advent.

Aber nicht mit diesem Ärgernis wollen wir uns hier beschäftigen, sondern mit der Frage, was die Advents- und Weihnachtszeit so besonders macht. Dementsprechend wird es um einige Traditionen, um die Bedeutung von Musik im Gottesdienst und um das eine oder andere recht Persönliche gehen.

Für mich ist der November eine Art Vorspiel zur Adventszeit, denn einige Geburtstage sind in der Familie zu feiern. Vor allem der unserer Tochter, speziell als sie noch kleiner war, ist für mich immer der Einstieg ins »Jahresendgeschehen« gewesen. Schon früh morgens bei Dunkelheit flackerten Kerzen auf einem Törtchen, die ganze Familie saß am Frühstückstisch und Kinderaugen leuchteten.

Spätestens in der Woche danach habe ich mit einer Freundin Jahr für Jahr Adventskalender für die Kinder gebastelt und Kränze gebunden für Tisch und Eingangstüre. Und da begann es dann, durch das viele geschnittene Tannengrün weihnachtlich zu riechen. Außerdem muss in dieser letzten Novemberwoche auch unbedingt unser Weihnachtsgrog angesetzt werden, denn er braucht eine Zeit lang, um gut zu schmecken. Wollen Sie das Rezept wissen? Es gibt nichts Besseres!

WEIHNACHTSGROG

Was braucht man? Ohne Rum geht gar nichts. Gleich zu Anfang muss es ein guter weißer Rum sein und später braucht man dann auch braunen. Außerdem sollte man sich rechtzeitig auf die Suche nach unbehandelten Limetten (viele), Zitronen (eine) und Orangen (zwei) machen. Falls man keinen Ahornsirup zu Hause hat, sollte man sich ein Fläschchen davon besorgen.

Los geht es! Zu allererst stelle man 300 ml Zuckerwasser her und hebe es auf für den nächsten Tag. Das geht ganz einfach: Man nimmt 300 ml Wasser, lässt es aufkochen und rührt 300 gr Zucker hinein, der sich rückstandslos auflöst. Ich verwende Traubenzucker, weil der sich besser löst und nicht zu süß ist. Und danach muss das süße Zeug einfach abkühlen.

Nun schält man sehr vorsichtig die Schale einer Zitrone, einer Limette und zweier Orangen ab. Das Weiße muss dabei an der Frucht bleiben. Diese abgeschälten Schalen, sehr hübsch in gelb, grün und orange, übergieße man mit 700 ml weißem Rum, fülle das alles in ein verschließbares Gefäß und stelle es für 24 Stunden kalt und dunkel. Der ausgepresste Saft der geschälten Früchte wird separat aufbewahrt.

Am nächsten Tag gießt man die Flüssigkeit ab, sie ist jetzt schon sehr schön gelblich, und mischt sie mit dem Saft der Früchte und dem selbst hergestellten Zuckerwasser. Das ist nun der wichtigste Bestandteil des Weihnachts-Grogs. Ich lasse die abgegossenen Schalen immer noch ein bisschen in der Küche liegen, weil sie wirklich sehr gut riechen.

Möchte man nun ein Gläschen trinken, so sollte man danach auf keinen Fall mehr Auto fahren. Wir heben uns diesen Genuss immer für den 23.12. auf, denn da wird der Baum geschmückt. Das geht viel besser mit einem Glas Weihnachtspunsch in Griffweite. Außerdem ist es günstig, schon Weihnachtsplätzchen zur Verfügung zu haben, um dem vielen Alkohol ein Schnippchen zu schlagen.

Der 23. ist noch weit, trotzdem greife ich schon einmal vor, um die Neugierde zu befriedigen. Wie geht es also weiter mit dem Punsch? Für jeden, der ein Glas Weihnachtsfreude haben möchte, braucht man eine halbe Limette. Die wird ausgedrückt und dieser Saft abgemessen. Genau dieselbe Menge Ahornsirup gieße man nun dazu. Und das so Entstandene verdoppele man mit dem selbst hergestellten Punsch-Ansatz.

Nun ist das schon recht viel, aber noch nicht genug. Denn das nun vor uns stehende Gemisch wird wieder verdoppelt, diesmal mit braunem Rum. Spätestens jetzt wird klar, warum das Auto in der Garage bleiben sollte. Nun wird das duftende orange-braune Elixier sehr vorsichtig erhitzt. Es darf auf keinen Fall kochen, sonst wird es bitter! Wer möchte, kann kochendes Wasser bereitstellen, um … ja, wie soll ich das sagen … um ein bisschen am Alkoholgehalt zu korrigieren? Man könnte noch einmal das soeben Hergestellte verdoppeln. Ich stelle das heiße Wasser jedoch immer in einer schönen Karaffe auf den Tisch, damit jeder selbst entscheiden kann. Sehr unterschiedlich sind meine Beobachtungen da. Manch einer verdünnt den leckeren, heißen Cocktail tatsächlich, manch einer stellt das heiße Wasser nur daneben, um das Gesicht zu wahren.Wohl bekomm's!

Ungefähr jetzt proben wir am Ende der Chorprobe auch schon für die Weihnachtsgottesdienste, denn das sind viele. Los geht es schließlich am 1. Advent, und das erste Lied im Gottesdienst ist immer »Machet die Tore weit«. In diesem Moment beginnt für mich die Vorweihnachtszeit nun wirklich. Nach dem Gottesdienst gehen wir meist gleich nach Hause und zünden die erste Kerze an. Auch das gehört unbedingt dazu. Man darf sie nicht nebenbei anzünden, nein, man muss genau zusehen, wie der brennende Docht das Wachs erreicht. Das ist der Garant für eine gute erste Adventswoche. Auf dem Frühstückstisch steht meist nicht viel, denn die Adventszeit ist ja genau genommen Fastenzeit. Wir haben gutes Bauernbrot, Tee, Kaffee, Obst und Marmelade. Nun werden die Weihnachts-CDs herausgesucht, und zum ersten Mal erklingt die 1. Kantate aus Bachs Weihnachtsoratorium. Eigentlich gehört sie hier – zeitlich betrachtet – noch nicht hin, zu früh, aber ich möchte sie unbedingt hören. Bis Hochneujahr wird dieses »Jauchzet, frohlocket« oft durchs Haus schallen.
Am Nachmittag des 1. Advents setze ich gerne den Teig für unseren Weihnachtsstollen an. Das Rezept ist das meiner Großmutter und ich freue mich sehr, dass es in der Familie geblieben ist. Falls Sie nicht selbst ein gutes haben – dieses hier klappt hundertprozentig:

Großmutters Weihnachtsstollen

Über Nacht lege man 250 g gute Rosinen, 350 g gemahlene oder gehackte Mandeln oder Walnüsse (hier in Franken, wo ich mit meiner Familie lebe, gibt es sehr viele Walnussbäume), 350 g Zitronat oder Orangeat und 150 g Zucker in mindestens 250 ml braunen Rum ein.

Am nächsten Tag mache man einen Hefeteig aus 1150 g Mehl, 6 Würfeln guter, frischer Hefe, 330 g geschmolzenem, abgekühltem Butterschmalz und dem eingelegten Nussgemisch. Ist der Teig zu fest, so mische man etwas lauwarme Milch darunter. Zum Schluss noch eine Prise Salz! Zwei- oder gar dreimal lasse ich den Teig nun gehen.

Aus dieser Menge Teig kann man gut zwei gleich große, längliche Stollen formen, die noch einmal gehen müssen. Dann kommen sie in den Ofen – zuerst 50 Min. bei 200°, dann 25 Min. bei 170°. Gut aufpassen und im richtigen Moment eine Alufolie zum Abdecken bereithalten, damit der feine Stollen nicht verbrennt, aber doch gut durch ist.

Weihnachten kann kommen. Der Stollen wird dann mit flüssiger Butter bestrichen und mit Trauben oder Puderzucker bestreut. Wer möchte, kann das mehrmals machen. Schließlich wird jeder Stollen für sich luftdicht verpackt und in einem Beutel aufbewahrt. Ein rotes Schleifchen schadet nicht.

Angekommen im Dezember, bin ich als Musikerin viel unterwegs. Ich spiele häufig mein Weihnachtsprogramm »Vom Himmel hoch …«, aber auch jede Menge anderer Kammerkonzerte. Meine Schüler sind im Weihnachtslieder-Taumel und v. a. die Kleineren lernen im restlichen Jahr nie so viel wie in dieser eigentlich ja kurzen Zeit.
In den Adventswochen versuche ich immer, an einem Abend pro Woche Zeit zu haben, um Weihnachtsplätzchen oder Lebkuchen zu backen. Jeder in unserer Familie hat ein anderes Lieblingsrezept, und so gibt es ziemlich viel zu tun. Meine Mutter, meine Tochter und ich teilen die Arbeit so gut es geht untereinander auf. Wollen Sie mein Lieblingsrezept wissen?

Florentiner

50 g Butter und 200 g Zucker werden geschmolzen. Darunter mischt man 2 Teelöffel Vanillezucker, 250 ml frische Sahne, 300 g gehobelte Mandeln und 150 g feingehacktes Orangeat oder auch Rosinen. Die klebrige Masse wird auf kleine Oblaten von höchstens 4 cm Durchmesser gestrichen und bei niedriger Temperatur im Ofen gebacken, bis die Ränder sich dunkel färben. Sind die Florentiner abgekühlt, so bestreiche man die Unterseite mit dunkler Schokolade.

Auch dieses Rezept funktioniert gut mit gehackten Walnüssen.

Nun stehen schon rote Weihnachtssterne auf den Fensterbänken, überall kann man eine Kerze anzünden, wenn man das möchte, und ich hole den Karton mit unseren Erzgebirgischen Adventsfiguren vom Dachboden. Da muss immer irgendetwas ausgebessert werden, und so geht jedes Stück einmal durch meine Hände. Unsere Tochter hat einen Beruf ergriffen, der auch – auf andere Art – mit Musik zu tun hat. Sie ist Holzblasinstrumentenbauerin und kann mit ihren Feinmechanikerhänden wunderbar solche Kleinigkeiten reparieren.
In der Woche vor Weihnachten besorgt mein Mann den Weihnachtsbaum. Entweder fährt er mit einem Freund ins Fichtelgebirge oder in die Fränkische Schweiz, um einen zu schlagen, oder er greift auf die Baum-Plantage gleich am Dorfrand zurück. Das wird immer mit großem Hallo erledigt, und mittlerweile müssen einige Bäume geholt werden, denn jedes der Kinder hat längst ein eigenes Zuhause. Bis vor einigen Jahren hatten wir immer einen sehr, sehr hohen Baum. Hunderte von kleinen Lichtern waren darin und viele Kartons mit

Weihnachtsschmuck wurden geöffnet, um ihn zu schmücken. Raten Sie, wer das immer gemacht hat! Genau, das war ich, und obwohl ich die vielen Anhängerchen immer gerne angeschaut habe, denn mit ihnen sind viele Erinnerungen verknüpft, bin ich vor einigen Jahren in einen »Baum-Schmuck-Streik« getreten. Seitdem haben wir einen winzigen Baum, der von der Decke herabhängt. Sehr hübsch sieht das aus und das Schmücken geht leichter und schneller.
Wir leben in einem alten Haus mit sehr viel Holz an Decken und Wänden. Deshalb haben wir schon immer Lichterketten im Baum und keine echten Kerzen. Einerseits schade, andererseits kann man die Lichter so jedoch viel häufiger erleuchten lassen.
Nun sind wir endlich in der passenden Zeit für Johann Sebastian Bachs Weihnachtsoratorium angekommen; ich freue mich immer sehr auf das Konzert. Bis auf den letzten Platz ist die Kirche jedes Jahr besetzt, und nach den vielen Jahrzehnten, die unser Chor hier schon wirkt, können bestimmt auch viele Zuhörer alle Arien und Choräle auswendig.

Am 23. Dezember wird der Baum geschmückt. Früher war das gar nicht so einfach, denn das Töchterchen sollte am Heiligen Abend überrascht werden. Heute ist das anders. Wir Frauen machen es meist zu dritt, nachdem unser Lieblingsmann den Baum unter einigem Geschimpfe aufgehängt hat. Neben den hauptsächlich roten und goldenen Schmuckanhängerchen, jedes mit einer eigenen Geschichte, steht ein Teller mit Weihnachtsplätzchen auf dem Tisch, der legendäre Punsch ist eingeschenkt und Weihnachtslieder erklingen.
Bald schaukeln kleine rote Kugeln im Lichterschein, Engelchen mit verschmitzten Gesichtern blinzeln von den

Tannenzweigen herab, aus hellem Holz ausgesägte Sterne drehen sich an den noch nicht ganz entwirrten Schnürchen und der eine oder andere besonders wichtige Anhänger wird ein paar Mal umplatziert, um die ideale Stelle für ihn zu finden. Wenn schließlich alles hängt, wo es hängen soll, bleiben wir meist noch lange sitzen und schauen auf die Lichter, die sich in den Fenstern spiegeln. Noch einmal durchatmen vor dem Heiligen Abend ...

Am nächsten Morgen muss dann alles nach Programm laufen. Dazu gehört auch, dass der eine oder andere schnell noch ein Päckchen einpackt oder ein wichtiges Telefonat geführt werden muss mit einem, der in den nächsten Tagen unbedingt zu einem weihnachtlichen Besuch überredet werden soll. Längst ist eingekauft für die kommende Zeit, der Kühlschrank ist gut bestückt. Bei uns gibt es am Heiligen Abend nichts Festliches auf dem Tisch, denn der Tag ist bis zum Rand angefüllt mit Musik und Gottesdiensten, wirklich ruhig wird es erst am Nachmittag des 1. Feiertages.

Der erste Weihnachtsgottesdienst ist für uns die Christvesper am 24. Dezember um 17 Uhr. Auf dem Weg in die Kirche kommen uns schon aufgeregte Kinder mit ihren Großeltern entgegen, die gerade im Familiengottesdienst samt Krippenspiel waren. Die Eltern sind während dieser Zeit zuhause und spielen Christkind.

Für den großen Chor ist auf der Empore alles abgesperrt, es wird eng, denn auch jetzt ist die Kirche randvoll. Überall stehen Extrastühle. Die Mesnerin hat sich wieder selbst übertroffen und zwei wunderschöne, sehr hohe Bäume geschmückt. Die Weihnachtsgeschichte rührt immer wieder, die Lieder sind immer dieselben; niemand möchte es anders haben. Mein liebstes Lied in diesem Zusammenhang ist »Übers

Gebirg Maria geht« von Johann Eccard, vielleicht weil ich die Freundschaft zwischen Maria und Elisabeth als so zukunftsweisend empfinde, und auch, weil mir die vielen Darstellungen der beiden Frauen in der christlichen Ikonographie so gut gefallen[1]. Und jedes Jahr ist es wieder ergreifend, wenn alle Anwesenden am Ende des Gottesdienstes und bei Dunkelheit aus vollen Kehlen »O Du Fröhliche« schmettern.

Schließlich sind alle Hände geschüttelt, alle Freunde gedrückt, kleine Päckchen verschwinden in Taschen und wir machen uns auf den Nachhauseweg. Dort gibt es Bratwürstchen und Kartoffelsalat nach dem Rezept der Großmutter. Alte Schallplatten mit Weihnachtsliedern werden aufgelegt oder auch mal neuere CDs mit moderner Weihnachtsmusik. Jedes Jahr versuchen wir, Interessantes und Neues zu finden. Ich mag gerade sehr gern Anne Sophie Otters *Home for Christmas*.

Auf dem Tisch stehen viele Kerzen, der Baum leuchtet, unter ihm liegen ein paar Geschenke. Wir reden, stoßen an, verteilen Päckchen, beobachten die anderen beim Auspacken. Nicht lange und mein Mann und ich schnappen uns die Chormappen und steigen schon wieder ins Auto. Die Christmette in der Nacht ist mein Lieblingsgottesdienst. Die Kirche ist dann nicht so voll, alles ist ruhiger, der Chor ist kleiner, man kann sich selbst gut hören und den Klang im schönen Kirchengewölbe verfolgen. »Es ist ein Ros entsprungen« stimmt der Chor zu Anfang an, eher zurückhaltend und erzählend. Am Ende des Gottesdienstes gehen alle Lichter aus und die ganze Gemeinde singt stehend »Stille Nacht!«. Einige Gesichter erkennt man wieder, die auch schon nachmittags da waren; wir sind nicht die Einzigen, die diesen »Weihnachts-Doppelpack« genießen.

Zuhause ist alles ruhig, Geschenkpapier will aufgehoben werden, Kordeln und Schnüre verschwinden wieder in der Truhe, schließlich kann man sie oft verwenden. Ich mache noch einmal die Lichterketten im Baum an und räume Tisch und Küche auf. Auf den sauberen Tisch kommt schon das Frühstücksgeschirr. Die Uhr zeigt meist knapp 2 Uhr – also mitten in der Weihnachtsnacht. Am Morgen wird der Wecker früh läuten, denn unser Chor singt um 9.30 Uhr im Hauptgottesdienst. Um 8.30 Uhr treffen wir uns zu einer kurzen Probe, alle sind hübsch angezogen, manche tragen ein neues Kettchen um den Hals oder eine neue Krawatte. Nun ist wirklich Weihnachten, der Trubel des Heiligen Abends ist vorbei, die Bescherung »erledigt«. Alle sind ruhig, alle freuen sich auf die schönen Kirchenlieder, die nun folgen werden.
Zuhause wartet dann der gedeckte Tisch und es kann festlich werden. Zum Frühstücksbrunch steht frischer Orangensaft auf dem Tisch neben einer duftenden Kanne mit frisch gebrühtem Kaffee. Lachs, Pastete, Obstsalat und Bauerneier vervollständigen den Genuss. Natürlich wird auch ein Sekt geöffnet und der Feiertag nimmt seinen Lauf. Alle schmökern in neuen Büchern oder telefonieren mit Freunden in der Ferne. Ein Mittagsschläfchen liegt im Bereich des Möglichen, das Abendessen ist danach schon nicht mehr weit. In der Küche geht es fröhlich zu, jeder weiß, was er zu tun hat, denn in jedem Jahr gibt es das Gleiche: Rouladen vom Bauern im nächsten Ort, Rotkraut, Rosenkohl, Kartoffelklöße und seit einigen Jahren auch Kürbisgnocchi. Wichtig ist, dass ein besonders Geduldiger am Herd steht und vorsichtig Brotwürfel anbrät, die hier in Franken in die Mitte der Klöße hinein gehören, sonst sind es keine richtigen Klöße. Alles wird in einer großen Zinnschüssel angerichtet und kommt dann zusammen mit

der Sauciere auf den Tisch – es riecht köstlich. Rotwein wird eingeschenkt oder ein fränkisches Landbier. Herrlich.

Am 2. Feiertag ist bei uns immer Tag der offenen Tür. Das wissen all unsere Freunde und Nachbarn und jeder kann auf einen Sprung vorbeikommen. Einzige Voraussetzung: Trinkfest muss man sein und ein paar Weihnachtsplätzchen dabeihaben, um sie mit denen der anderen Gäste auszutauschen. Dahinter steckt die alte fränkische Sitte des »Baumlobens«. Man kommt, schaut den Baum an, sagt »So ein schöner Baum!« und bekommt zum Dank ein Gläschen Schnaps eingeschenkt. In manchen Dörfern laufen die jungen Leute von Haus zu Haus – gut, dass Plätzchen da sind, um den ganzen Alkohol aufzusaugen. Bei uns geht es recht sittsam zu, aber sehr fröhlich, denn manche der Gäste haben sich schon lange nicht mehr gesehen.
Früher, auch noch als unsere Tochter klein war, lag um diese Zeit immer jede Menge Schnee. Wir sind viel spazieren gegangen, waren Schlittschuhlaufen und Skifahren. Mittlerweile jedoch sind die Weihnachtsfeiertage und die Tage zwischen den Jahren meist grün statt weiß und man muss nach anderen Möglichkeiten suchen. Häufig fahren wir für ein paar Tage ins Allgäu oder ins Riesengebirge, nur zu zweit. Kommen wir dann zurück, naht schon der Jahreswechsel und damit bald der Alltag. Doch diese knapp zwei Wochen Weihnachtszeit sind so fest in unseren Herzen verankert, dass wir niemals auf die Idee kämen, dem schmuddeligen Wetter oder der grauen Jahreszeit zu entfliehen, um irgendwo auf der südlichen Erdhalbkugel Urlaub zu machen.

Widerstand gegen weihnachtliche Gemütlichkeit

von Marion Rissart

Stell dir vor, es ist 1978 und gibt Weihnachten ohne Gemütlichkeit! Kaum vorstellbar für die Hoppenstedts, jene aus Vicco von Bülows (alias Loriot) Feder stammende Vorzeige-Weihnachtsfamilie. Opa Hoppenstedt (Loriot selbst), Vater Hoppenstedt (Heinz Meier) und Mutter Hoppenstedt (Evelyn Hamann) ziehen alle an einem Strang, wenn es darum geht, ein schönes Weihnachtsfest zu erleben. Aber nicht einfach nur »schön« – *totale* Gemütlichkeit ist angesagt, und die hat oberste Priorität!

Zunge raus gegen Weihnachten

Wirklich die ganze Familie? Nein. Das unbeugsame Kind des Hauses namens Dicki Hoppenstedt (männlich/weiblich/divers?), gespielt von Katja Bogdanski, hört nicht auf, mit nonkonformistischem Verhalten der weihnachtlichen Subordination Widerstand zu leisten. Von Weihnachtsbaum und Geschenken unbeeindruckt, streckt es wahlweise Opa oder Eltern die Zunge heraus oder gibt den Geschenken einen Tritt. Doch ich greife vor …

Naturfrisch statt Lametta

Schon das Baumschmücken steht unter einem etwas ungünstigen Stern: Vater und Mutter behängen die Tanne mit roten Äpfeln. Beide stehen vor der nervenzerfetzenden Entscheidung, wie und wann die Bescherung ablaufen soll (vor oder nach dem Aufsagen von Dickis Gedicht; erst fernsehen, dann auspacken oder umgekehrt), damit man endlich zum gemütlichen Teil übergehen kann. Opa plärrt dazwischen, dass es früher »mehr Lametta« gab.[1] Dazu muss man wissen, dass man in den 50ern die Weihnachtsbäume gern und üppig mit Lametta behängte, aber im Laufe der Jahre immer mehr davon absah. Zu billig wirkte das in dünne Streifen geschnittene Stanniolpapier, zu protzig und zu grell.[2] Vater Hoppenstedt weist auch sofort Opa darauf hin, dass der Baum dieses Jahr gefälligst »naturfrisch und umweltfreundlich« zu sein habe.

Zicke, Zacke, Hühnerkacke

Der Heilige Abend nimmt seinen traditionellen Verlauf. Dicki, mit blonder Prinz Eisenherz-Frisur gesegnet und in Bundfaltenhose, Bluse, Fliege und bunte Weste gepresst, wird genötigt, ein Weihnachtsgedicht aufzusagen. Doch weder Dickis anarchistische Haltung beim Aufsagen (statt Poesie kommt »Zicke, Zacke, Hühnerkacke«) noch Opas misslungener Auftritt als Weihnachtsmann mit anschließendem trotzigem Gebaren (»Ich will jetzt mein Geschenk haben!«) kann die Stimmung trüben.[3] Ähnlich wie aus Freddy Quinns Liedzeile »Hundert Mann und ein Befehl und ein Weg, den keiner will«[4] ziehen Vater und Mutter Hoppenstedt ihren Stiefel, allerdings mit automatisierter guter Laune, durch. So packt Vater Hoppenstedt klaglos die x-te, in Styropor verpackte Krawatte aus und legt sie zu dem bereits neben ihm liegenden Krawattenstapel. Mutti freut sich über die zu erwartende Überraschung, den »Heinzelmann-Saugblaser«, den ihr vorab ein Staubsaugervertreter als *die* ultimative Pflege für Teppich UND Haare mit dem Slogan »Es saugt und bläst der Heinzelmann, wo Mutti sonst nur saugen kann« angepriesen hatte.[5]

Schenken ist kein Akt christlicher Nächstenliebe

Auch das Präsent an Opa, ein Plattenspieler, ist kein selbstloser Akt christlicher Nächstenliebe. Ursprünglich dafür gedacht, dass Opa seine Platten in seinem Zimmer hört und die Familie mit seiner Musik verschont, kehrt er den Spieß um. Er zieht den Stecker für die Elektrokerzen des Weihnachtsbaums aus der Steckdose, um dort respektive seinen Stecker für den Plattenspieler anzuschließen. Daraufhin sitzt die Familie für kurze Zeit im Dunkeln, Opa wird als ungemütlich gescholten, bis er den für die Weihnachtskerzen gedachten Stecker wieder an das örtliche Stromnetz anschließt und eine andere Steckdose für seinen Plattenspieler wählt. Endlich darf der Helenenmarsch durch das Wohnzimmer dröhnen und Opa dazu rhythmisch die Faust in die Luft strecken. Aber auch das passt den Eltern nicht und Opa wird, weil besagte Gemütlichkeit eben unbedingt herbeizuschaffen ist, vor den Fernseher gesetzt.[6]

Dickis Geschenk macht »puff«

Doch kommen wir zurück zu Dicki. Während die Familie die Geschenke auspackt, beschäftigt sich Dicki, wie im Film zu sehen ist, mit deren Abfall. Selbstversunken spielt das Kind mit dem Styropor-Innenleben der Krawattenschachteln. Erstaunlicherweise legt das Kind ein völliges Desinteresse seinen eigenen Geschenken gegenüber an den Tag, denn es packt sie gar nicht erst aus. Zuvor gab es die Szene, die Opa im Spielzeugladen beim Kauf eines Weihnachtsgeschenks für sein Enkelkind zeigt: Die bohrenden Fragen der Verkäuferin (Größe, Geschlecht, Name des Kindes), um das passende Präsent zu finden, irritieren den alten Mann, zumal er sich anscheinend noch nie Gedanken über Aussehen, charakterliche

Eigenschaften, geschweige denn Hobbies seines Enkels gemacht hat. Sofort gerät er in Harnisch, als die Verkäuferin (gespielt von Evelyn Hamann) insistiert und nachfragt, ob das Kind denn ein »Zipfelchen« habe, also ob sie nach einem Spielzeug für Jungen suchen soll. Genervt antwortet er, das Kind habe gesunde Eltern und ein anständiges Zuhause sowie »Zucht und Ordnung«. Ob es denn hier Spielzeug für anständige Kinder gebe?[7] Gibt es natürlich. Also ergattert Opa für Dicki das Spieleset eines Atomkraftwerks für Jungen und Mädchen im Alter von fünf bis zehn Jahren. Das Kaufargument, dass es auch richtig explodieren, also »puff machen« kann, überzeugt ihn sofort!

Das Atomkraftwerk hält, was es verspricht

Wer jemals zu Weihnachten eine Modelleisenbahn bekommen hat, weiß nun, was kommt. Denn bei den Hoppenstedts wird an Heiligabend (wie in vielen anderen Familien auch) der Zusammenbau des Spielzeugs zur männlichen Chefsache erklärt. Allein auf dem Teppich hockend, baut Vati konzentriert Brennkammer, Neutronenbeschleuniger sowie Sicherheitskuppel zusammen. Dicki allerdings lässt sich zu keinerlei Hilfsdiensten animieren und zeigt sich widerborstig. Das Kind dreht bewusst dem Ganzen den Rücken zu und schmeißt lediglich eine Kugel auf die darum herum drapierten Kühe und Häuser. Erst als die Brennstäbe durchglühen und ein Loch in den Boden brennen, dreht Dicki sich um und schaut erstaunt auf seine Eltern, weil diese sich daran ergötzen, dass das Atomkraft-Spiel tatsächlich explodiert, obwohl es das laut Gebrauchsanweisung nicht soll. Aber für sie beweist es, makaber genug, dass das Spiel hält, was es verspricht. Es macht ihnen auch nichts, dass sie durch das Loch nun die in der Wohnung unter ihnen sitzenden Nachbarn bei ihrem Weihnachtsessen beobachten können. Vater Hoppenstedt weiß die Lösung für das Malheur und legt einfach ein Stück Geschenkpapier darüber. So ist das Loch für die Familie einfach nicht mehr vorhanden, auch wenn Opa mit einem Bein hineinfällt und bis zur Hüfte darin steckenbleibt.

Hoppenstedts vermüllte Gemütlichkeit

Vicco von Bülow sagt, dass Komik eine gewisse Fallhöhe brauche. Wenn jemand eine Sache ernst anlegt und sie misslingt, dann entstehe dabei Komik.[8] Er setzt in seinem Sketch daher noch einen drauf: Da sich die angestrebte Gemütlichkeit bis jetzt immer noch nicht richtig eingestellt hat, müssen die Hoppenstedts noch härter daran arbeiten, um sie zu erreichen. Sie tun das, indem sie erst einmal den von ihnen verursachten Müll beseitigen. Die selbsternannten »Ökos«, Vater und Mutter Hoppenstedt, finden eine vermeintlich rasche und bequeme Lösung, indem sie alles im Hausflur entsorgen. Doch die Nachbarn finden die Idee gleichfalls super, nur dass sie noch schneller handeln. So ergießen sich ihre und Hoppenstedts weihnachtlichen Überreste über Vaters und Mutters Köpfe – und die Gemütlichkeit erstickt endgültig in einer Müllhalde. Wer jemals nach dem Fest seinen eigenen Müll in die bereits überquellenden Tonnen wirft und die Berge von durchweichten Kartons gekonnt ignoriert, weiß spätestens dann, dass er keinen Deut besser ist als die Hoppenstedts. Und so passiert der Umkehrschluss: Jetzt lacht der Zuschauer nicht mehr über sie, sondern über sich selbst …

Heiligabend in den 60er-Jahren

von Andrea Strobl

Die Erinnerung ist das einzige Paradies,
aus dem wir nicht vertrieben werden können.

(Jean Paul)

Die meisten von uns haben ihre ganz persönliche »Weihnachtsgeschichte«. Egal, wo und wann wir aufgewachsen sind: Wir haben unsere Weihnachtserinnerungen aus Kindheitstagen, und es werden leider nicht bei allen von uns so gute, wie ich sie hier in Erinnerung habe, dabei sein. Bestimmt haben wir auch regional etwas unterschiedliche weihnachtliche Bräuche in Erinnerung, aber unsere Kinderherzen haben – hoffentlich und überwiegend – eines gemeinsam: die Erinnerung an Wärme, Gemütlichkeit, kindliche Aufgeregtheit, Erwartung und Freude ...

Die Weihnachtsabende meiner Kindheit in den 60er-Jahren des vorigen Jahrhunderts liefen viele Jahre lang nach festgelegten Mustern ab, die uns Kindern damals aber gerade deshalb wohl ein Gefühl von Geborgenheit schenkten:

Die Mutter scheuchte uns am Morgen des 24. Dezember schon früh aus den Betten: »Raus aus den Federn! Heute ist Heiligabend!« Mit noch schlafverklebten Augen schlurften wir in unseren Schlafanzügen zum Frühstückstisch. Mutter war derweil schon sehr geschäftig in Haus und Küche, der Vater bereits außer Haus.

Gleich nach dem Frühstück wurde ich mit meiner besten Freundin aus der Nachbarschaft zum nahegelegenen Bauern geschickt, um frische Milch und Butter für die Feiertage zu besorgen, in späteren Jahren dann zum Krämerladen ein paar Straßen weiter, um Vergessenes noch im letzten Moment zu besorgen. Am Vormittag spielten wir dann meist mit den Nachbarskindern, gingen zum Schlittenfahren oder später, als wir etwas älter waren, zum Skifahren auf unseren nahegelegenen »Hausberg« – die Mütter jedenfalls wollten uns offensichtlich für ein paar Stunden aus dem Haus haben. (Heutzutage gar nicht mehr denkbar, was wir damals ohne elterliche Aufsicht so alles machen durften, aber wahrscheinlich war es einfach so, dass die größeren Kinder auf die kleineren aufpassten …)

Beim verspäteten Mittagessen bekamen wir dann auch wieder den Vater zu sehen. Meist gab es nur »schnelle Kost«: eine einfache Suppe oder ein paar Spiegeleier. Das Wohnzimmer durften wir nicht mehr betreten, geschweige denn auch nur einen Blick hineinwerfen. Nach dem Essen bestand unsere Mutter dann darauf, dass wir uns noch etwas hinlegen sollten, um ausgeruht in den langen Abend zu gehen. Aber geschlafen haben wir in diesen Nachmittagsstunden wohl selten – viel zu aufregend war doch alles!

Als dann langsam die Dunkelheit hereinbrach, zogen wir uns etwas Festliches an und warteten ungeduldig in unseren Zimmern auf den Beginn des Heiligen Abends …

Um Punkt sechs Uhr ertönte hell ein Glöckchen: Jetzt durften wir endlich aus unseren Zimmern! Der Vater öffnete die Wohnzimmertür und mit vor Aufregung geröteten Wangen sahen wir den hell erleuchteten und wunderbar geschmückten Christbaum, unter dem die schön verpackten Geschenke lagen! Die Mutter saß am Klavier, und wir sangen gemeinsam das eine oder andere Weihnachtslied: »O Tannenbaum«,

»Leise rieselt der Schnee«, »Es ist ein Ros' entsprungen« – seit meiner frühesten Kindheit kenne ich diese Lieder und heute zumindest noch die ersten Strophen. Dann war endlich Bescherung, und wir durften die lang ersehnten Geschenke öffnen!
Nach all der freudigen Aufregung setzten wir uns schließlich hungrig an gedeckten Tisch und bekamen eines der in unserer Familie typischen Heiligabend-Essen: Leberkäs', Weißwürstel oder Schnitzel mit Kartoffelsalat und Brezeln – für uns immer ein wahres Festmahl nach diesem langen Tag des ungeduldigen Wartens aufs Christkind! Danach las uns unsere Mutter manchmal auch Weihnachtsgedichte vor, woran ich mich noch sehr gut erinnern kann …
Irgendwann, Mitte der 60er-Jahre, besaßen wir dann auch einen Plattenspieler, und der Vater legte die eine oder andere Schallplatte auf: Weihnachtslieder, gesungen von den Wiener Sängerknaben, Rudolf Schock, Anneliese Rothenberger oder anderen bekannten Interpreten jener Jahre; auch an die *Heilige Nacht* von Ludwig Thoma kann ich mich erinnern, gelesen von Hans Reinhard Müller oder Fritz Strassner – so ganz genau weiß ich das nicht mehr, obwohl ich mich an die Schallplattenhülle noch sehr lebhaft erinnern kann …
Gegen Ende der 60er-Jahre konnten die Eltern sich endlich auch einen Fernseher leisten. Man muss sich vorstellen: Mitte der 60er-Jahre erfreuten sich erst zwei Millionen deutsche Haushalte eines Fernsehgeräts. Da war es schon etwas ganz Besonderes, als dieses Gerät plötzlich in unserem Wohnzimmer stand! Unvergesslich geblieben aus jenen Weihnachtszeiten sind mir die Märchenfilme der DEFA – besonders *Frau Holle* hatte es mir angetan –, und natürlich auch die Fernsehsendungen der »Augsburger Puppenkiste« über *Jim Knopf,*

Urmel aus dem Eis oder den *Räuber Hotzenplotz*. Und ganz genau erinnere ich mich an die legendären, vierteiligen Verfilmungen von *Tom Sawyers und Huckleberry Finns Abenteuer* und *Die Schatzinsel*, die während der Weihnachtstage gern ausgestrahlt wurden. Am Heiligabend selbst, nach dem Essen, sahen wir alle zusammen musikalische Sendungen: »Musik zum Heiligen Abend« hieß es da, »Karel Gott singt weihnachtliche Lieder« oder »Vladimir Horowitz spielt«. In späteren Jahren sahen wir aber auch eines der damals so beliebten Fernsehspiele, die auf berühmten literarischen Vorlagen wie Theodor Storms *Pole Poppenspäler* oder Joseph Roths *Radetzkymarsch* basierten. Diese Sendungen gaben uns vielleicht unbewusst eine erste, wenn auch noch vollkommen vage Idee von Literatur.

Gegen elf Uhr läuteten dann die Glocken der festlich erleuchteten Pfarrkirche und mahnten uns zur Eile. Wir zogen uns warm an und machten uns auf den verschneiten Weg in die feierliche Christmette. Wenn dann dort zum Abschluss der Messe Orgel und Chor »Stille Nacht! Heilige Nacht!« intonierten und wir begeistert mitsangen, war in unseren Kinderherzen nur noch … Weihnachten!

War man in jenen Jahren in einem kleinen Ort aufgewachsen, hatte man wohl ganz andere Eindrücke von den Weihnachtstagen als so manches Großstadtkind damals und auch noch heute. Wir erlebten – trotz bescheidener Geschenke und weniger vorgezogener Geschäftigkeit – jene Weihnachtsfeste so ganz anders als Kinder sie heute erleben.

Man darf nicht vergessen, dass das Wirtschaftswunder der deutschen Nachkriegszeit in den 1950ern und -60ern vielen Menschen einen ersten, bescheidenen Wohlstand bescherte. So auch meinen Eltern, die zwanzig Jahre nach Kriegsende ein

zwar noch recht genügsames, aber doch abgesichertes Leben führen konnten. Und man hatte riesengroße Träume, die heute seltsam anmuten mögen: vielleicht endlich eine Waschmaschine für die Mutter, ein Fernseher für die Familie oder gar ein kurzer Ausflug ins nahegelegene Südtirol?
Aber vor allem erinnere ich mich daran, dass die ersten Anklänge an Weihnachten damals erst im Laufe des Novembers kamen – und nicht schon wie heute Ende September oder Anfang Oktober! Die Wartezeit für uns Kinder war viel kürzer und damit vielleicht auch intensiver: Am ersten Advent bekamen wir unsere Adventskalender, die Mutter stellte den selbstgebastelten Adventskranz auf den Wohnzimmertisch, am Vorabend des 6. Dezember stellten wir unsere Stiefel vor die Tür und erwarteten, hinter einem Vorhang in unserer Diele versteckt, fieberhaft den Nikolaus; dabei übermannte uns natürlich unweigerlich irgendwann die Müdigkeit und wir verließen gähnend unseren Beobachtungsposten in Richtung Bett … Am Morgen jedoch waren unsere Stiefel auf wundersame Weise immer angefüllt mit köstlichen Mandarinen, Nüssen und Schokolade!
Der Weihnachtsbaum – vom Vater immer erst am Vormittag des 24. Dezember besorgt, stillheimlich ins Haus gebracht und mit den über Jahrzehnte gleichbleibenden Ornamenten geschmückt – hatte in meiner ganz frühen Kindheit noch echte Kerzen und natürlich: ganz viel Lametta!
Die Geschenke waren damals wenige, dafür aber sorgsam ausgesucht: Mal neue Skihandschuhe, mal handgestrickte Socken, mal ein weiterer Band der Karl May-Reihe für meinen Bruder, mal eine Schallplatte von Erich Kästners *Pünktchen und Anton* oder anderen Kinderbüchern für mich. Der Mutter schenkte ich einmal gehäkelte Topflappen – weiß mit rotem

Rand –, dem Vater ein handgemaltes Bildchen, alles mit viel Liebe im Handarbeitsunterricht in der Volksschule hergestellt. *Das* waren unsere kleinen großen Weihnachtsfreuden, damals in den 1960ern ...

Reminiszenzen – dabei spielt uns die eigene Erinnerung oft einen Streich: Der britische Autor Julian Barnes nennt dies zu Recht »die Unvollkommenheit der Erinnerung«, besonders wenn Ereignisse so viele Jahrzehnte zurückliegen und wir kaum noch Menschen haben, die das gemeinsam Erlebte aus ihrer Sicht zeitlich genauer festmachen, vervollständigen, aber auch zurechtrücken könnten.[1] Oftmals erzählen wir deshalb nicht nur den anderen, sondern auch uns selbst nur eine Version unserer eigenen Vergangenheit. So bleiben auch mir in diesem Augenblick des Schreibens nur die Fotos in den Familienalben und die eigenen Erinnerungsfetzen an diese Zeit. Setzt man diese Unvollkommenheit der eigenen Erinnerung voraus, mag sich das eine oder andere in seiner zeitlichen Abfolge vielleicht nicht auf den Punkt exakt wie oben beschrieben zugetragen haben, aber all diese Momentaufnahmen aus der frühen Kindheit fügen sich am Ende wie ein Puzzle doch zu einem – zu meinem – Gesamtbild zusammen: zur Gewissheit, dass der Heilige Abend damals für uns Kinder ein stets bezaubernder war, voller Geborgenheit, voller Magie, voller Freude ...

Ich werde Weihnachten in meinem
Herzen ehren und versuchen,
es das ganze Jahr über zu behalten.

(Charles Dickens)

Das Neujahrssingen im Eichsfeld

von Thomas Hanstein

Da das noch junge Kirchenjahr – nach evangelischer und katholischer Tradition – gerade erst mit dem Advent begann, ist es nach dieser Zählung nur konsequent, dass weihnachtliche Bräuche in die ersten Tage des bürgerlichen Jahres hineinreichen. Am bekanntesten ist wohl das Dreikönigssingen am Fest der »Erscheinung des Herrn«, am 6. Januar. Mit diesem Datum endet seit der Liturgiereform 1969 offiziell die Weihnachtszeit. Frühere Generationen feierten Weihnachten gar bis zum 2. Februar, dem Fest »Mariä Lichtmess«, rechnerisch der 40. Tag nach der Geburt Jesu, an dem dieser nach jüdischer Tradition von seinen Eltern in den Tempel gebracht wurde. Vor Ablauf dieser Frist war dies für eine Frau, die einen Knaben geboren hatte, aufgrund jüdischer Reinheitsvorschriften nicht möglich.

Seit den 50er-Jahren des letzten Jahrhunderts ist das Dreikönigssingen durch die Sternsinger in Österreich und Deutschland bekannt geworden. Was zu Beginn als Aktion für lokale soziale Zwecke angelegt war, wuchs sich rasch zu einer größeren Organisation aus, die für weltweite Unterstützung sammelt. Im Eichsfeld, einer katholisch geprägten Region zwischen Werra und Harz, die historisch bis 1802 das kurmainzische Fürstentum Eichsfeld bildete – bevor sie unter Friedrich Wilhelm zu Preußen fiel –, lässt sich stellenweise noch bis heute ein ganz eigener Brauch ausmachen: das Neujahrssingen.

So manches ist anders in dieser Enklave, die heute zu einem Drittel in Niedersachsen und zu zwei in Thüringen liegt und

die kirchen- wie mentalitätsgeschichtlich rundherum vom lutherischen Kernland umschlossen ist: das Essen (die Eichsfelder Wurst), die Sprache (das Platt, das heute nur noch die Älteren beherrschen) und besonders die Eigenheit, auf einer »Insel« zu leben. Insbesondere galt dies für die 40 Jahre DDR, in denen die Eichsfelder sich an ihre Traditionen hielten und so der staatlichen Ideologie durch ihr kirchliches Leben trotzten. In diesen Jahren festigte sich auch das Neujahrssingen in den Dörfern dieser ländlichen Region. Seine Ursprünge reichen weiter zurück. Sie erinnern an die Lebensumstände früherer Generationen, die dem kargen Boden im Eichsfeld mit viel Mühe seine Schätze abgewinnen mussten. Das »Eichsfeldlied« von Hermann Iseke zeugt davon: »Beut auch die Scholle ihren Sold, oft karg der Müh', dem Schweiße«. Zu dieser Zeit war es viel wert, wenn die Kinder mit ein paar Nüssen und Äpfeln vom Singen heimkehrten. Denn was sie mitbrachten, galt immer der ganzen Familie. Manch Älterer kann noch davon erzählen, dass er erst wiederkommen durfte, wenn der ihm mitgegebene Beutel auch recht voll war.
Zwei Lieder sind es, welche die Zeiten überdauert haben: »Ich bin ein kleiner König« und »Ein kleiner König bin ich«. Was nach lediglich sprachlicher Umstellung klingt, hat jeweils einen anderen Text und anderen Stil. Beide verweisen auf die Könige in den Weihnachtskrippen, aber das eine Lied legt den Schwerpunkt auf die mit dem Singen ausgedrückten Segenswünsche, während das andere – in einer an diesem Tag erlaubten kindlichen Keckheit – die Gaben betont:
»Ich bin ein kleiner König, gebt mir nicht zu wenig. Lasst mich nicht zu lange steh'n, muss noch ein bisschen weiter geh'n ...« bzw. »Ein kleiner König bin ich, drum wünsch' ich froh und

innig ein glückliches Neujahr. Gesundheit, Glück und Frieden sei euch von Gott beschieden, für heut' und immerdar …«. Das Neujahrssingen findet nach der jeweiligen örtlichen Tradition entweder an Silvester oder gleich am Neujahrsmorgen statt. Es wird von Familien organisiert und kann als Brauchtum auf der Ebene nachbarschaftlichen Engagements betrachtet werden. Als festes Ritual erinnert es daran, dass über allem Neuen – hier wiederkehrend dem neuen Jahr – gute Wünsche zum Gelingen stehen sollten und dass Geben und Nehmen im Leben zusammengehören. Darüber hinaus drückt dieses Brauchtum die soziale Verantwortung einer Dorfgemeinschaft aus, insbesondere für jene, die das Jahr über wenig oder gar keinen Besuch bekommen.

Dieser Brauch im Eichsfeld manifestiert den Wunsch, dass Weihnachten in seiner Bedeutung noch lange anhalte – was immer das neue Jahr auch bringen möge.

Sehnsuchtsort Krippe

von Elisabeth Schinagl

Für viele Menschen gehört sie so unbedingt zu Weihnachten wie ein festlich geschmückter Christbaum, Geschenke und Weihnachtsplätzchen: die Krippe.

Bereits seit dem Spätmittelalter sind Weihnachtskrippen ebenso wie Krippenspiele bezeugt. Richtig populär aber wurden sie während der Gegenreformation. Insbesondere die Jesuiten versuchten seit der Mitte des 16. Jahrhunderts der breiten Bevölkerung religiöse Inhalte und Kenntnisse über das Leben Jesu durch szenenhafte Darstellungen zu vermitteln. Krippen dienten dementsprechend als Anschauungsmaterial im wortwörtlichen Sinn. Eindrücklicher und einprägsamer als manch gelehrte Predigt vermochten sie, wichtige Glaubensinhalte zu transportieren. Mit Hilfe von Jahreskrippen, in denen Szenerien aus dem gesamten Kirchenjahr dargestellt wurden, wurden die Gläubigen gleichsam zu Augenzeugen der jeweiligen Ereignisse, wie etwa der Verkündung des Engels an Maria, der Flucht aus Ägypten, der Passion Christi oder des Pfingstwunders. Keine dieser Darstellungen wurde allerdings so beliebt wie die der Geburt Christi.
Sehr bald findet die Krippe ihren Weg aus den Kirchen und Klöstern hinein in Adelshäuser, wo man keine Kosten scheute und prächtige Arrangements zur Schau stellte. Schließlich gelangt sie, in einfacherer Form, auch in bürgerliche Haushalte. Manche Krippen waren und sind über Generationen in Familienbesitz.

Worin aber besteht der Reiz dieses jahrhundertealten Brauchs – selbst in einer Zeit, in der immer weniger Menschen etwas mit der Kirche und der christlichen Lehre anfangen können? Ich vermute, es sind zwei Aspekte, die Weihnachtskrippen für viele auch heute noch so faszinierend machen:

Das Kind in der Krippe, Mutter und Vater, Familie – das ist unabhängig von religiöser Bindung eine für die meisten Menschen vertraute Szenerie, die die Möglichkeit zur Identifikation bietet. Wer möchte nicht so bedingungslos geliebt werden wie dieses Kind? Wer von uns sehnt sich nicht nach Wärme, Geborgenheit und menschlicher Nähe? Idealerweise haben wir diese Urerfahrung in unserer eigenen Familie, wie auch immer sie zusammengesetzt sein mag, gefunden. Wo das nicht der Fall ist, bleibt doch vielfach die Sehnsucht nach ebendieser Familie. Maria, Josef und das Jesuskind stellen das Idealbild dieser Familie dar, die selige Dreisamkeit, eine Idylle ohne Konflikte, Geschrei und Alltagssorgen. Je nach individueller Erfahrung der Betrachtenden kann das ein Wunschbild oder eine überhöhte, verfremdete Spiegelung der eigenen Erfahrungen sein.

Die Krippe erfüllt aber auch noch in einer weiteren Hinsicht ein zutiefst menschliches Verlangen: »Der Mensch ist nur da ganz Mensch, wo er spielt«, schreibt Friedrich Schiller in seiner Abhandlung über die ästhetische Erziehung des Menschen. Die Krippe kommt diesem zutiefst menschlichen Bedürfnis nach Spielen, d. h. nach Gestaltung, ganz offensichtlich auf ideale Weise entgegen. Das Geschehen rund um die Geburt Christi bietet Raum und Möglichkeit für unzählige Variationen. Die Vielfalt beginnt bereits bei den Materialien: Es gibt Krippenfiguren aus Terrakotta, Wachs, Stroh, Papier,

Glas, Stein, Stoffen und aus Holz geschnitzte. Doch es sind bei weitem nicht nur die Materialien der Figuren, die die Vielfältigkeit ausmachen. Weit mehr noch sind es die dargestellten Landschaften und Personen. Die Protagonisten Maria, Josef und das Jesuskind sind ja nicht allein. Sie werden oftmals von einer Vielzahl an Akteuren begleitet oder besucht. Da sind nicht nur die eigentlichen Bewohner des Stalls, also Ochs und Esel, sondern auch die Hirten, denen die Engel das Geheimnis der göttlichen Geburt verkündet haben, und in ihrer Begleitung Schafe, Ziegen, sogar Hirtenhunde. Die Weisen aus dem Morgenland reisen mit Kamelen, Pferden, ja sogar mit Elefanten an. Bei sehr vielen Krippen gesellen sich aber auch ganz andere Figuren, völlig jenseits des ursprünglichen, biblischen ›Personals‹ zur Szenerie. Bei neapolitanischen Krippen finden sich ganze Straßenzüge mit Marktszenen; Krippen aus dem alpenländischen Raum betten die Geburt Christi in eine idealisierte Gebirgslandschaft, wieder andere wählen die eigene Stadt oder eine orientalische Kulisse als Schauplatz, mit allen Menschen, Tieren und Gegenständen, die darin vorkommen.
Die Vielfalt der Motive mag auf den ersten Blick überraschen, doch ist sie bei genauerer Betrachtung durchaus verständlich: Schließlich ist das Kind als Erlöser für die ganze Welt zu uns gekommen. In der Krippe kommt nun die ganze Welt zu ihm an seine Geburtsstätte. Sehr häufig spiegelt dieser imaginäre Ort auf anrührende Weise die Lebenswelt und -erfahrung der Krippenbauer und -betrachter wider. Die Krippe wird zum (idealisierten) Abbild der eigenen Lebensrealität.
Wer die Bandbreite an Gestaltungsmöglichkeiten und Motiven einmal selbst erkunden möchte, dem sei ein Besuch der Krippensammlung im Bayerischen Nationalmuseum in München empfohlen, die künstlerisch wertvollste und

umfangreichste Krippensammlung der Welt. Aber man muss nicht unbedingt nach München, um die Vielfalt an Krippen zu bewundern. An vielen Orten gibt es nach wie vor den alten Brauch des Kripperlschauens. Ursprünglich war es in der Weihnachtszeit in vielen Ortschaften üblich, dass Kinder an Häusern läuteten und darum baten, die Krippe des Bewohners bestaunen zu dürfen. Heute werden beim Kripperlschauen private Krippen an öffentlich zugänglichen Einrichtungen ausgestellt, oft in den Schaufenstern von Geschäften in den Innenstädten. Die Sehnsucht nach den figürlichen Darstellungen, nach dem Schauen, Staunen und Entdecken hat selbst in unserer medienübersättigten Zeit nichts von ihrem Zauber verloren.
Hier bin ich Kind, hier darf ich's sein ...

Weihnachtsmärchen im 19. Jahrhundert

Als das Christkindlein den Nikolaus trifft und der Zaunkönig das Weihnachtsfest rettet

von Raimund Gründler

Das Christkind lebt im Odenwald und bastelt dort das ganze Jahr über mit seinem Gehilfen Nikolaus und einer Schar von Engelein Geschenke? Eigentlich hatten wir die Geschichte ja anders in Erinnerung. Aber so erzählt es uns Luise Büchner. Und dies ist nicht die einzige Überraschung, die ihre Weihnachtsmärchen bereithalten. Die Zentrale des weihnachtlichen Geschehens verlegt sie in die nähere Umgebung ihrer Heimatstadt Darmstadt, auf den Böllstein im Odenwald. In diesem Berg saß vor langer Zeit, so die Erzählung Büchners, Frau Holle mit einer Schar lieblicher Engel. Im prächtigen Wagen fuhr sie im Frühjahr hinaus aufs Land, streute Samen aus und sorgte so für üppige Blumenpracht und wogende Kornfelder. Im Winter aber – und diesen Teil kennen wir von den Gebrüdern Grimm – schüttelte sie die Betten so kräftig aus, dass die ganze Gegend zwischen Rhein, Main und Neckar in tiefem Schnee versank. Frau Holle tat aber noch mehr, sie lobte die fleißigen Menschen und tadelte die faulen. Bei braven Kindern ließ sie des Nachts Lebkuchen, Bilderbücher oder kleine Puppen zurück. Als sie aber alt und müde wurde, sandte sie einen Storch aus, damit er in der weiten Welt »das schönste, beste und frömmste Kind«[1] suche und zu ihr bringe, um sie abzulösen. Nach langer Suche brachte der hilfreiche Vogel daraufhin »aus einem heißen

Lande, wo die Sonne fast nicht untergeht«[2] das Christkind in den Odenwald. Nachdem dieses Kindlein, das übrigens ein Mädchen war, nun schön herangewachsen war und erstmals alleine hinunter ins Tal gehen sollte, um die guten Kinder zu belohnen und die schlechten zu bestrafen, kamen Frau Holle doch Bedenken, ob sie es so alleine in die böse Welt hinausziehen lassen könne. Und im Übrigen wäre das Christkindlein, wie könnte es denn anders sein, ja viel zu lieb, um auch nur ein Kind zu bestrafen. Da traf es sich gut, dass die fürsorgliche Alte auf einen mürrischen Besenbinder namens Nikolaus stieß, der, wie sich herausstellte, eigentlich Lebkuchenbäcker war. Zusammen mit seinem Eselchen wurde er mit in Frau Holles Quartier genommen. Dann wurden Geschenke gebastelt, Lebkuchen gebacken und Ruten gebunden. Das Eselchen wurde mit all den Gaben beladen, und los ging die Tour zu den Häusern und Stuben. Die Kinder sahen das Christkind nie, aber sie wussten, wer ihnen all die schönen Gaben vor das Fenster gestellt hatte.

Die ganze Geschichte, die hier in wenigen Worten zusammengefasst ist, ist sehr rührend und süßlich geschrieben. Es wimmelt von fürsorglichen Engelein, das Christkind ist lieblich und zart, und der Nikolaus ist zwar brummig, aber er hat freundliche Augen und strahlt vor Glück, wenn ihm die Engelein sein Leibgericht Bratwurst mit Sauerkraut servieren. Beim Blick auf die Autorin mag man sich schon fragen, wieso Luise Büchner solche Märchen geschrieben hat, ist die Schwester des *Woyzeck*-Autors Georg Büchner doch vor allem als Frauenrechtlerin und Vorkämpferin für Bildungs- und Arbeitsmöglichkeiten für Frauen in Erscheinung getreten. Mit Recht kann man darauf hinweisen, dass Luise Büchner auch in ihren Märchen starke Frauenfiguren herausarbeitet. So ist es hier mit Frau Holle eine Frau, welche die Aufgaben des Christkinds und des Nikolaus definiert und die beiden zentralen Figuren der Weihnacht auf ihren Weg schickt. Unabhängig davon muss man aber die Entstehung der Werke berücksichtigen: Die Märchen, insgesamt sind es acht, sind als Erzählungen einer Tante Luise für ihre kleinen Neffen und Nichten aufgebaut. An einigen Stellen treten die direkt angesprochenen Kinder sogar durch Rückfragen in Erscheinung. Man kann also davon ausgehen, dass Luise Büchner diese Geschichten tatsächlich zuerst den Kindern ihrer Geschwister erzählt hatte, lebte die ledige Schriftstellerin doch gemeinsam mit ihrem Bruder Ludwig und dessen Familie in einem Haus. Auch das Jahr 1868, in dem die Märchen erstmals gedruckt wurden, spricht dafür. Ludwig hatte 1860 seine Familie gegründet, Bruder Wilhelm, der ebenfalls in der Region lebte, bereits einige Jahre zuvor. Das 19. Jahrhundert war eine Zeit, in der sich die Feier des Weihnachtsfestes grundlegend veränderte. Neben dem großen religiösen Fest, das gemeinsam in Kirchen und im öffentlichen Raum begangen wurde, trat nach und nach immer stärker der Weihnachtsabend im trauten Familienkreis in den Vordergrund. Die bürgerliche Familie, die sich infolge von Aufklärung und industrieller Revolution sowie durch den Rückzug ins Private nach der gescheiterten politischen Revolution herausbildete, schuf sich ihre festen Strukturen im Tages-, Wochen- und Jahresablauf. Und das Weihnachtsfest wurde zu einem zentralen Fixpunkt des Jahres. Mit dem Christbaum im festlich geschmückten Weihnachtszimmer, sorgsam ausgewählten Geschenken, Weihnachtsliedern, einem Festessen und dem Kirchgang erhielt der Weihnachtsabend damals die Bausteine, die in vielen Familien auch heute noch zu einem gelungenen Fest gehören.

Dieses neue Weihnachtsfest und seine Bräuche brauchten ihre eigenen Erzählungen, und diese entstanden ab Mitte des 19. Jahrhunderts in reicher Fülle.
Die Geschichten sollten aber nicht nur erfreuen, sie sollten genauso helfen, das große Ereignis in die Werteordnung des jungen Bürgertums einzubinden. Auch wenn groß gefeiert wurde, so durften Tugenden wie Fleiß, Strebsamkeit, Disziplin, Sparsamkeit und Bescheidenheit doch nicht in Vergessenheit geraten. Ein Verwöhnen der Kinder mit Geschenken hätte da nicht so gut ins Bild gepasst. Da war es doch praktisch, dass die reichhaltigen Gaben einem Christkind oder dem Nikolaus zugeschrieben werden konnten. Die Eltern wahrten dadurch die Fassade ihrer fürsorglichen oder sogar strengen Sparsamkeit. Und noch einen Vorteil hatten diese Gabenbringer: Sie konnten gut erzieherisch eingesetzt werden. Bis zum heutigen Tag wirkt zumindest bei jüngeren Kindern die Drohung mit dem heiligen Nikolaus und seinem Begleiter oder dem Weihnachtsmann. Und die Bemerkung, dass das Christkind ein unaufgeräumtes Zimmer nicht so gern sehe, hat schon zu mancher Blitzaktion in Kinderzimmern geführt.

Ebenso ins Märchenhafte verlegt der Mecklenburger Autor Heinrich Seidel die Quelle der Weihnachtsgeschenke in seinem Märchen *Das Weihnachtsland*. Auf die Frage des kleinen Werners, wo eigentlich der Weihnachtsmann wohne, antwortet dessen Mutter unvorsichtigerweise: »Hinter dem Walde, in den Bergen. Aber niemand weiss den Weg zu ihm.«[3] Und sie erklärt noch, dass dort in den Gärten, Hallen und Bergwerken die fleißigen Gesellen des Weihnachtsmanns all die schönen Weihnachtsdinge herstellen würden. Damit war die

Neugier des Jungen geweckt, der sich schließlich auf die Suche macht. Mit Hilfe einer kleinen Blaumeise findet er tatsächlich das Weihnachtsland und wird vom Weihnachtsmann in dessen Schloss aus Lebkuchen mit Wänden aus Marzipan und Säulen aus Schokolade gnädig empfangen. Auf einem hölzernen Rollpferd darf er, begleitet von des Weihnachtsmanns Töchterchen Goldflämmchen, durch die Räume sausen. Dabei sieht er Heere von Nussknackern, die sich zackig bewegen, Menagerien mit wild brüllenden Löwen, lebendige Puppentheater und galoppierende Pferde. Die ganze Welt des Spielzeugs ist hier zum Leben erweckt. Werner futtert sich durch eine riesige Weihnachtskonditorei und steigt in ein Bergwerk, das sich als ein einziger Zucker- und Schokoladenbruch entpuppt. Als er am Ende der Erzählung wieder im Wald unter dem Baum sitzt, an dem er die Blaumeise getroffen und seine Suche begonnen hatte, bleibt die große Frage, ob alles nur ein Traum gewesen war. Geklärt wird dies nicht, aber die kleinen Leserinnen und Leser haben durch diese Geschichte gelernt, wo all die herrlichen Gaben herkommen, die sie am Weihnachtsabend unter dem Christbaum finden. Und in dieser Erzählung war nun nicht das Christkind oder der Nikolaus für die Geschenke verantwortlich, sondern der Weihnachtsmann. Dieser entwickelte sich im 19. Jahrhundert als eigenständige Figur des Weihnachtsfests. Während Luise Büchner Christkind und Nikolaus aus ihrem christlichen Kontext herauslöst und sie als rührende Märchengestalten beschreibt, setzt Seidel direkt auf die neue Symbolfigur des Weihnachtsfests, den Weihnachtsmann. Dieser weist wohl starke Bezüge zum heiligen Nikolaus auf, ist aber eindeutig eine »weltliche« Weihnachtsfigur. Der Hintergrund der Figurengestaltung bzw. -auswahl dürfte aber bei Autorin und Autor derselbe sein:

Auch Familien ohne christlichen Hintergrund und kirchliche Bindung sollten mit angesprochen werden. Die Entwicklung des Weihnachtsfests zum bürgerlichen Familienfest führte nämlich dazu, dass auch Familien ohne Kirchenbindung das Fest feierten. Und diese brauchten passende Erzählungen.

In eine Art Weihnachtswunderland entführt auch der Frankfurter Kinder- und Jugendpsychiater Heinrich Hoffmann einen Jungen in seinem in Reimen verfassten Kindermärchen *König Nussknacker und der arme Reinhold*. Der Knabe liegt krank im Bett, und in einem fiebrigen Traum führt ihn ein Engel »in einen Saal aus Edelstein«[4]. Ganz harmlos beginnt Reinhold damit, aus Spielzeugholzhäuschen eine kleine Stadt aufzubauen. Plötzlich laufen Tiere durcheinander und »Von Rechts, von Links, aus Thür und Thor - Ein Strom von Kindern quillt hervor.«[5] Spiel und Tanz beginnen, und mittendrin ist der kleine Reinhold. Da erscheint, umjubelt von den Kindern und gefolgt von Husaren und Reitern, König Nussknacker. Welch eine Freude, als eine große Kanone gezündet wird und Zuckerwerk, Nüsse und Rosinen auf die Kinder niederregnen. Alle Tiere einer Arche Noah ziehen vorbei. Solch ein Holzschiff, gefüllt mit bunten Holztieren, war in der damaligen Zeit ein begehrtes und teures Weihnachtsgeschenk. Und dann treten auch noch Struwwelpeter, der Daumenlutscher, der böse Friedrich und der Zappelphilipp als Beispiele für böse Buben auf. Diese Gestalten entstammen einem früheren Buch Hoffmanns, dem *Struwwelpeter*, dem erfolgreichsten und meistverkauften Kinderbuch des 19. Jahrhunderts. Der Traum Reinholds neigt sich nun dem Ende zu, der König zieht sich zurück, und der Junge befindet sich wieder in seiner ärmlichen Stube. Doch oh Wunder, als er am anderen Morgen aufwacht, ist er gesund und all die schönen Dinge, die in der Nacht lebendig durch seinen Traum gezogen sind, stehen nun in seinem Zimmer: Die Holzhäuschen für das Dorf, eine Arche Noah und Zinnsoldaten, ein Schaukelpferd und natürlich ein wunderschöner Nussknacker.

Heinrich Hoffmann war nicht der erste Autor, der einen Nussknacker in den Mittelpunkt seiner Erzählung stellte. Schon 1816 veröffentlichte E. T. A. Hoffmann, der große Autor der deutschen Romantik – mit Heinrich Hoffmann weder verwandt noch verschwägert –, das Märchen *Nussknacker und der Mäusekönig*. Die Autoren bezogen sich dabei auf einen weihnachtlichen Brauch: Nüsse gehörten schon früh zum Weihnachtsfest, sei es als Geschenke oder als Baumschmuck der ersten Christbäume, die von den Kindern abgeerntet werden durften. Ab dem 18. Jahrhundert entstanden Nussknacker in Menschengestalt als eigenständige Figuren, die immer aufwendiger und schöner gestaltet wurden und in vielen Familien schon bald zum festen Schmuck des Weihnachtszimmers gehörten. Sie waren ein Element des »weltlichen Festes« und so fanden sie bald Eingang in die weihnachtliche Literatur. Seine bis heute ungebrochene Popularität verdankt das Nussknacker-Märchen von E. T. A. Hoffmann nicht zuletzt dem Komponisten Peter Tschaikowsky, der es als Vorlage für sein berühmtes Ballett verwendete, das bis heute in vielen Theaterhäusern zu den Höhepunkten auf den Spielplänen der Adventszeit gehört. Manche Passagen Hoffmanns rufen geradezu nach einer szenischen Darstellung, allen voran die nächtliche Schlacht im Weihnachtszimmer. Hier führt ein Nussknacker, den die Kinder der Familie an diesem Abend von ihrem Paten zum Geschenk bekommen haben, die

Zinnsoldaten des kleinen Fritz Stahlbaum in die Schlacht gegen ein Mäuseheer, das von einem fürchterlichen, siebenköpfigen Mäusekönig angeführt wird. Selbstverständlich gewinnt der Nussknacker die Schlacht. Als er sich am Ende als ein hochattraktiver, verwunschener Jüngling entpuppt, der Fritzchens Schwester Marie die Hand reicht, verfliegen alle Zweifel, ob Marie die ganze Geschichte vom grausigen Mäuseheer und dem heldenhaften Nussknacker nicht nur geträumt hat. Manch eine Leserin und manch ein Leser mögen sich über die Gruselelemente in einem weihnachtlichen Märchen wundern. Aber mit der Gegenüberstellung von Gut und Böse, von Harmonie und Schrecken steht E. T. A. Hoffmann nicht alleine. Vielmehr ist dies ein Spannungsbogen, den viele Märchenerzähler des 19. Jahrhunderts verwendeten. So mussten sich die Gebrüder Grimm schon zu Lebzeiten des Vorwurfs erwehren, ihre Märchen seien zu grob für Kinder. In *Nussknacker und Mäusekönig* wirkt die Härte des Kampfes vielleicht deshalb so nachhaltig, weil der Kontrast zu dem so gemütvollen Weihnachtsfest der Familie des Medizinalrats Stahlbaum, das den Rahmen für die Erzählung gibt, so deutlich ist. Ganz beiläufig liefert Hoffmann hier eine sehr gute Beschreibung des Weihnachtsabends in einer gut situierten Bürgerfamilie zu Beginn des 19. Jahrhunderts. Dabei durfte in keiner Familie der Weihnachtsbaum fehlen. Und nachdem schon hölzerne Nussknacker zum Leben erweckt wurden, sollten die Tannenbäume nicht nachstehen müssen. Auch ihnen wurden Märchen gewidmet.

Hermann Löns, der als »Heidedichter« in die Literaturgeschichte eingehen sollte, findet in seinem Märchen *Der allererste Weihnachtsbaum* eine märchenhafte Erklärung für den

Einzug des geschmückten Baumes in die Wohnstuben. Unzufriedene Kinder waren schuld daran. Stark frustriert beschwert sich der Weihnachtsmann daraufhin beim Christkind und beklagt, dass man den verwöhnten Kindern mit nichts mehr eine richtige Freude machen könne. Weder Spielsachen noch Essbares würde sie richtig erfreuen, alles sei zur Gewohnheit geworden. Da nahm ihm das Christkind seine Äpfel und Nüsse ab und schmückte damit einen Baum. Ganz nebenbei erfand es noch eine neue Form des Nüsse-Einfärbens: Es rieb sie kurz an seinem goldenen Flügel. Kerzen kamen dazu, und in der Nacht wurde der leuchtende Baum heimlich im kleinsten Haus im Ort auf den Tisch gestellt – und tatsächlich war das Ergebnis Freude und Begeisterung. Wie berichtet doch Löns: »Das war eine Freude in dem kleinen Haus wie an keinem Weihnachtstag. Keines von den Kindern sah nach dem Spielzeug, nach dem Kuchen und den Äpfeln, sie sahen nur alle nach dem Lichterbaum. Sie faßten sich an den Händen, tanzten um den Baum und sangen alle Weihnachtslieder, die sie wußten […]«[6] Der Baum strahlte so stark, dass er selbst außerhalb des Hauses schnell bemerkt wurde, Freunde und Verwandte eilten herbei, betrachteten das Wunder, liefen hinaus in den Wald, holten sich ihre eigenen Bäume und schmückten sie. So begann der Siegeszug des Weihnachtsbaums durch ganz Deutschland und weit hinaus in die Welt. Auch in diesem Märchen treffen wir wieder auf ein Zusammenspiel von Weihnachtsmann und Christkind. In den weltlichen Weihnachtsmärchen bilden die Gabenbringer immer wieder erfolgreiche oder weniger erfolgreiche Zweckgemeinschaften. Im Märchen *Die Geschichte vom Christkind-Vogel* schickt Luise Büchner einen Zaunkönig bis hoch zur Sonne, um Feuer zu holen, da der unaufmerksame Nikolaus das

Weihnachtsfeuer ausgehen ließ. Und ohne Weihnachtsfeuer konnte es keine strahlende Christnacht geben. Gut, dass der kleine Vogel die Hitze der Sonne nicht scheute und – allerdings mit einigen Verbrennungen – seinen Auftrag erfüllen konnte. Erfolgreicher lässt die Autorin die beiden außerdem in der Erzählung *Die Geschichte vom Tannenbäumchen* zusammenarbeiten. Hier schmücken Christkind und Nikolaus gemeinsam den Weihnachtsbaum, wie wir es bei Löns von Weihnachtsmann und Christkind gehört haben. Im Gegensatz zu dessen Märchen geht es bei Luise Büchner aber nicht darum, irgendwelche verwöhnten Kinder zu beeindrucken, nein, dem Tannenbäumchen soll geholfen werden. Es wird in dem Märchen zur lebendigen Gestalt mit einer Seele, Wünschen und Schmerzen, wie dies in anderen Märchen mit Nussknackern, Spielsachen oder kleineren Pflänzchen geschieht, ganz zu schweigen von den sprechenden Tieren. Bei Luise Büchner wurde dieses Bäumchen nun das ganze Jahr über von den anderen Bäumen verspottet, weil es weder schön blühte noch nützliche Früchte trug. Da bekamen Christkind und Nikolaus Mitleid und schmückten es »mit goldnen Nüssen und Äpfeln, mit köstlichem Zuckerwerk, mit Rosinen und Mandeln, mit funkelnden Perlen und silbernen Sternen, so daß es schöner und bunter glänzte und prangte als je ein Baum zuvor.«[7] Und Eiche, Linde und Birnenbaum schauten nicht nur verwundert, sondern neidisch. Denn so wurde der Tannenbaum zum schönsten aller Bäume, und das Christkind sorgte gleich dafür, dass der Baum seinen Weg zu den artigen Kindern fand.

Ein Eigenleben gönnte auch der dänische Märchenschriftsteller Hans Christian Andersen seinem Tannenbaum. Er lässt ihn davon träumen, seinen Platz im Walde mit dem in einem

Wohnzimmer zu tauschen und zum strahlenden Mittelpunkt einer Weihnachtsfeier zu werden. Der Wunsch wird erhört, aber groß ist die Enttäuschung, als nach nur einem Abend voller Pracht, Glanz und Freude ein langer Aufenthalt in einer dunklen Bodenkammer folgt. Und bitter ist das Ende: Der in der Zwischenzeit ganz und gar vertrocknete Baum endet als Feuerholz. Da fand Luise Büchner mit den strahlenden Kinderaugen, die sich über das Bäumchen freuten und den Tannenbaum zum schönsten aller Bäume kürten, doch das positivere Ende.

Viele Märchen könnten an dieser Stelle noch vorgestellt werden. Reich beflügelte das Weihnachtsfest die Fantasie der Autorinnen und Autoren. Und sie leisteten einen wichtigen Beitrag dazu, das bürgerliche Weihnachtsfest mit eigenen Geschichten und Erzählungen zu unterfüttern. Wobei auch Erzählungen entstanden, die sich enger mit den christlichen Botschaften verbanden. So lässt der Münchner Schriftsteller und Komponist Franz Graf Pocci in seinem *Weihnachtsmärchen* bei einer armen Tagelöhnerfamilie ein noch ärmeres, frierendes und hungriges Kind an die Türe klopfen. Man gewährt ihm Einlass und teilt mit ihm das wenige, bis hin zum Nachtlager. Am nächsten Morgen entpuppt sich das arme Kind als das Christkind, und die Familie, die ihm so großherzig geholfen hatte, wird reich belohnt.

Neben der Tatsache, dass all die Weihnachtsmärchen viele Kinder (und vielleicht ebenso Erwachsene) unterhalten haben, leisteten sie einen großen Beitrag, das Weihnachtsfest in seiner neuen Form zu festigen und zu verbreiten. Entwickelte sich diese zuerst im Bürgertum, wollten bald auch die einfacheren und ärmeren Schichten an diesem schönen Fest teilhaben. Auch ein Arbeiterkind wünschte sich seinen Christbaum oder erhoffte wenigstens ein kleines Geschenk. Wie ein roter Faden zieht sich dieser Wunsch schon durch die Märchen hindurch, denn meist sind es arme Kinder, denen ein Weihnachtswunder oder ein unerwartetes Geschenk zuteilwird. Und da es Märchen sind, gehen diese Wünsche selbstverständlich in Erfüllung. Eine interessante Lösung findet dazu Heinrich Seidel in dem bereits vorgestellten Märchen *Das Weihnachtsland*. Aus der Märchenwelt zurückgekehrt, erleben der kleine Werner, seine Schwester Anna und die Mutter ihr persönliches Weihnachtswunder. Mit vielen Geschenken tauchte am Weihnachtsabend der vermögende Onkel auf, der bisher von der armen Verwandtschaft nichts wissen wollte und der sich nun eines Besseren besonnen hatte. Den Sinneswandel schreibt der Autor dem Weihnachtsmann zu, der dem alten Herrn im Traum erschienen ist. Dieser Schluss, mit dem Heinrich Seidel seine Erzählung enden lässt, ist ein schöner Hinweis, dass die Werte, die das Weihnachtsfest in seinem Ursprung tragen, nämlich Nächstenliebe und Verantwortung, sich auch im bürgerlichen Fest wiederfinden, obwohl es auf den ersten Blick vielleicht gar nicht auffällt.

Samuel Palmer: »Weihnachten«

von Georg Rode

Der Maler und Graphiker Samuel Palmer, der von 1805 bis 1881 in England lebte, schuf diese Radierung 1850. Das Bild (siehe QR-Code) wirkt auf den ersten Blick überhaupt nicht weihnachtlich. Sehr dunkel, außer dem Vollmond mit nur einer Lichtquelle und nur schemenhaft sichtbaren Figuren. Der Titel *Weihnacht* enthält jedoch einen eindeutigen Arbeitsauftrag an den Betrachter, sich etwas anzustrengen.

Das muss man auch bei dem fast unbekannten Künstler, der unter sehr schwierigen Verhältnissen in Shoreham, Kent und London lebte. Sein Haus in Shoreham trug den Namen »Rat Abbey«, eine selbsterklärende Bezeichnung. Seine eher düsteren Arbeiten fanden wenig Anklang, er machte jedoch Bekanntschaft mit William Blake, begann seine ersten Arbeiten unter dem Einfluss Turners und wurde 1854 Mitglied der *Water Color Society*, die einmal im Jahr eine Ausstellung machte, auf die er hinarbeitete. Zu seinem Spätwerk gehören Illustrationen (Aquarelle und Stiche) zu den Werken von Milton und Vergil. Viele seiner Werke sind verschwunden. Zuerst verpfändete sein Bruder seine frühen Gemälde, und Palmer musste sie mit einer großen Summe auslösen. Seine Einkünfte bestritt er als Zeichenlehrer, als der er einen ausgezeichneten Ruf hatte. Doch tat ihm die Zeit weh, die er dadurch für seine eigenen Arbeiten verlor. Sein Sohn zerstörte 1909 zahlreiche seiner Werke, um ihnen ein »erniedrigenderes Schicksal« zu ersparen. Natürlich hat sein Leben nur einen sekundären

Effekt für die Art seiner Arbeiten, aber dass nicht alle hell und freundlich wirken, lässt sich schon nachvollziehen.

Zum Bild selber – man sieht links ein Gebäude mit Strohdach und geöffneter Tür, durch die Licht nach außen dringt. Auch ein beleuchtetes Fenster hinter einem Baum ist angedeutet. Die deutlich zu erkennende dunkle Figur mit Hut ist offensichtlich der Schäfer, den man im Begriff sieht, die Schafherde in ein Gatter zu bringen, zu dem auch ein kleiner Unterstand gehört. Die Tür in der Hand wird er es wohl gleich schließen, nachdem das letzte Tier, ein kleines Lamm, auch den anderen gefolgt ist. Drei Kinder bilden eine optische Reihe von der Tür bis zum Schäfer, das linke öffnet die Tür, und die festgehaltene Geste lässt den Schwung erkennen, mit dem dies geschieht. Eine offensichtlich freudige Erwartung. Ein zweites Kind beugt sich zu einem Hund hinunter, der es leicht anspringt, auch das eine Stellung, die Bewegung und Freude vermittelt. Ein drittes, kleineres Kind schließlich hat die Hand des Vaters ergriffen; auch hier sieht man in der Körperhaltung die Bewegung, mit der es den Schäfer Richtung Haus zieht. In der erleuchteten Tür sieht man eine Frau den Tisch decken, einen Teller noch in der Hand. Auch dies ist ein Bild mit gezeigter Bewegung. Das sind lauter kleine Lösungen, um in einem statischen Bild Bewegungen anzudeuten. Das kann man nur kunstvoll nennen, denn diese Elemente geben dem düsteren Charakter der Dunkelheit eine Leichtigkeit, die die Stimmung aufheitert.

Wenn man bei dem Begriff bleibt, kommt man bei dem Bild zusätzlich auf die Ableitung »bewegend«. Das ist es, was das Bild nach längerer Betrachtung widerspiegelt; der geliebte Vater, die Figuren der Kinder drücken das aus. Die Versorgung der Herde und die einladende Geste des linken Jungen vor der offenen Tür, der der Vater ohne Zweifel gleich folgen wird, runden das Bild ab. Nun scheint der Titel dem Druck *Weihnacht* schon eher angemessen.

Inhaltlich sind natürlich die Figur des Schäfers und die Schafe von Bedeutung. Es gibt einen Untertitel, der das nahelegt, »Folding the last sheep«, wobei das Schaf nicht gefaltet wird, wie der Google-Übersetzer nahelegt, sondern sich auf das Substantiv »Sheepfold«, Schafspferch, bezieht, was beinhaltet, dass das letzte Schaf in das Gatter kommt.

Im biblischen und auch im weihnachtlichen Sinn ist das Schaf ein Symbol: Schafe stehen für Gutmütigkeit und Geduld. In der Bibel ist vom »Lamm Gottes« die Rede, eine Bezeichnung, die auf Jesus angewendet wird, allerdings mehr vor dem Hintergrund des Opfertodes, dem Schafe im kleinasiatischen Raum ausgesetzt waren, ebenso wie später Jesus. Das Ende seiner Lebensgeschichte am Karfreitag ist aber hier nicht das Thema, ebenso wenig die zu Ostern gefeierte Wiederauferstehung. Nur das Lamm als Symbol für Jesus könnte hier eine Rolle spielen.

Ein kleiner Umweg über Vergil, dessen Ekloge mit dem Zweitnamen »Bucolica« Palmer illustrierte, führt ebenfalls erst zu Schafen und dann zu Schäfern. Bukolische Schriften und Texte enthalten seit der Antike Hirtenszenen als idyllische Landschaftsdarstellungen, die ländliche Einfachheit und Ruhe ausstrahlen. »Locus amoenus« oder »Arkadien« wurden diese Landschaften genannt, die christlich um die Vorstellung eines Gartens Eden erweitert wurden. Der ab dem Barock hinzugetretene Aspekt von »Schäferspielen« kann hier ausgeschlossen werden. Die vierte Ekloge Vergils enthält die Ankündigung eines göttlichen Kindes, die später christlich umgedeutet wurde und die Weihnachtsgeschichte vorwegnahm. Selbstredend befinden sich Schafe und Schäfer auf all diesen Illustrationen Palmers.

Der Schäfer ist allerdings auch unter der Bezeichnung »Hirte« ein fester Bestandteil der Weihnachtsgeschichte, auch wenn er mit den anderen Hirten nur das Bild und die Geschichte abrundet. Wer sollte sonst in der Nacht draußen sein, Sterne sehen und von dem Engel gefunden werden, der die Geburt Christi verkündet? Hirten symbolisieren an der Krippe normale Menschen, die dem heiligen Geschehen Tribut zollen. Natürlich sind sie ohne Schafe nicht denkbar. Der (gute) Hirte ist aber auch ein Symbol für Jesus, der die fügsamen Schafe hütet und versorgt. Das lateinische Wort für Schäfer ist Pastor.

Die Figuren des Schafes und besonders des Hirten sind zwar keine Hauptfiguren, illustrieren aber in ihrer Symbolhaftigkeit elementare Bestandteile des christlichen Glaubens und besonders der Weihnachtsgeschichte: Schafe als Symbole für Friedfertigkeit und Demut, die Hirten für Schutz und Fürsorge, biblisch für den guten Hirten, wie zum Beispiel im Evangelium nach Johannes, Kap. 10.

Einen solchen Hirten, der sich um sein letztes Schaf kümmert, um sich dann in weihnachtlichem Frieden zu seiner Familie zu gesellen, sehen wir auf diesem Weihnachtsbild Samuel Palmers aus dem 19. Jahrhundert.

Auf den Spuren des berühmten Weihnachtsliedes »Stille Nacht! Heilige Nacht!«

von Monika Bruckmoser

Man schreibt das Jahr 1816. Der junge Hilfspriester Joseph Mohr sitzt in seinem Zimmer im Pfarrhof der Gemeinde Mariapfarr am Pult und schreibt an einem Gedicht. Dass dieses später einmal vertont werden soll, ahnt er vermutlich nicht. Und natürlich auch nicht, dass daraus eines der wohl berühmtesten Weihnachtslieder der Welt werden wird.

Joseph Mohr hat keine leichte Kindheit und Jugend hinter sich. Er war eines von vier unehelichen Kindern der Strickerin Anna Schoiberin und erblickte am 11. Dezember 1792 in der Stadt Salzburg das Licht der Welt. Seinen Vater, den desertierten Soldaten Franz Mohr, lernte er nie kennen. Josephs Pate war der Scharfrichter Franz Wohlmuth, der seinen schlechten Ruf durch dieses Ehrenamt etwas verbessern wollte, sich jedoch schließlich bei der Tauffeier von seiner Haushälterin vertreten ließ. Ein Salzburger Domvikar erkannte das Talent des Buben und unterstützte ihn, sodass Joseph Mohr das Akademische Gymnasium besuchen und später eine Ausbildung zum Priester absolvieren konnte. Nach der Priesterweihe im Jahr 1815 und einer Aushilfsstelle im bayerischen Ramsau trat er 1816 seinen Dienst in Mariapfarr im Lungau an.

Als Hilfspriester obliegen ihm nun verschiedene Tätigkeiten wie die Seelsorge und die Spende von Sakramenten.

Wahrscheinlich in einer der langen finsteren Nächte dort im rauen Lungau auf einer Seehöhe von über 1100 Metern versucht er, die zahlreichen Gedanken, die ihm durch den Kopf schwirren, zu ordnen und zu Papier zu bringen.

Nicht nur er selbst, sondern viele seiner Mitmenschen haben harte Zeiten durchgemacht. Die Wirren der napoleonischen Kriege haben ihre Spuren hinterlassen, das Land war einige Jahre lang zum Spielball der Mächte zwischen den Franzosen, den Bayern und den Österreichern geworden, das Fürsterzbistum gab es nicht mehr, und im Jahr 1816, nach dem Wiener Kongress und der Neuordnung Europas, war der Großteil des Salzburger Landes in die Habsburger Monarchie eingegliedert, der fruchtbare Rupertigau – auch Kornkammer Salzburgs genannt – jedoch an die bayerischen Nachbarn abgetreten worden. Dazu kam noch, dass ein Jahr zuvor in Indonesien ein Vulkan ausgebrochen war und über vielen Gebieten der Erde eine Aschewolke schwebte, die keine Sonnenstrahlen durchließ und Unwetter und Missernten nach sich zog – man sprach vom Jahr ohne Sommer.

All diese Eindrücke und Erlebnisse, bestimmt aber auch ein Tafelbild am Altar der Wallfahrtskirche in Mariapfarr, das ein von den Heiligen Drei Königen angebetetes Jesuskind, dargestellt mit üppigen blonden Locken, zeigt und vor dem wohl auch Joseph Mohr oft kniet, dürften den Geistlichen dazu inspiriert haben, die Textzeilen seines sechsstrophigen Werkes zu verfassen. In berührenden Worten beschreibt Mohr in seinem Gedicht den starken Glauben an Christus, den Retter der Welt, die allumfassende Liebe Gottes und die Hoffnung auf Frieden für die Menschen in jenen düsteren Tagen.

Nur wenige Monate später muss der Geistliche seine Dienststelle im Lungau aufgeben. Sein geschwächter Körper und

sein schlechter Gesundheitszustand verbieten es ihm, weiterhin in dieser unwirtlichen Gebirgswelt seinen Dienst auszuüben, wo die Höfe und Häuser oft weit auseinander liegen und er bei Regen, Stürmen, Kälte und Schnee lange und schwierige Strecken zurücklegen muss, um zu den ihm anvertrauten Menschen zu gelangen. Der junge Mann kehrt für kurze Zeit zur Rekonvaleszenz zurück in seine Heimatstadt und wird dann im nahen Oberndorf, etwa zwanzig Kilometer nördlich von Salzburg, als Hilfspriester eingesetzt.
Hier trifft er auf Franz Xaver Gruber, den Lehrer, Mesner und Organisten im nahen Arnsdorf, der auch für den Orgeldienst in der Schifferkirche St. Nikola im vier Kilometer entfernten Oberndorf zuständig ist. Laut Berichten ist aber das Instrument in diesem Gotteshaus am Heiligen Abend des Jahres 1818 unbrauchbar geworden – so manch Erzählung und Film unserer Tage sprechen davon, dass Mäuse, die angeblich den Blasebalg zerfressen haben, den Schaden verursacht haben sollen. Plausibler ist jedoch, dass es sich um einen Wasserschaden gehandelt habe, verursacht durch die immer wieder über die Ufer getretene nahe Salzach.
Joseph Mohr fällt sein zwei Jahre zuvor verfasstes Gedicht ein, das er gut bei seinen Unterlagen und Dokumenten aufbewahrt hat, er zeigt es Gruber und bittet ihn, eine passende Melodie für zwei Männerstimmen zu schreiben. Die Zeit ist knapp, doch der Lehrer arbeitet schnell, und so kann das Werk der beiden Freunde noch in derselben Nacht, gleich nach der Christmette in der Schifferkirche St. Nikola erklingen. Joseph Mohr singt die Oberstimme und spielt die Gitarre, Gruber begleitet ihn mit seiner tiefen Bassstimme und gemeinsam mit den Kirchenbesuchern wird der Refrain gesungen. Der Chor setzt sich vorwiegend aus den in teils sehr

bescheidenen Verhältnissen lebenden Oberndorfer Salzachschiffern, Schöffleute genannt, zusammen, die für den Transport des Salzes, des »weißen Goldes« auf dem Wasserweg zuständig sind und schwierige Jahre, geprägt von Krieg und Armut, hinter sich haben.
Das Lied findet einige Zeit später seinen Weg ins Tiroler Zillertal zu Sängerfamilien, die es während ihrer Reisen in vielen Ländern vortragen. Auch durch Missionare werden Text und Melodie weiterverbreitet. Zu berührenden Szenen kommt es während des ersten Weltkrieges, als am Heiligen Abend des Jahres 1914 die Soldaten der verfeindeten britischen und deutschen Truppen an der Westfront vorübergehend ihre Waffen niederlegen und gemeinsam das Hoffnung bringende Lied anstimmen.
Heute erklingt »Stille Nacht! Heilige Nacht!« zu Weihnachten in vielen Gegenden der Erde in etwa 330 verschiedenen Sprachen und Dialekten. An der Stelle der alten, später baufällig gewordenen Schifferkirche St. Nikola in Oberndorf, am ursprünglichen Aufführungsort des berühmten Liedes, steht heute eine schlichte, im Jahr 1937 eingeweihte Gedächtniskapelle, die jedes Jahr vor allem zur Weihnachtszeit, von Gästen aus Nah und Fern besucht wird.

Stille Nacht! Heilige Nacht!
Alles schläft, einsam wacht
Nur das traute hochheilige Paar.
Holder Knabe im lockigen Haar,
Schlaf in himmlischer Ruh!
Schlaf in himmlischer Ruh!

Stille Nacht! Heilige Nacht!
Gottes Sohn, o wie lacht

Lieb aus deinem göttlichen Mund,
Da uns schlägt die rettende Stund'.
Christ, in deiner Geburt!
Christ, in deiner Geburt!

Stille Nacht! Heilige Nacht!
Die der Welt Heil gebracht,
Aus des Himmels goldenen Höh'n
Uns der Gnaden Fülle lässt seh'n
Jesus, in Menschengestalt,
Jesus, in Menschengestalt

Stille Nacht! Heilige Nacht!
Wo sich heute alle Macht
Väterlicher Liebe ergoss
Und als Bruder huldvoll umschloss.
Jesus, die Völker der Welt,
Jesus, die Völker der Welt.

Stille Nacht! Heilige Nacht!
Lange schon uns bedacht,
Als der Herr vom Grimme befreit,
In der Väter urgrauer Zeit
Aller Welt Schonung verhieß,
Aller Welt Schonung verhieß.

Stille Nacht! Heilige Nacht!
Hirten erst kundgemacht
Durch der Engel Halleluja,
Tönt es laut von ferne und nah:
Christus, der Retter, ist da!
Christus, der Retter ist da!

Die Autorinnen und Autoren

Monika Bruckmoser ist passionierte Stadtführerin, in Salzburg geboren und aufgewachsen. Schon in jungen Jahren entdeckte sie ihre Leidenschaft zu Fremdsprachen und vertiefte diese bei Auslandsaufenthalten in Frankreich und Italien. Im Jahr 2014 legte sie die Prüfung zur staatlich zertifizierten Fremdenführerin ab und zeigt seither mit Freude und Begeisterung Gästen aus Nah und Fern ihre wunderbare Heimatstadt. Im Herbst 2020 erschien ihr erstes Buch, *Glücksorte in Salzburg,* im deutschen Droste-Verlag. Derzeit arbeitet Monika Bruckmoser an ihrem zweiten Buch mit dem Titel *Zu Fuß durch Salzburg.*

Christian Bürger ist gebürtiger Thüringer und lebt in Erfurt. Neben seiner hauptberuflichen Tätigkeit in der Kommunalverwaltung studiert Christian Bürger nebenberuflich den Fachschwerpunkt Geschichte an der Fernuniversität Hagen und schreibt zu Themen der Landes-, Kultur- und Regionalgeschichte. Er ist Mitglied der Geschichtsvereine für Erfurt und Thüringen sowie der Thür. Vereinigung für Volkskunde.

Kerstin Dautel, geboren 1986, studierte Geschichtswissenschaften und pflegt bereits seit dem Jugendalter ihre große Leidenschaft für Wort und Schrift. Sie lebt mit ihrem Sohn in Berlin. In Kürze erscheint ihr Kinderbuch *Toni und die Wunderbibliothek* im Leiermann-Verlag.

Raimund Gründler wurde 1963 in Ravensburg geboren und ist seit vielen Jahren in Mannheim zu Hause. Seine berufliche

Laufbahn begann er in der Kommunal- und Landesverwaltung. Heute ist er Vorstandsmitglied eines großen privaten Bildungsunternehmens. Das gemeinsame kulturelle Erbe hält er für eine wichtige Basis der europäischen Einheit und einer europäischen Identität. Mit seinen beruflichen und ehrenamtlichen Aktivitäten möchte er seinen Beitrag leisten, es zu pflegen, zu vermitteln und weiterzuentwickeln.

Thomas Hanstein ist Dipl.-Theol., Oberstudienrat und Hochschuldozent, Business und Team Coach, Buchautor, Fortbildungsreferent und Seelsorger. Er lebt in Erfurt/Donau. Kontakt: info@coaching-hanstein.de

Pater Stefan Havlik wurde 1980 in Ulm geboren und 2012 von Joachim Kardinal Meisner zum Priester geweiht. Er studierte Betriebswirtschaftslehre und Katholische Theologie mit dem Schwerpunkt Philosophie und ist, inkardiniert im Deutschen Orden, Militärpfarrer der Deutschen Bundeswehr in Stetten am kalten Markt und Pfullendorf. Geistige Horizonte zu weiten, ist stets wichtig, meint er – und so ist er seit einigen Jahren Autor des Leiermann-Verlags.

Anna Häckel-König ist im Bayerischen Wald geboren und aufgewachsen. In Regensburg, ihrem aktuellen Wohnort, studierte sie Vergleichende Kulturwissenschaft und spezialisierte sich hierbei u. a. auf Bräuche und Rituale. Neben Experteninterviews ist auch für Reden und freie Trauungen buchbar. Kontakt: anna.haeckel-koenig@web.de.

Silvia Hofheinz-Schönwald studierte in Heidelberg Geschichte und Musikwissenschaft und promovierte über die deutsch-japanischen Filmbeziehungen zwischen 1933 und 1945. Sie arbeitet im Deutschen Musikautomaten Museum in Bruchsal und ist für die Erläuterung/Vorführung der Automaten sowie für öffentliche Führungen zuständig. Als Kulturvermittlerin hat sie temporär auch Sonderführungen konzipiert. Aktuell publiziert sie ihre Dissertation und möchte sich in Richtung freie Autorin/Historikerin orientieren. Ihre Interessen gelten vor allem Film und Filmmusik, aber auch der japanischen Sprache, der Welt der Literatur und Musik sowie generell kulturgeschichtlichen Themen. In ihrer Freizeit ist sie zum Teil semi-professionell in verschiedenen Chören aktiv. Kontakt unter silvia.hofheinz@gmx.de.

Berno Maria Hübinger studierte Katholische Theologie und Sport. Anschließend arbeitete er als Lehrer in Köln, war pädagogischer Mitarbeiter im Landesinstitut für Schule und Weiterbildung in Soest und Ausbilder am Zentrum für schulpraktische Lehrerausbildung in Köln. Seit vielen Jahren führt er als zertifizierter Stadtführer und Kirchenführer Interessierte durch Köln. Mit seinem Kabarettprogramm *Und dann schuf Gott den Kölner* reist er auf der Bühne durch die 2000-jährige Stadtgeschichte Kölns. 2023 erschien im Leiermann-Verlag in erweiterter Neuauflage sein Buch *Köln – Stadt und Kulturgeschichten*.

Julia Meister, studierte Germanistin und Anglistin aus Berlin, erforscht die weibliche Sozialgeschichte des 18./19. Jahrhunderts, vom Adel bis zum Bürgertum. Trotzdem sie begeisterte Kaiserin-Elisabeth-Kennerin ist, verliert sie ebenso weniger bekannte Habsburger Persönlichkeiten nicht aus dem Blick. Hauptberuflich betreute sie bisher u. a. das Klosterstift

Marienfließ in Brandenburg als Historikerin sowie in Sachen Marketing. Dort erstellte sie einen zweisprachigen Audioguide und führte interessierte Gruppen über das Stiftsgelände. Als Texterin und Lektorin ist sie über ihre Website www.textrose.de buchbar.

Katharina Mölk Die gebürtige Tirolerin fand ihren Weg nach Wien durch ihr Studium der Alten Geschichte. Ihr erstes Buch beim Leiermann-Verlag drehte sich folglich auch um die *Antike in Österreich*. Doch da Österreich über die Antike hinaus noch so viel mehr Spannendes zu bieten hat, arbeitet sie nun als Fremdenführerin in Wien. Sie liebt es, Geschichten über Österreichs Vergangenheit mit anderen zu teilen, egal ob in schriftlicher Form, in Youtube-Videos oder bei einer Stadtführung. Das vielfältige Angebot von Themenführungen und Rätseltouren finden Sie unter www.im-auftrag-ihrer-majestaet.at.

Peter Nething wurde im Frankfurter Stadtteil Sachsenhausen geboren und ist sozusagen mit Apfelwein getauft. In seinem über vierzigjährigen Berufsleben als Reiseverkehrskaufmann in der Tourismus- und Airline-Branche hat er die ganze Welt bereist und viele Orte gesehen. Nun schreibt er über seine kontrastreiche Stadt in verschiedenen Publikationen und ist als zertifizierter Gästeführer in Frankfurts Straßen unterwegs.

Janin Pisarek, Jahrgang 1990, ist Erzählforscherin und Kulturwissenschaftlerin. Die Thüringerin ist Mitglied der Kommission für Erzählforschung in der Deutschen Gesellschaft für Empirische Kulturwissenschaft sowie berufenes Ausschuss-, Jury- und Vorstandsmitglied in diversen volkskundlichen und kulturellen Gremien, Arbeitsgemeinschaften und Organisationen. Des Weiteren ist sie ehrenamtlich als Redakteurin und Lektorin der Zeitschrift »Heimat Thüringen« tätig. In der historisch-vergleichenden Erzählforschung widmet sie sich vor allem den europäischen Zaubermärchen, den dämonologischen Sagen und Sagengestalten des deutschsprachigen Raumes sowie dem biografischen Erzählen. In ihren Fachbereichen ist sie vielseitig publizistisch aktiv. Als Bücher sind bisher *Hausgeister. Fast vergessene Gestalten der deutschsprachigen Märchen- und Sagenwelt* und *Fabeltiere. Tierische Fabelwesen der deutschsprachigen Mythen, Märchen und Sagen* erschienen.

Maria Pussig beweist, dass sich *Agri*kultur und *klassische* Kultur nicht ausschließen müssen. Im Norden Portugals eine biologische Landwirtschaft führend, lebt die gebürtige Österreicherin nur einen Katzensprung von Porto entfernt und widmet sich in der freien Zeit dem Studium der Kulturwissenschaften und dem Schreiben.

Susanne Reichelt hat ein Fremdsprachenstudium an der Universität Leipzig absolviert, lebt in Dresden und arbeitet mit großer Freude als Gästeführerin und Kunstvermittlerin in dieser geschichtsträchtigen Stadt und ihrer reizvollen Umgebung. Vielfältige kulturgeschichtliche Themen fundiert und kompetent, aber dennoch unterhaltsam und spannend zu vermitteln, das ist ihr Anliegen – sowohl bei ihren Führungen als auch beim Verfassen von Blog-Beiträgen und Artikeln für die Sammelbände des Leiermann-Verlags.

Marion Rissart Jahrgang 1971, studierte an der Heinrich-Heine Universität in Düsseldorf Soziologie, Politologie und Germanistik. Ihr Buch Menschenrechte – who cares?! über die argentinische Militärdiktatur und die Aufarbeitung der Menschenrechtsverbrechen erschien 2017 im Free Verlag. Sie ist Mitglied und freie Mitarbeiterin beim Bonner Institut für Migrationsforschung. Neben Literatur und politischen Dynamiken gilt ihre große Leidenschaft ihrer rheinischen Heimat. Über ihre Liebe zu Düsseldorf und Umgebung sagt sie: »Wir können nicht ohne einander, der Rhein und ich. Und Liebe geht bekanntlich durch Magen, Herz und Hand. Daher kann ich nicht aufhören, darüber zu schreiben. Wenn Sie auch Zuneigung an rheinische Vergängliches und Gegenwärtiges haben, schauen Sie doch mal unter www.dieahnin.com rein. Auf dass die Liebe weiter wachse und gedeihe!«

Georg Rode, lebenslanger Kölner mit wechselnden Wohn- und Arbeitsorten, experimentierte nach dem Studium mit Aufenthalten in der freien Wirtschaft und in Frankreich, um schließlich als Lehrer für Kunst und Französisch zu arbeiten. Dort verstand er Schüler*innen in kreativer Lehrplaninterpretation als Mitarbeiter*innen, statt als Wissensempfänger. Nach dem aktiven Dienst versucht er in Blogs und kleinen Publikationen weiter für die Kunst zu werben, Informationen zu erzählen, statt zu dozieren. Interesse ist für ihn die alleinige Qualifikation für den Zugang zur Welt der Kunst.

Christian Schaller ist Kulturwissenschaftler und Historiker aus Augsburg, der Hauptstadt Bayerisch-Schwabens. Er ist als zertifizierter Stadtführer und Autor tätig. Im Leiermann-Verlag sind bisher seine Bücher *Augsburger Kulturgeschichten* und *Kulturgeschichten der Süddeutschen Küche* erschienen. Er befindet sich in der Endphase seiner Doktorarbeit über kulturell nachhaltige Stadtentwicklung.

Elisabeth Schinagl, geb. 1961 in München, studierte Latein und Germanistik in Eichstätt und Regensburg. Sie war wissenschaftliche Mitarbeiterin am Lehrstuhl für mittellateinische Philologie an der Katholischen Universität Eichstätt und danach Gymnasiallehrerin. Von 2009 bis 2017 war sie als Referentin im Bayerischen Landtag tätig. Seit 2018 ist sie freie Autorin. In ihren Werken befasst sie sich vorwiegend mit historischen Themen, insbesondere aus der bayerischen Geschichte.

Stephanie Schoger ist Kunsthistorikerin mit einem Faible für die Kunst und Geschichte vergangener Epochen und ihrer Heimat Siebenbürgen. Studiert hat sie Kunstgeschichte, Archäologie und Geschichte an der Rheinischen Friedrich-Wilhelm-Universität in Bonn und zu Gerard ter Borchs Schaffen im Umfeld des Westfälischen Friedenskongresses promoviert. Seit 2020 ist sie freiberufliche Autorin/Texterin und Lektorin, liest und recherchiert, schreibt und korrigiert. Für den Leiermann-Verlag schreibt sie Sach- und Fachtexte aus Kunst oder Kultur.

Andrea Strobl hat in München Italianistik, Französische Philologie und Germanistik studiert. In späteren Jahren folgte ein berufsbegleitendes Studium der Kunstgeschichte. Nach Jahren als Reiseredakteurin und Lektorin ist sie mittlerweile als freiberufliche Lektorin/Korrektorin u. a. für die Publikationen des Leiermann-Verlags tätig, für den sie auch diverse Buch-

und Blogbeiträge verfasst, z. B. zu literarischen Themen oder als ›Stadtschreiberin‹ über ihre Wahlheimat Athen. Ihre Passionen: Literatur, Kunst und – natürlich – Sprache(n). Kontakt: andrea.strobl@der-leiermann.

Anja Weinberger hat Musik, Musikwissenschaft und Kunstgeschichte studiert. Als Flötistin macht sie Kammermusik in unterschiedlichsten Besetzungen, unterrichtet Schüler jeden Alters und ist ab und zu Herausgeberin bei einem Musikverlag. Neben der Musik haben es ihr Museen und Kunstdenkmäler besonders angetan. So lässt sie ihre gesammelten Eindrücke, ihr vielfältiges Wissen und so manche Geschichte aus ihrem Leben als Musikerin auf unterschiedlichste Weise beim ›Leiermann‹ einfließen. Auf der Kulturplattform gibt es einen ›Flötenblog‹ und einen ›Frauenblog‹, und im Leiermann-Verlag sind bereits ihre Bücher *Kulturgeschichten – nicht nur für Flötisten*, *Meine französischen Kulturgeschichten* und *Frauengeschichten – Kulturgeschichten aus Kunst und Musik* erschienen. Anja Weinberger lebt mit ihrer Familie im fränkischen Erlangen.

Christiane Wilms Christiane Wilms, geboren 1961 in Nordrhein-Westfalen, lebt mit ihrem Mann in Baden-Württemberg. Während ihrer Laufbahn als Schauspielerin, Rundfunk-Redakteurin sowie Pressesprecherin einer sächsischen Landtagsfraktion hat sie Deutschland von Nord nach Süd und West nach Ost durchquert und kennengelernt. Mittlerweile sesshaft geworden, möchte die begeisterte Anhängerin viktorianischer Prosa und Lyrik auf ihrem Blog www.meineleselampe.de, mit Beiträgen auf der Kulturplattform www.blog.der-leiermann.com sowie Artikeln für die kulturgeschichtlichen Sammelbände des Leiermann-Verlags die englische Literatur und Lebensart des 19. Jahrhunderts wieder populärer machen.

Quellenangaben und Fußnoten

Der Adventskalender als kulturelles Objekt

[1] Während Esther Gajek und Manfred Blechschmid 1908 als Erscheinungsjahr erwähnen, gibt Tina Peschel das Jahr 1903 an und beruft sich auf eine Erwähnung des Datums im Firmenprospekt von 1935. Allerdings wird in einem Firmenprospekt von 1931 angegeben, dass die Einführung des Produkts 1906 erfolgte. Markus Mergenthaler nennt ebenfalls 1908 als Datum der Veröffentlichung, zeigt aber auf zwei Bildern ein Exemplar, welches er als Nachdruck von 1904 identifiziert. Im selben Jahr befand sich der Kalender als Beilage in der Stuttgarter Zeitung »Neues Tagblatt«.

Blechschmidt, Manfred: Weihnachtliches Brauchtum im Erzgebirge. Friedrichsthal 2010.
Gajek, Esther: Adventskalender. Von den Anfängen bis zur Gegenwart. München 1988.
Gerndt, Helge: Kultur als Forschungsfeld. Über volkskundliches Denken und Arbeiten. München [2]1986.
Gockerell, Nina/Jaacks, Gisela: Weihnachtliche Bräuche in Hamburg und Norddeutschland, in München und Oberbayern. München 1985.
Löcher, Paul: Wie's einstens war zur

Weihnachtszeit. Ein Buch der Erinnerungen. Ostfildern 1979.
Leonhardt, Henrike: »... doch jeden Tag nur eins«. Adventskalender als Zeitmesser. München 2004.
Mergenthaler, Manfred: Adventskalender im Wandel der Zeit. Dettelbach 2007.
Peschel, Tina: Zur Geschichte der Adventskalender. In: Dies. (Hg.): Adventskalender. Geschichte und Geschichten aus 100 Jahren. Husum 2009, S. 9-114.

Wie der Christbaum nach Wien kam

Burger, Ernst: »Henriette Alexandrine von Nassau-Weilburg.« Online: https://museum.evang.at/wp-content/uploads/2015/07/E-BURGER_Henriette-von-Nassau.pdf [11.08.2021].
»Christbaum«. In: *Wien Geschichte Wiki.* Online: https://www.geschichtewiki.wien.gv.at/Christbaum [21.09.2021].

»Friedrich Wilhelm (Nassau-Weilburg).« Online: https://dewiki.de/Lexikon/Friedrich_Wilhelm_(Nassau-Weilburg) [12.09.2021].
Geisthardt, Fritz: »Friedrich Wilhelm.« In: Neue Deutsche Biographie (NDB). Band 5. Berlin 1961, S. 521 f. Online: https://www.deutsche-biographie.de/gnd136968503.html#ndbcontent [10.09.2021].
Gruber, Stephan: »Der Sieger von Aspern.« In: *Die Welt der Habsburger.* Online: https://www.habsburger.net/de/kapitel/der-sieger-von-aspern [21.09.2021].
Haller, Günther: »Das traute Heim.«In: Die Presse Geschichte, No 13 (ersch. 2020), Biedermeier. S. 52-59.
Hatschek, Christoph: »Erzherzog Karl und das Weihnachtsfest.« Online: https://blog.hgm.at/2019/12/20/erzherzog-karl-und-das-weihnachtsfest/ [13.09.2021].
»Henriette von Nassau-Weilburg«. Online: http://www.reformiertestadtkirche.at/textpages/typischreformiert/henriette_von_weilburg.htm [21.09.2021].
»Karl Ludwig von Österreich-Teschen.« In: *Die Kapuzinergruft.* Online: https://kapuzinergruft.com/erzherzog-karl-ludwig-von-oesterreich-teschen [21.09.2021].
Univ.-Prof. Dr. Grete Klingenstein: »Johann, der ›steirische Prinz‹, Reichsverweser.« In: *Die Habsburger. Ein biographisches Lexikon.* Hrsg. von Brigitte Hamann. Wien 1988, S. 175-177.
»Österreich, Henriette Erzherzogin von«, in: Hessische Biografie. Online: https://www.lagis-hessen.de/pnd/119559455 (12.09.2021).
Nezval, Bettina: »Schloss Weilburg in Baden. Symbol einer Liebe.« Berndorf 2015.
Posch, Monika: »Henriette von Nassau-Weilburg. Eine Protestantin im Hause Habsburg.« In: Peter Karner (Hg.), Die evangelische Gemeinde H.B. in Wien. Jubiläumsfestschrift (= Forschungen und Beiträge zur Wiener Stadtgeschichte 16), Wien 1986, S. 72–81.
Dr. Marianne Rauchensteiner: »Henriette, Gemahlin von Erzherzog Karl«. In: *Die Habsburger. Ein biographisches Lexikon.* Hrsg. von Brigitte Hamann. Wien 1988, S. 163-164.
Sapper, Christian: »Erzherzog Karl Ludwig als Hoch- und Deutschmeister (1801 Juli 27-1804 Juni 30).« In: Mitteilungen des Österreichischen Staatsarchivs 43. (1993) - Festschrift für Rudolf Neck zum 65. Geburtstag. S. 114-121.
Wohlgemuth-Kotasek, Edith: »Erzherzog Johann in seinen Briefen an Marie Louise.« In: Mitteilungen des Österreichischen Staatsarchivs 14. (1961) - Festschrift für Gebhard Rath zum 60. Geburtstag. S. 532-548.

Rauhe Nächte

Österreichische Blätter für Literatur und Kunst. 26.09.1853. Ausgabe Nr. 39. S. 1. Wien: Gehen, 1853.
Schröder, Johann Friedrich: Geschichte Karls des Großen. 3. Buch 227-228. Leipzig: Lorck, 1850.
Vollmer, Wilhelm: Vollständiges Wörterbuch der Mythologie aller Völker: eine gedrängte Zu-sammenstellung der Wissenswürdigsten aus der Fabel- und Götterlehre der Völker der alten und neuen Welt. S. 886-887. Stuttgart: Krais & Hoffmann, 1859.
Franck, Sebastian: Weltbuch: Spiegel vnd bildtniß des gantzen erdbodens. Unter: Das ander teyl dises Weltbüchs. Supersticion der francken mancherley. Tübingen: Morhat, 1534.
Weimarer Sonntagsblatt: Zeitschrift für Unterhaltung aus Literatur und Kunst. 3. Ausgabe 1857. S. 498-500. Weimar: Böhlau, 1857.
Schönwerth, Franz Xaver von: Aus der Oberpfalz - Sitten und Sagen 3. S. 50-51. Augsburg: Rieger, 1859.
Bauern-Zeitung aus Frauendorf. 1822. 16.02.1822. Ausgabe Nr. 7. S. 4-6. Frauendorf: Fürst, 1822.
Wimmer, Josef: Die socialen und volkswirthschaftlichen Zustände des königlichen Landgerichts Eggenfelden: Versuch einer Darstellung derselben. 1858. S. 52. Landshut: Rietsch, 1862.
Der Phönix: Zeitschrift für Literatur, Kunst, Geschichte, Vaterlandskunde und Wissenschaft. 16.10.1852. Ausgabe-Nr. 42. S. 8. Innsbruck: Wagner, 1852.

Die Heilige Nacht – Weihnachten bei Correggio

Kloppenburg, Birgid und Weber, Gregor J.M.: La famosissima Notte! Correggios Gemälde »Die Heilige Nacht« und seine Wirkungsgeschichte. Ausstellungskatalog. Staatliche Kunstsammlungen Dresden 2000.
Steinhardt-Hirsch, Claudia: Correggios »Notte«. Ein Meisterwerk der italienischen Renaissance. Münchener Universitätsschriften des Instituts für Kunstgeschichte. Deutscher Kunstverlag

Johann Sebastian Bachs Weihnachtsoratorium

[1] Die Oboe d'amore ist eine etwas tiefere Oboe in Altlage mit sehr warmem Klang; sie hat einen charakteristischen runden Schallbecher, der auch

»Liebesfuß« genannt wird. Auch die Oboe da caccia, wörtlich übersetzt »Jagdoboe« klingt tiefer. Sie wurde in der Folgezeit zum Englischhorn weiterentwickelt und wird bei heutigen Aufführungen von Barockmusik meist durch diese ersetzt. Das Englischhorn ist ein häufiges Zweitinstrument der Oboisten, so wie Flötisten häufig auch Piccolo spielen. Im Vertrag der Orchestermusiker ist genau festgelegt, welche Instrumente gespielt werden müssen.

[2] Auch andere Kombinationen der Kantaten werden angeboten. Manchmal entscheidet sich der Kantor für zwei Mal drei Kantaten an aufeinander folgenden Tagen, oder für eine längere Pause nach der dritten Kantate. Manchmal erklingen die Teile eins und vier bis sechs. Alles wurde schon gehört. Nur auf die erste Kantate möchte niemand verzichten.

Kölner Krippen im Wandel der Zeit

Hässlin, Johann Jakob (Hrsg.): Das Buch Weinsberg. München 1964.
Klersch, Joseph: Volkstum und Volksleben in Köln. Köln 1979.
Plum, Yvonne und Thomas: Kölner Krippengänge. Köln 1996.
Schwering, Max-Leo/Walz, Markus: Kölner Weihnachtskrippen, Köln 1984.
»Die Jesuiten bauten eine quadratische Bühne inmitten der Kirche, auf der Wachsfiguren agieren, wie wenn es ein geistliches Schauspiel wäre.« - Schwering/Walz, S. 20.
»vor welcher die Theologiestudenten [...] nach der Vesper deutsch und lateinisch sangen.« - Schwering/Walz, S. 20
»Der Ochse kennt seinen Besitzer und der Esel die Krippe seines Herrn; Israel aber hat keine Erkenntnis, mein Volk hat keine Einsicht.« - Jes. 1, 2-3.

Wie viel Weihnachten darf es sein?

[1] Dickens, Charles: Die Charles-Dickens-Weihnachtsgeschichte. Erlangen 2019, S. 137.
[2] Vgl. https://www.aphorismen.de/suche?f_autor=1850_Leigh+Hunt [7.7.2023].
[3] Vgl. The Victorian Web, Bleak House – Skimpole and the Stranger, 21.2.2021, online: https://victorianweb.org/art/illustration/furniss/349.html [7.7.2023].
[4] Vgl. Trollope Society, How Anthony Trollope Spent Christmas, Janis Zroback, 14.12.2021, online: https://trollopesociety.org/bulletin/2021/how-anthony-trollope-spent-christmas/ [7.7.2021]

[5] Vgl. Wilms, Christiane, Comfort and Joy – Weihnachtsbräuche in England, in: Weihnachtliche Kulturgeschichten. Ein Streifzug durch Europa. Grieskirchen 2022, S. 50 ff.
[6] Vgl. Trollope Society, How Anthony Trollope Spent Christmas, Janis Zroback, 14.12.2021, online: https://trollopesociety.org/bulletin/2021/how-anthony-trollope-spent-christmas/ [7.7.2021].
[7] Die Auflistung vgl. *Trollope Society*, online: https://trollopesociety.org/works/books-characters/ [10.7.2023].
[8] Vgl. Carney, Bethan (Birkbeck, University of London), Einführung Mr. Popular Sentiment: Dickens und Feeling, 30.4.2012, in 19: Interdisziplinäre Studien im langen 19. Jahrhundert, online: 14.doi
https://doi.org/10.16995/ntn.644 [10.7.2023].
[9] Vgl. Wikipedia, Chronicles of Barsetshire, 16.6.2023, online: https://en.wikipedia.org/wiki/Chronicles_of_Barsetshire [11.7.2023].
[10] Trollope, Anthony: Weihnachten auf Thompson Hall. Berlin 2021, S. 13 f.
[11] Ebd., S. 25.
[12] Ebd., S. 88.
[13] Dickens, Charles: Ein Christbaum, in: Charles Dickens Weihnachtserzählungen, Essen, o.J., S. 364.
[14] Dickens, Mary und Charlie: Unser Vater Charles Dickens. Berlin 2011, S. 32
[15] Dickens, Charles: Ein Christbaum, in: Charles Dickens Weihnachtserzählungen, Essen o.J., S. 353.
[16] Ebd., S. 354.
[17] *Jack and the Beanstalk* ist ein englisches Volksmärchen, im deutschen Sprachraum als *Hans und die Bohnenranke* bekannt. Vgl. https://www.maerchenatlas.de/aus-aller-welt/englische-marchen/jack-und-die-bohnenranke/ [16.7.2023].
[18] Jane Shore, die ehemalige Geliebte König Edwards IV., wurde nach dessen Tod von Richard III. wegen angeblicher Hurerei zum »Walk of Shame« durch London verurteilt, vgl. Ancient Origins, Royal Mistress Jane Shore Walked Streets of London in her Underwear, Wu Mingren, 18.2.2023, online: https://www.ancient-origins.net/history-famous-people/jane-shore-0011174 [16.7.2023].
[19] Dickens, Charles, Ein Christbaum, in: Charles Dickens Weihnachtserzählungen, Essen, o.J., S. 362.
[20] Ebd., S. 373.
[21] Ebd., S. 374.
[22] Anspielung auf den Titel des kanadisch-irischen Films: »Charles Dickens: Der Mann, der Weihnachten erfand«(2017). Vgl. Wikipedia, Charles Dickens: Der Mann, der Weihnachten erfand, 24.8.2022,

https://de.wikipedia.org/w/index.php?title=Charles_Dickens:_Der_Mann,_der_Weihnachten_erfand&oldid=225611755 [17.7.2023].
[23] Nomen Nominandum, Charles Dickens' »A Christmas Story«, Johanna Böttiger, 24.12.2020, online: https://nomennominandumdotblog.wordpress.com/2020/12/24/charles-dickens-a-christmas-carol/ [17.7.2023].

Vom Dresdner Christstollen

Sächsisches Spezialitäten-Backbuch, Schlemmer-Rezepte von Dr. Quendt. Husum, 2. Aufl. 2006
Wozel, Heidrun. Der Dresdner Striezelmarkt. Sachsenbuch Verlagsgesellschaft mbH Leipzig
www.stollen-aus-dresden.de, 30.10.2021.

Schaurige Weihnachtszeit: Von Krampussen und Perchten

https://www.zeit.de/entdecken/2019-12/krampuslauf-oesterreich-volksfest-gewalt-maennlichkeitsbilder-brauchtum/komplettansicht
https://www.theguardian.com/world/2019/dec/08/austria-struggles-with-marauding-krampus-day-demons-gone-rogue?fbclid=I-wAR3T1nujQVwcVUDhhNYj3RtGxrk87ut2ApGjFzB6gdL1oGWS39sGY5e6uBM
https://www.br.de/br-fernsehen/sendungen/abendschau-der-sueden/perchten-rauhnaechte-brauchtum-100.html
https://www.meinbezirk.at/villach-land/c-lokales/krampus-oder-percht-das-sind-die-unterschiede_a3042468

Wunderweiße Nächte

[1] https://www.staff.uni-mainz.de/pommeren/Gedichte/Storm/ruprecht.htm [20.9.2023]
[2] https://gedichte.xbib.de/Eichendorff_gedicht_Weihnachten.htm [20.9.2023]
[3] https://www.gedichte7.de/noch-einmal-ein-weihnachtsfest.html [20.9.2023]
[4] https://www.deutschelyrik.de/es-gibt-so-wunderweisse-naechte.html
[5] Holthusen, Hans Egon: Rilke. Hamburg 1958, S. 166.
[6] Zweig, Stefan, Die Welt von Gestern. Frankfurt a. M. 2000, S. 270 ff.
[7] Raddatz, Fritz J.: Rainer Maria Rilke. Überzähliges Dasein. Zürich 2009. S. 64.

[8] Brief an Clara Rilke, 13.9.1907, in: Rilke Briefe. Rilke-Archiv in Weimar (Hrsg.), Frankfurt a. M. 1987, Erster Band, S. 167.
[9] Sieber-Rilke, Hella (Hrsg.): Rainer Maria Rilke. Briefe an die Mutter. Frankfurt a. M., Leipzig 1995, S. 52
[10] Holthusen, S. 8.
[11] Brief an Karl und Elisabeth von der Heydt am 6.11.1914, in: Rilke Briefe. Rilke-Archiv in Weimar (Hrsg.), Frankfurt a. M. 1987. Zweiter Band, S. 476.
[12] Holthusen, S. 8.
[13] Zweig, S. 165.
[14] Brief an Elsa Bruckmann vom 14. 12.1911, in: Rilke Briefe. Rilke-Archiv in Weimar (Hrsg.), Insel-Verlag, Frankfurt a. M. 1987. Erster Band, S. 296.
[15] Brief an Arthur Fischer-Colbrie vom 18. Dezember 1925, in: Rilke Briefe. Rilke-Archiv in Weimar (Hrsg.), Frankfurt a. M. 1987. Dritter Band, S. 914.
[16] Holthusen, S. 127.
[17] Rilke, Rainer Maria: Das Leben ist eine Herrlichkeit. Gesammelte Werke. Hamburg 2019, S. 921.
[18] Holthusen, S. 166.
[19] Rilke, Rainer Maria: In den Himmeln steht ein Stern. Ein Weihnachts-Bilder-Lesebuch. St. Benno Verlag. Leipzig o. J.
[20] Brief an Clara Rilke vom 19.12.1906, in: Rilke Briefe. Rilke-Archiv in Weimar (Hrsg.), Frankfurt a. M. 1987. Erster Band, S. 149.
[21] Sieber-Rilke, S. 74.
[22] Ebd., S. 38.

Das fliegende Klassenzimmer – es leben die Antihelden!

[1] Kästner, Erich: Das fliegende Klassenzimmer, Hamburg 1982, S. 87-88.
[2] Ebd., S. 35.
[3] Ebd., S. 112.
[4] Ebd., S. 38.
[5] Ebd., S. 14.
[6] Ebd., S. 15.
[7] Weber, Antje: Erich Kästner. Die Einsamkeit eines Rastlosen, in SZ vom 22.09.2015.
[8] Kästner, Erich, S. 76.
[9] Ebd., S. 71.
[10] Ebd., S.75.

[11] Reich-Ranicki, Marcel: Der Dichter der kleinen Freiheit. Ein Essay über Kästner aus dem Jahre 1974. In: www. literaturkritik.de/id/19563 [18.07.2023].
[12] www.literaturgarage.de/interview-mit-sven-hanuschek.23.06.2023 [18.07.2023].
[13] Kästner, Erich, S. 120.
[14] Ebd., S. 136

Weihnachten in Thüringen – eine kulturgeschichtliche Annäherung

Bieritz, Karl-Heinrich: Das Kirchenjahr. Feste, Gedenk- und Feiertage in Geschichte und Gegenwart. München 62001.
Lamprecht, Birgit: Bräuche zur Weihnachtszeit in Südthüringen. In: Volkskundliche Kommission für Thüringen e. V.: Öffentlich feiern. Zur Festkultur in Thüringen (1). Erfurt 1998 (=Thüringer Hefte für Volkskunde; Bd. 6).
Van Dülmen, Richard: Kultur und Alltag in der frühen Neuzeit. Band 3. Religion, Magie und Aufklärung. München 1994.
Wähler, Martin. Thüringische Volkskunde. Jena 1940.

Der Osten - Entdecke wo du lebst: Weimar und der erste Weihnachtsbaum für alle. Film von Kathrin Welzel https://www.mdr.de/tv/programm/sendung909546.html, [3.10.2021].
Der Rennsteig. Ein Film von Fritz Lehmann und Lutz Pleitgen. BRD 1980. https://www.youtube.com/watch?v=6JMh0vi--7Q, [3.10.2021].
Museum für Glaskunst Lauscha. http://www.glasmuseum-lauscha.de/christbaum.html, [3.10.202].

Darstellungen des Weihnachtsgeschehens in der Malerei – Wandel einer Bildtradition

[1] Vgl. Roller 2016, S. 25.
[2] Ebd., S. 26.
[3] Vgl. Egger 1987. S. 34.
[4] Ebd., S. 35 ff. mit verschiedenen Beispielen.
[5] Vgl. hierzu auch Wilpert 1906, S.188-201.
[6] Vgl. Zierhut-Bösch 2007, S. 49-67.
[7] Vgl. Roller 2016, S. 51.

[8] Ebd., S. 54 ff. Siehe aber auch Birgitta von Schweden, Relevationes, Buch VII, Kapitel 21 (abgel. Rev. VII, 21) Übersetzung durch Fabian Wolf nach der historisch-kritischen Ausgabe Bergh 1967, S. 188.
[9] Außer dieser frühesten Abbildung existieren zwei weitere, die etwa in dieselbe Zeit zu datieren sind und ebenfalls die Weihnachtsvision Birgittas wiedergeben. Weitere Literatur zu Tommasos Werken: Wolf 2015, S. 271-293.
[10] Ein Beispiel für eine solche Marienstatue befindet sich heute im Germanischen Nationalmuseum in Nürnberg und trägt den passenden Titel *Maria in der Hoffnung*. In den Bauchraum der Statue wurde eine kleine Öffnung eingebaut, in der sich eine weitere Miniaturstatuette des Christuskindes befindet und bei Bedarf herausgenommen werden kann. Oft wurden diese Christusfiguren en miniature im Rahmen einer Nachspielung des Weihnachtsgeschehens später in eine Krippe gelegt.
[11] Vgl. Gertz 2015, S. 48 f.

Egger, Hanna: Weihnachtsbilder im Wandel der Zeit. Von der Spätantike bis zum Barock. Wien, München 1978.

Ernst, Eugen: Weihnachten im Wandel der Zeiten. Ein Hausbuch für die Zeit vom 1. Advent bis zum Dreikönigstag. Stuttgart 2007.

Gertz, Kurt Peter: Weihnachten in der modernen Kunst. Mönchengladbach 2015

Gottdang, Andrea: »… und auf Knien beteten sie ihn mit unermesslicher Freude an.« Die Geburt Christi in der Malerei um 1400. In: Mythen Europas. Hg. Von Michael Neumann/Almut Schneider, Bd. 3: Zwischen Mittelalter und Neuzeit. Darmstadt 2005, S. 100-127.

Morris, Bridget: St. Birgitta of Sweden. Studies in Medieval Mysticism. Woodbridge Suffolk-Rochester 1999.

Neuheuser, Hanns Peter: Zugänge zur Sakralkunst. Narratio und institutio des mittelalterlichen Christusbildes. Köln/Weimar/Wien 2001.

Roller, Stefan: Heilige Nacht. Die Weihnachtsgeschichte und ihre Bilderwelt. Frankfurt am Main 2016.

Wilpert, Joseph: Die Malereien der Katakomben Roms. Bd. 1, Freiburg 1906, S. 188-201.

Wolf, Fabian: Die Geburt Christi als Ereignisbild. Wechselbeziehungen zwischen Bildtradition und der Vision der heiligen Birgitta von Schweden, in: Das Bild als Ereignis. Zur Lesbarkeit spätmittelalterlicher Kunst mit Hans-Georg Gadamer. Hg. Von Dominic Eric Delarue/Johann Schulz/Laura Sobez. Heidelberg 2012, S. 209-234.

Wolf, Fabian: Die Weihnachtsvision der heiligen Birgitta von Schweden. Wechselbeziehungen zwischen inneren und äußeren Bildwerdungsprozessen, 2 Bd. Frankfurt am Main 2015.
Zierhut-Bösch, Birgitte: Ikonografie der Mutterschaftsmystik. Interdependenzen zwischen Andachtsbild und Spiritualität im Kontext spätmittelalterlicher Frauenmystik. Rombach 2008.

Benjamin Brittens *A Ceremony of Carols*

[1] Wolcum yole!, aus: Britten, Benjamin: A Ceremony of Carols. Ein Kranz von Lobechören, op. 28, bearbeitet für gemischten Chor (SATB) und Harfe von Julius Harrison, übersetzt von Herberth E. Herlitschka, London 1994.
[2] »[O]ne had to alleviate the boredom!«, Benjamin Britten an Elizabeth Mayer, 4. Mai 1942, zitiert nach Mitchell, Donald: Letters from a Life: The Selected Letters and Diaries of Benjamin Britten, 1913-1976. Bd. 2, 1939-1945. London 1991, Brief 374: 1942, S. 1037-1038. [Übersetzung: Verfasserin].
[3] Auflistung sowie deutsche Übersetzung der englischen Titel vgl. Chorpartitur des Musikverlags Boosey & Hawkes: Britten, Benjamin: A Ceremony of Carols. Ein Kranz von Lobechören, op. 28. Abdruck der Texte sowie deren Autoren vgl. Ford, Boris (Hrsg.): Benjamin Britten's Poets. The poetry he set to music. Manchester 1994.
[4] »The thin, pure tone of the harp replaces the voice, and it is filled with faint traces of distant sounds. Its melody is a restatement of the opening Processional chant, almost unrecognizable in its transformed rhythm and new harmonies [...]. The chant is underlaid by another dim memory: a tolling bell, rendered in the ghostly pale sound of harp harmonics, a memory all the more potent in a wartime moment when bells were strictly silenced.«, Wiebe, Heather: Britten's Unquiet Pasts. Sound and Memory in Postwar Reconstruction. Cambridge 2012, S. 66-67. [Übersetzung: Verfasserin]

A Ceremony of Carols. Ein Kranz von Lobechören (Chorpartitur SATB), arrangiert Julius Harrison, hrsg. von Boosey & Hawkes, London 2000. Englisch und deutsche Übersetzung.
Benjamin Britten: *A Ceremony of Carols & Missa Brevis*. Rejoice in the Lamb. Maîtrise de la Perverie de Nantes, dirigiert von Gilles Gérard, 2021.
Brittens Centenary. *A Ceremony of Carols*. Regensburger Domspatzen, dirigiert von Roland Büchner, 2021.
Abels, Norbert: Benjamin Britten. Reinbek bei Hamburg 2008.
Allen, Stephen Arthur: Britten and the world of the child, in: Cooke, Mervyn: The Cambridge Companion to Benjamin Britten. Cambridge 1999, S. 279-291.

Britten Choral Guide – mit Erläuterungen von Paul Spicer [kommentierter Werkkatalog, 2012], hrsg. Britten-Pears Foundation, Boosey & Hawkes, Chester Music und Faber Music.
Carpenter, Humphrey: Benjamin Britten. A Biography. London 1992.
Craggs, Stewart R.: Benjamin Britten. A Bio-Bibliography. London 2002.
Evans, Peter: The Music of Benjamin Britten. London 1979.
Evans, John/Reed, Philipp/Wilson, Paul (Hrsg.): A Britten Source Book. Aldeburgh 1987.
Ford, Boris (Hrsg.): Benjamin Britten's Poets. The poetry he set to music. Manchester 1994.
Wiebe, Heather: Britten's Unquiet Pasts. Sound and Memory in Postwar Reconstruction. Cambridge 2012.
Heldt, Guido: The New Operator. Benjamin Britten als Komponist für Film, Radio und Theater, in: Tadday, Ulrich (Hrsg.): Benjamin Britten, Musik-Konzepte. Heft 170, August, München 2015, S. 120-134.
Mark, Christopher: Early Benjamin Britten. A Study of Stylistic and Technical Evolution. New York 1995.
Matthews, David: Britten. London 2003.
Millner, Anthony: The Choral Music, in: Palmer, Christopher (Hrsg.): The Britten Companion. London 1984, S. 329-345.
Mitchell, Donald (Hrsg.): Letters from a Life: The Selected Letters and Diaries of Benjamin Britten 1913-1976, Bd. 2. 1939-1945. London 1991.
Saremba, Meinhard: There is a dark side even to perfection. Ideal, Verlust der Unschuld und Ambivalenz in Brittens Werk, in: Tadday, Ulrich (Hrsg.): Benjamin Britten, Musik-Konzepte. Heft 170, August, München 2015, S. 7-26.
Tadday, Ulrich (Hrsg.): Benjamin Britten, Musik-Konzepte. Heft 170, August, München 2015.
Tadday, Ulrich: Vorwort, in: Tadday, Ulrich (Hrsg.): Benjamin Britten, Musik-Konzepte. Heft 170, August, München 2015, S. 5-6.
Trend, Michael: The Music Makers. Heirs and Rebels of the English Musical Renaissance. Edward Elgar to Benjamin Britten. London 1985.
https://www.boosey.com/pages/cr/composer/composer_main?site-lang=de&composerid=2770&langid=2&ttype=SNAPSHOT [19.7.2023].
https://imslp.org/wiki/Hodie_Christus_natus_est%2C_SwWV_163_(Sweelinck%2C_Jan_Pieterszoon) [23.7.2023].
Brett, Philip/Wiebe, Heather/Doctor, Jennifer/LeGrove, Judith/Banks, Paul: Britten, (Edward) Benjamin, in: Grove Music Online, erstmals veröffentlicht 2001, überarbeitete Version vom 25. Juli 2013,
https://doi.org/10.1093/gmo/9781561592630.article.46435 [22.7.2023]
https://gregorien.info/chant/id/3828/9/de [19.7.2023].

https://www.kings.cam.ac.uk/chapel/a-festival-of-nine-lessons-and-carols#toc-2 [28.7.23].
Griffiths, Ann: Korchinska, Maria, in: Grove Music Online, 2001, https://doi.org/10.1093/gmo/9781561592630.article.15375 [22.7.2023]
https://www.herder.de/gd/lexikon/antiphon/ [24.7.2023]
Self, Geoffrey: Harrison, Julius (Allan Greenway, in: Grove Music Online, 2001. https://doi.org/10.1093/gmo/9781561592630.article.12445 [22.7.2023].
Stevens, John/Libby, Dennis: Carol, in: Grove Music Online, erstmals veröffentlicht 2001, überarbeitete Version vom 26. Juni 2023.
https://doi.org/10.1093/gmo/9781561592630.article.04974 [22.7.2023]

Das letzte Einhorn

[1] Rilke, Rainer Maria: Die Sonette an Orpheus. Leipzig 1923, S. 38.
[2] Bekker, Immanuel: Photii Biblioteca, S. 48.
[3] Seel, Otto [Hrsg.]: Der Physiologus. Tiere und ihre Symbolik, Kap. 22.
[4] Gredt, Nikolaus: Sagenschatz des Luxemburger Landes, S. 54.
[5] https://www.sagen.at/texte/maerchen/maerchen_oesterreich/allgemein/dergoldkaeppler.html, [10.09.2023].
[6] Grimm, Jacob; Grimm, Wilhelm: Kinder- und Hausmärchen, S. 133 f.
[7] Bechstein, Ludwig: Deutsches Märchenbuch, S. 79.

Bechstein, Ludwig: Deutsches Märchenbuch. Leipzig 1854.
Beer, Rüdiger Robert: Einhorn. Fabelwelt und Wirklichkeit. München 1972.
Bekker, Immanuel: Photii Biblioteca. Berlin 1824.
Blume, Michael: Einhörner. Ein biblischer Mythos besiegt Tod und Spott, in: Schäfer, Florian; Pisarek, Janin: Fabeltiere. Tierische Fabelwesen der deutschsprachigen Mythen, Märchen und Sagen. Köln 2023, S. 56-57.
Borges, Jorge Luis: Einhorn, Sphinx und Salamander. Buch der imaginären Wesen. Frankfurt a. M. [3]2004.
Cohn, Carl: Zur literarischen Geschichte des Einhorns. Berlin 1896.
Gredt, Nikolaus: Sagenschatz des Luxemburger Landes. Esch-Alzette 1963.
Einhorn, Jürgen W.: Artikel »Einhorn«, in: Enzyklopädie des Märchens, Band 3, Berlin 1981, Sp. 1246–1256.
Grimm, Jacob; Grimm, Wilhelm: Kinder- und Hausmärchen. Göttingen [3]1837.
Möller, Lenelotte [Hrsg.]: Die Enzyklopädie des Isidor von Sevilla. Übersetzt und mit Anmerkungen versehen von Lenelotte Möller. Wiesbaden 2008.

Krafft, Fritz: Gottfried Wilhelm Leibniz oder Otto von Guericke? – Protogaea oder Experimenta nova Magdeburgica? Die Rekonstruktion des vermeintlichen Einhorns von Quedlinburg. In: Zeitschrift für Wissenschaftsgeschichte 99. Aachen 2015, S. 166–208.
Kretzenbacher, Leopold: Mystische Einhornjagd. Deutsche und slawische Bild- und Worterzeugnisse zu einem geistlichen Sinnbild-Gefüge. München 1978.
Pisarek, Janin; Schäfer, Florian: Fabeltiere. Tierische Fabelwesen der deutschsprachigen Mythen, Märchen und Sagen. Köln 2023.
Schöpf, Hans: Fabeltiere. Wiesbaden 1988.
Schönberger, Guido: Narwal-Einhorn. Studien über einen seltenen Werkstoff, in: Städel-Jahrbuch 9, Frankfurt 1935/36, S. 167–247.
Shepard, Odell: The Lore Of The Unicorn. London 1930.
Seel, Otto [Hrsg.]: Der Physiologus. Tiere und ihre Symbolik. Zürich/Stuttgart 1960.
Treu, Ursula: Physiologus. Frühchristliche Tiersymbolik. Berlin 1981.
https://www.sagen.at/texte/maerchen/maerchen_oesterreich/allgemein/dergoldkaeppler.html, [10.09.2023].

Zwischen Krippe und Weihnachtsmarkt – das Christkind

Brückner, Gilla: Weihnachten wie früher – Von Christbaumschmuck und Gabenbringern. Ostfildern 2006.
Gründler, Raimund: Weihnachtlich glänzet die Welt – Weihnachtsbräuche rund um den Globus. Stuttgart 2012.
Helmhagen, Egon; Ströer, Franz: Nürnberg im Zauber des Christkindlesmarktes. Nürnberg 1994.
Hirscher, Petra: Weihnachten in Bayern. München 2011.
Reuther, Renate: Enthüllungen über Holle, Precht und Christkind. Leipzig 2017.
Rias-Bucher, Barbara: Das Weihnachts-ABC. München 2001.
Strauchenbuch, Elke: Luthers Weihnachten. Leipzig 2011.

Was macht Weihnachten für mich aus?

[1]»... auch weil mir die vielen Darstellungen der beiden Frauen in der christlichen Ikonographie so gut gefallen.«: Gemeint ist die Szene *Mariä Heimsuchung,* die neben der *Verkündigung* zu den häufigsten Darstellungen gehört.

Widerstand gegen weihnachtliche Gemütlichkeit

[1] Vgl. Bülow von, Susanne; Geyer, Peter; Krimmel OA (Hrsg.): Weihnachten bei den Hoppenstedts. Loriot. Zürich: Diogenens Verlag 2018, S. 85.
[2] Vgl. www.swr.de/wissen/1000-antworten/frueher-war-mehr-lametta-woher-kommt-der-spruch-100.html [5.6.2023].
[3] Vgl. Bülow von, Susanne; Geyer, Peter; Krimmel OA (Hrsg.), S. 86-87.
[4] Vgl. hitparade.ch/song/Freddy/Hundert-Mann-und-ein-Befehl-14078 [28.07.2026].
[5] Vgl. Bülow von, Susanne; Geyer, Peter; Krimmel OA (Hrsg). S. 44.
[6] Ebd., S. 88.
[7] Ebd., S. 12.
[8] Kaindlstorfer, Günter: Interview mit Loriot, in: Wieder Stadtmagazin FALTER, 11.2003.

Heiligabend in den 60er-Jahren

[1] Barnes, Julian: Vom Ende einer Geschichte. München 2013, S. 75.

Weihnachtsmärchen im 19. Jahrhundert

[1] Büchner, Luise: Die Geschichte von der Frau Holle. Zitiert aus: Weihnachtsgeschichten, Märchen und Sagen – über 100 Titel in einem Buch. E-Book, Dachau 2017.
[2] Ebd.
[3] Seidel, Heinrich: Das Weihnachtsland. Zitiert aus: Ackermann, Erich (Hrsg.): Weihnachtsmärchen aus aller Welt. München 2021, S. 240.
[4] Hoffmann, Heinrich: König Nussknacker und der Arme Reinhold. Zitiert aus: Ackermann, Erich (Hrsg.): Weihnachtsmärchen aus aller Welt. München 2021, S. 343.
[5] Ebd., S. 346.
[6] Löns, Hermann: Der allererste Weihnachtsbaum. Zitiert aus: Weihnachtsgeschichten, Märchen und Sagen – über 100 Titel in einem Buch. E-Book, Dachau 2017.

[7] Büchner, Luise: Die Geschichte vom Tannenbäumchen. Zitiert aus: Weihnachtsgeschichten, Märchen und Sagen – über 100 Titel in einem Buch. E-Book, Dachau 2017.

Ackermann, Erich (Hrsg.): Weihnachtsmärchen aus aller Welt. München 2021.
Gründler, Raimund: Weihnachtlich glänzet die Welt – Weihnachtsbräuche rund um den Globus. Stuttgart 2012.
Rias-Bucher, Barbara: Das Weihnachts-ABC. München, 2001.
Weber-Kellermann, Ingeborg: Das Weihnachtsfest – Eine Kultur- und Sozialgeschichte. Luzern und Frankfurt am Main 1978.
Weber-Kellermann, Ingeborg: Die Familie - Eine Kulturgeschichte. Frankfurt, Leipzig 1996.
Weihnachtsgeschichten, Märchen und Sagen – über 100 Titel in einem Buch. E-Book, Dachau 2017.

Die Buchreihe zur Kulturgeschichte der europäischen Küche

Kaiserschmarrn und Gugelhupf – das Buch zur Geschichte der Wiener Küche!

Lassen Sie sich verführen von Geschichten und Anekdoten rund um die Wiener Küche und lernen Sie diese Welt auf eine vollkommen neue Art und Weise kennen.

Taschenbuch: ISBN 978-3950480009
Hardcover: ISBN 978-3903388079

Das wohl schönste Buch zur Geschichte der europäischen Kaffeehauskultur.

Lassen Sie sich verführen von Geschichten und Anekdoten rund um die europäische Kaffeehauskultur.

Taschenbuch: ISBN 978-3950480023
Hardcover: ISBN 978-3903388062

Erfahren Sie mehr über die Epochen und Mentalitäten Süddeutschlands (etwa über Kelten, Germanen und Römer im antiken Süddeutschland), über Regionen und Städte (etwa über das Mümnchner Weißwurstfrühstück mit Brezen und Weißbier) oder begleiten Sie den Autor auf einer kulinarischen Reise durch das Jahr.

Taschenbuch: ISBN 978-3903388253
Hardcover: ISBN 978-3903388260

Ein Buch voller Rezepte zu all den Köstlichkeiten, die wir meist nur in dieser Jahreszeit backen. Aber dies ist mehr als eine Rezeptsammlung: Viele der hier vorgestellten Köstlichkeiten haben ihre eigene Geschichte, auf deren Spuren sich der Autor begeben hat. Viel Erstaunliches »hinter dem Gaumenschmaus« kann man hier entdecken.

Taschenbuch: ISBN 978-3903388147
Hardcover: ISBN 978-3903388161

Die Sammelbände der Leiermann-Autorinnen und -Autoren

Sommerfrische: Kulturgeschichten aus vergangenen Tagen

In diesem Band aus der Reihe »Kulturgeschichten« folgen wir den Spuren der Sommerfrische und besuchen bedeutende, aber auch abgeschiedene Sommerfrische-Orte vom späten 18. bis zum frühen 20. Jahrhundert.

Taschenbuch: ISBN 978-3903388215
Hardcover: ISBN 978-3903388222

Altweibersommer: Herbstliche Kulturgeschichten

Altweibersommer – was ist das eigentlich?

In diesem Buch wird diese Frage von den unterschiedlichsten Seiten beleuchtet.

Taschenbuch: ISBN 978-3903388314
Hardcover: ISBN 78-3903388321

Kulturgeschichten des Spiels - »Wir spielen doch immer ...«

Entdecken Sie die faszinierende Welt des Spiels und tauchen Sie ein in eine Sammlung wissenswerter und kurzweiliger Geschichten, die alle um ein Thema kreisen – den Homo lu-dens, den spielenden Menschen.

Taschenbuch: ISBN 978-3903388468
Hardcover: ISBN 978-3903388475

Weihnachtliche Kulturgeschichten: Ein Streifzug durch Europa

Der europäische Kulturraum ist ebenso reich an weihnachtlichen Geschichten und Bräuchen wie er reich an Ländern und Regionen ist, und überall eint uns der Versuch, unsere oft jahrhundertealten Traditionen zu bewahren.

Taschenbuch: ISBN 978-3903388352
Hardcover: ISBN 978-3903388369

Schaurige Kulturgeschichten

Tauchen Sie ein in eine Welt, in der Geister, Gespenster, Vampire, Tod und Teufel nicht nur Figuren aus Albträumen sind, sondern fester Bestandteil unserer Literatur, Kunst, Musik, Geschichte und unserer Sagen.

Taschenbuch: ISBN 978-3903388499
Hardcover: ISBN 978-3903388505

Einzelbände der Leiermann-Autorinnen und -Autoren (eine Auswahl)

Frauengeschichten – Kulturgeschichten aus Kunst und Musik

Mit viel Einfühlungsvermögen und Detailkenntnis beschreibt die Autorin in über 50 Frauenportraits außergewöhnliche Lebenswege, vor allem aber die Spuren, die diese Frauen in unserer Kulturgeschichte hinterlassen haben

Taschenbuch: ISBN 978-3903388413
Hardcover: ISBN 978-3903388420

Kulturgeschichten der Klassischen Gitarre

Das Buch zur klassischen Gitarre – für alle, die mehr wissen wollen (inkl. QR-Codes für den ultimativen Musikgenuss)!

Taschenbuch: ISBN 978-3903388109
Hardcover: ISBN 978-3903388130

Meine französischen Kulturgeschichten

Ein kurzweiliges Potpourri unterschiedlichster Texte. Dreh- und Angelpunkt ist dabei Frankreich. Und so erfahren wir viel Neues, vielleicht bis jetzt nicht jedem von uns Geläufiges – über Musik und Kunst, über Kulinarisches, Literatur, Kirchenarchitektur, und sogar über Mode.

Taschenbuch: ISBN 978-3903388390
Hardcover: ISBN 978-3903388406

Haftungsausschluss

Haftung für Links / QR-Codes

Unser Angebot enthält QR-Codes und damit Links zu einer unserer Websites, auf der Inhalte von YouTube eingebettet sind. Die Videos stammen von verlagsfremden Anbietern, weshalb wir dafür auch keine Gewähr übernehmen können. Für die Inhalte ist stets der jeweilige Anbieter der Videos verantwortlich. Die verlinkten Videos wurden zum Zeitpunkt der Verlinkung auf mögliche Rechtsverstöße überprüft. Rechtswidrige Inhalte waren zum Zeitpunkt der Verlinkung nicht erkennbar. Eine permanente inhaltliche Kontrolle der verlinkten Videos ist jedoch ohne konkrete Anhaltspunkte einer Rechtsverletzung nicht zumutbar. Bei Bekanntwerden von Rechtsverletzungen werden wir derartige Links umgehend entfernen.

Urheberrecht

Bildnachweis Umschlagbild

»Geburt Christi«, 1523, Lorenzo Lotto; CC0 National Gallery of Art

Impressum

Kulturgeschichten rund ums Weihnachtsfest

www.der-leiermann.com

Herausgeber: Thomas Stiegler
Autorinnen und Autoren: Diverse
Lektorat: Andrea Strobl
Umschlaggestaltung: Thomas Stiegler

Verlag: Der Leiermann
Badstraße 12, 4710 Grieskirchen, Österreich

Druck: gedruckt von Amazon Fulfillment, Polen Sp. z o.o., Breslau
ISBN 978-3-903388-53-6

Kontakt: kontakt@der-leiermann.com

Printed by Amazon Italia Logistica S.r.l.
Torrazza Piemonte (TO), Italy

54603663R00154